本书得到国家自然科学基金重点项目(批准号:71232004)、国家自然科学基金项目(批准号:71172082)、教育部人文社科基金项目(批准号:19YJC630013)、广东省自然科学基金项目(批准号:2018A030310149)、广东省高校重大科研项目(批准号:2016WQNCX037)、汕头大学国家基金培育项目(批准号:NFC17003)、汕头大学科研启动基金资助项目(批准号:STF17001)资助

制度、信息与公司股利平稳性

Institution, Information and Corporation Cash Dividend Smoothing

陈名芹　刘　星　著

科学出版社

北　京

内 容 简 介

我国证监部门通过出台一系列政策，力求从制度层面规范上市公司股利行为，改善资本市场信息环境，保护中小投资者利益。然而，股利监管制度是否有利于改变上市公司信息环境？宏观经济政策是否影响上市公司股利政策选择？上市公司现金股利平稳性的影响因素和经济后果如何？政府监管政策如何动态演进？这些问题已成为学术界、实务界关心的热点。有鉴于此，本书从新制度财务学的视角，采用"制度背景梳理→规范研究→实践调研→机理推导→实证检验→政策建议"的研究思路，对上述问题进行了系统的研究。

本书推进了我国在新制度财务学领域的研究进展，可供制度环境、公司治理与公司财务研究领域的高等院校师生和科研人员参考，也可作为关注上市公司分红行为与资本市场制度建设的政府监管部门和企业管理人员的参考读物。

图书在版编目(CIP)数据

制度、信息与公司股利平稳性 / 陈名芹，刘星著. —北京：科学出版社，2019.6
ISBN 978-7-03-061224-3

Ⅰ.①制…　Ⅱ.①陈…　②刘…　Ⅲ.①上市公司–股利政策–研究–中国　Ⅳ.①F279.246

中国版本图书馆 CIP 数据核字 (2019) 第 092500 号

责任编辑：冯　铂　黄　桥 / 责任校对：彭　映
责任印制：罗　科 / 封面设计：墨创文化

科 学 出 版 社 出版

北京东黄城根北街16号
邮政编码：100717
http://www.sciencep.com

成都锦瑞印刷有限责任公司印刷

科学出版社发行　各地新华书店经销

*

2019 年 6 月第 一 版　　开本：787×1092　1/16
2019 年 6 月第一次印刷　　印张：12
字数：290 000

定价：89.00 元
(如有印装质量问题，我社负责调换)

前　言

20世纪90年代以来，我国资本市场得到快速发展。截至2017年底，沪深两市的上市公司(含主板、中小企业板和创业板)已经超过3500家。值得注意的是，资本市场的投资者(尤其是中小投资者)能否在快速发展的股票市场中通过公司的现金分红而获得利益，则一直备受政府监管部门的关注。我国上市公司的股利政策选择是否具备持续性和合理性也广受学术界的质疑(刘星，1999；吕长江和王克敏，1999；魏志华等，2014；余琰和王春飞，2014；陈云玲，2014；刘星和陈名芹，2016；陈名芹等，2017)。获取现金分红是中小投资者参与资本市场分享经济成果的最重要途径之一。因此，保护中小投资者的利益、加强上市公司股利政策规范性的监督是政府监管部门的应尽之责。在新时代资本市场背景下，如何通过提高微观层面上市公司股利政策选择的规范性和合理性，以提升资本市场整体资源配置的公平性及有效性，已成为促进我国经济持续、健康发展的一条重要途径。在此背景下，深入探讨制度因素对上市公司股利政策的影响也显得十分重要。

作为价值创造和利润分配的微观基础，公司股利政策选择并不能在新古典的完美市场均衡条件下，自动实现结构优化和效益改进。公司的价值与配置效率不仅内生于相应的公司治理机制与控制权配置模式(Shleifer and Vishny，1997)，而且受国家层面的投资者保护程度所影响(La Porta et al.，2000a，2002b)。限于资本市场发展的滞后性，我国上市公司的资源配置存在一定程度的发展不平衡、不充分的问题。因此，如何构建起市场发挥决定性作用与政府更好发挥调控作用的资源配置和利润分配新格局，在新时代资本市场背景下也更显得十分迫切。

近三十年以来，在公司股利研究领域，世界范围内的研究较为集中在研究公司股利政策的成因。Farre-Mensa等(2014)梳理了过去30多年的国际主流股利政策研究文献，认为传统解释公司股利政策的成因主要依靠代理假说、信号传递假说和税赋差异假说。他们也指出，当前的研究对象已从单独研究现金股利发展到同时研究现金股利和股票回购，并且，未来更多地需要将股利政策视为公司财务生态系统的组成部分，与公司融资、投资、风险管理相结合。除此之外，心理学因素(Baker and Wurgler，2004；Baker et al.，2007；Baker et al.，2016)、市场竞争因素(Grullon et al.，2002；Hoberg et al.，2014)对股利政策的影响也得到了一些会计学与财务学领域学者的关注。这一类的研究也与我国现有股利研究集中于关注股利政策的影响因素相一致(刘星和陈名芹，2016)。然而，近五年以来，一些国内外主流研究也开始关注公司股利政策的功能作用或经济后果。Knyazeva和Knyazeva(2014)、John等(2015)的研究认为，公司股利政策具有重要的治理功能，是公司治理机制的一部分。Chen等(2012)从实证研究的角度，研究公司股利政策的预测功能，并找到公司的股利平滑行为无法预测股票价格的证据。Rangvid 等（2014）以国际样本的研究同样发现股利平稳性对于未来收益没有预测价值。Larkin 等（2016）的研究发现，美国上市公司的股利平稳性与预期收益之间不存在稳健的相关关系，其"股利平稳性溢价"效应并不明显。值得注意的是，陈名芹等（2017）研究了我国上市公司股利平稳性与投资者行为偏好的关系，并提供了中国资本市场存在显著的"股利平稳性溢价"效应的证据。

本书系统地研究了制度变迁、信息环境与公司现金股利政策的关系，重点关注公司股利平稳性问题。基于公司治理理论、信息不对称理论、代理理论、政府监管理论的最新研究成果，本书立足于我国特定的所有权控制特征和资本市场信息披露监管升级的制度背景，研究我国股利监管制度下主要决策主体的利益动机、博弈关系和内部产权结构对股利政策选择的影响机制，探究信息监管升级下控股股东及管理层、市场投资者（尤其是机构投资者）之间的利益博弈如何影响公司股利政策选择及其经济后果，具有重要的理论价值和现实意义。

本书的主要学术贡献如下：①创新性地提出了从宏观到微观再到宏观的股利平稳性理论框架。在此框架下，本书检验了制度及经济政策因素对我国上市公司现金股利政策及现金股利不平稳的影响；考察了上市公司现金股利不平稳的公司层面动因及其经济后果；并检验了现金股利监管新政的市场认可程度和实施效果。本书从整体框架上体现了从宏观到微观再到宏观的分析思路。②阐释了股利平稳性有助于缓解代理冲突的内在逻辑，拓展了代理理论文献。本书的研究运用报童模型研究公司所有者和高管之间的斯塔克伯格博弈关系，支持了内部资金市场的"收集有利信息"假说。经典代理理论强调限制公司内部自由现金流，从而协调与投资者利益关系，本书则强调现金分红在横向上与其他同行或非同行公司对比的作用，认为股利平稳是应对同行竞争、保持自身竞争优势地位的战略行为，拓展了代理理论文献。③提供了我国上市公司股利不平稳影响因素的经验证据，丰富了这一领域的研究，尤其是丰富了信息透明度影响股利不平稳作用途径的研究。本书的研究表明信息不对称显著影响我国上市公司的股利不平稳现象。同时，本书还拓展了以股利监管政策研究股利不平稳现象的新视角，从而也丰富了新制度财务学领域的研究内容。④本书从投资者估值的视角，分析了我国上市公司股利不平稳的经济后果，提供了股利不平稳降低投资者投资收益、增加公司融资资金成本、驱逐机构投资者持股公司的经验证据。迄今，仅有少量基于美国资本市场的文献考察了股利不平稳与投资者行为偏好的关系（Larkin et al.，2016），本书则发现我国资本市场存在股利平稳性溢价。本书也发现股利监管承诺的制度安排具有公司治理功能，从而为股利监管的动态演进提供政策依据。

本书得到国家自然科学基金重点项目（批准号：71232004）、国家自然科学基金面上项目（批准号：71172082）、教育部人文社科基金项目（批准号：19YJC630013）、广东省自然科学基金项目（批准号：2018A030310149）、广东省高校重大科研项目（批准号：2016WQNCX037）、汕头大学国家基金培育项目（批准号：NFC17003）、汕头大学科研启动基金资助项目（批准号：STF17001）资助。在此，我们深表感谢！

作者

2019 年 6 月

目　　录

第1章 绪 论

本章从现实经济问题和市场客观现象出发，结合国际及国内的理论研究进展，首先，提出了本书的研究缘起与研究目的；其次，介绍了本书的理论意义与现实意义；再次，阐述了本书的研究思路与研究方法，介绍了本书的研究内容以及逻辑分析框架；最后，指出本书的创新之处与研究贡献。

1.1 问题提出与研究目的

1.1.1 问题提出

当前，中国的经济发展进入新常态阶段。经济领域的制度变迁和市场化改革的深化，互联网、大数据和人工智能等新技术的持续变革，给经济社会带来了前所未有的冲击，也对宏观经济政策制订和企业微观经营管理提出了诸多新问题和新挑战。其中，公司财务决策受到的冲击尤其明显。在新经济形态下，一些传统的公司财务理论和工具可能已经不合时宜，这迫切需要学者不断反思和探讨，以结合新的经济发展规律，探索公司财务的新功能与作用，解决宏微观经济发展过程出现的各种新问题。作为公司财务政策的主要组成部分，公司的股利政策如何受宏观制度变迁的影响，其经济后果是什么，备受学术界、实务界的关注。

近年来，除公司是否发放股利、股利支付水平量级如何等研究问题外，公司股利平稳性(dividend smoothing)的研究问题也吸引了国外许多学者的持续关注。成熟资本市场的上市公司普遍实施稳定性较强的股利政策(Allen and Michaely，2003)，而新兴市场的上市公司现金股利的稳定性则较差(Aivazian et al.，2003)，并且，不同的资本市场条件下的公司股利平稳性存在着不同的表现特征。从 Lintner(1956)的文章发表以来，股利平稳性一直是股利分配领域中的经典问题之一。从这一领域的国际研究脉络和动态演进看，能够突破经典问题而引领前沿研究的，应归属于 Leary 和 Michaely(2011)的文章贡献(刘星和陈名芹，2016)。该文研究了 Lintner(1956)模型及其后续模型存在的测量缺陷，重新构建了股利平稳性的测量方法，捕捉到了不同测量方法之间的偏差程度，并以新修正的测量模型，首次更系统地研究了美国上市公司股利平稳性的影响因素。测量方法的突破是学术上推进股利平稳性研究的特征，也是这一领域处于前沿研究的重要特征。由此，引起了国际学术界重新采用代理假说、信息不对称假说、股权假说、行业集中度等研究股利平稳性驱动因素的新进展，并引发了许多学者对股利平稳性经济后果的进一步探索。例如，Chen 等（2012）研究了美国上市公司股利平滑行为对公司盈利的预测作用。Shinozaki 和 Uchida（2017）、Javakhadze 等（2014）从国际比较的视角，分析了不同国家的公司股利平滑行为。此外，单一国家或地区（如德国、韩国或中国香港）的公司股利平稳性也得到了学者的深入考察和探讨（Andres et al.，2009；Chemmanur et al.，2010；Jeong，2013）。Farre-Mensa 等（2014）在其股利政策综述性文章中也强调了股利平稳性在未来研究中的独特地位。

从理论上分析，已有文献对于公司是否发放股利、股利支付水平高低的影响因素和经济后果的研究较为充分。值得注意的是，股利平稳性这一研究议题在测量方法上的改进以及在不同资本市场情境下的发展，对于推动股利研究创新具有重要的理论意义。然而，考察宏观制度因素、中观行业因素、微观公司内部（包含人员）因素，乃至不同层次因素的交互影响对股利政策，尤其是对股利平稳性的作用，却仍然是崭新并具有挑战性的课题。这些课题也为学者进一步拓展股利平稳性的概念，探讨宏观与微观、国际与本土的多层次因素对公司财务决策的影响提供了广阔的空间；更进一步地，可以更好地促进股利政策在公司财务生态系统中的深入研究（Farre-Mensa et al.，2014）。

就实践而言，有关公司股利政策尤其是股利平稳性的研究，对于促进我国上市公司持续发展乃至宏观经济转型升级具有重要的历史与现实意义。自 2001 年以来，我国证监会陆续出台政策，将再融资条件与股利分配水平相挂钩，针对上市公司的分红行为采取了由"放任自流"逐步转变为"半强制分红""强制分红指引"的政府监管。2008 年 10 月，我国证监会颁布了《关于修改上市公司现金分红若干规定的决定》，2012 年 5 月又颁布了《关于进一步落实上市公司现金分红有关事项的通知》。2013 年 11 月，证监会颁布了《上市公司监管指引第 3 号——上市公司现金分红》并开始实施。2014 年 10 月，我国证监会再次颁布了《上市公司章程指引（2014 年修订）》，要求上市公司在其公司章程中明确表述股利政策，以强化公司的分红承诺，更好地保护中小投资者利益。现金分红是投资者获取回报的重要方式，长期稳定的分红政策也是成熟资本市场的标志（王国俊和王跃堂，2014）。平稳的股利政策有助于投资者形成其稳定预期，进而更好地促使公司完善其经营决策。因此，从宏观制度进行系统的顶层设计出发，深入研究制度因素对于公司股利平稳性的影响，在我国现阶段显得极为迫切和重要。

然而，探讨制度因素与股利政策，尤其是股利平稳性关系的前提，仍需要先考虑股利平稳性在公司层面上的作用，并了解股利平稳性的影响因素和经济后果。众多的研究及资本市场实践者均发现，我国股市长期存在着现金股利支付水平波动性过高的现象。然而，迄今却仍鲜有研究深入讨论这一问题的影响因素和经济后果，这为展开本研究提供了难得的契机。

正是基于上述纵深发展学术理论的需要和解决社会实践中突出问题的需要，本书切入了研究我国上市公司股利政策尤其是股利不平稳现象这一重要议题。

1.1.2　研究目的

本书力求探究制度层面的股利监管政策、宏观货币政策对公司现金股利政策的影响，力求构建我国情境下衔接宏观与微观因素、结合国际经验与国内实践的系统股利政策分析理论框架。通过股利平稳性的"宏观-微观-宏观"理论框架，引领后续研究能够达成以下目标：①深入分析宏观层面的正式与非正式制度环境（重点包括经济政策、法律法规、市场化进程环境等要素）的静态现状和动态演进情况；②分析宏观制度因素对公司高层管理者、公司治理、盈利情况（水平、变化及波动）、投融资及现金持有等财务环境的影响以及他们之间相互影响；③分析上述因素对股利平稳性的传导途径；④拓展股利平稳性对公司财务表现和非财务表现的研究；⑤拓展公司的财务行为与非财务行为的经济后果对中观与宏观经济增长质量的研究；⑥通过学者的深入研究，为我国宏观经济政策环境的改善和资本市场的制度建设提供更有针对性的建议和借鉴。

本书力求在理论上能进一步回答股利平稳性为何可以缓解代理冲突的学术问题，从而拓展经典代理理论的内涵；力求检验我国上市公司产生股利不平稳现象的驱动因素，并检验股利不平稳对资本市场投资者行为偏好的影响，从而为我国资本市场的健康发展提供更有针对性的政策建议。

整体而言，本书力求在理论上对现有文献有所丰富和拓展，在实践上能为我国资本市场健康发展建言献策，提供智力支持。

1.2　理论意义与现实意义

1.2.1　理论意义

我国资本市场迅速发展并在经济持续增长中扮演了日益重要的角色。截至 2017 年底，沪深上市公司超过 3500 家（含主板、中小企业板和创业板），总市值位列全球第二位，仅次于美国。阐释并理解我国改革开放进程中的公司财务政策，以促进微观企业层面的财务政策选择与制定行为的科学性，成为学者推动经济持续、健康发展的一项重要任务。

本书的深层次研究目标是通过深入、系统地探究我国上市公司股利政策选择的问题，进一步丰富与发展我国公司财务管理的理论和实务。

经过几十年的研究积累，国外学术界在公司财务领域已经初步建立和发展了内在逻辑较为一致的理论框架。但这个框架还不完整，需要进一步拓展和完善。在一些重要的财务政策方面，至今仍存在不少未解之谜，如"股利政策之谜"。在我国，经济转型过程中，由于公司产权制度安排的不断探索和公司面临的内外部环境逐步变化，导致了我国上市公司的财务政策与发达国家之间存在显著差异。例如，我国上市公司长期以来偏好股权融资，且较少发放现金股利，也没有形成严格意义上的股利政策；突出的情况是，上市公司普遍存在零股利发放的"铁公鸡"现象、概念层出不穷的"高送转股票股利"现象、现金股利起伏波动较大的"股利不平稳"现象和无章可循的"无规律"现象。

国内外上市公司在财务政策选择上具有明显差异的一个重要原因，可能是资本市场制度环境的差异。在现实世界里，公司总是处于特定的制度环境中，制度已成为人类政治行为和经济行为激励机制的重要来源。我国证监部门为了纠正资本市场上的股利异象，自2001年以来出台了一系列股利监管政策。为此，理解和刻画转型时期我国上市公司财务政策选择及其演化规律，也需要深刻地分析塑造公司行为的制度力量。

本书一方面从公司层面，探究我国上市公司股利政策的宏观影响因素，以及公司股利不平稳现象产生的症结和经济后果；另一方面，从股利监管制度的层面，重新审视和检验具有"中国特色"的股利监管政策的成效。以公司层面和监管制度层面为基础，结合时间维度和制度出台的市场反应，探究上市公司股利政策选择问题，可以将公司财务领域的理论研究从视野拓宽，从而为学术界观察和理解我国上市公司的财务政策提供一个新颖且较为完整的分析视角。故此，本研究不仅有助于厘清公司主流财务理论与我国实际脱节的问题，也为修正和发展公司财务基本理论提供了难得的契机，具有重要的理论意义。

1.2.2 现实意义

在我国实践中，公司管理者对于股利政策选择与制定还缺乏理论指导和科学方法。因此，着眼于公司股利政策选择的问题，采用理论建模和大样本实证检验等方法，归纳和探究公司股利政策选择的动因、形成机理和经济后果，不仅能够拓展理论基础，也能够为公司财务实践提供应用参考。这正是本书研究的现实意义所在。由于公司股利政策与投资者保护和资本市场效率之间密切相关，因此，考察相关制度及其变化对公司股利行为的影响以及公司股利行为的经济后果，可以为理解制度演进在资本市场发展中所扮演的角色提供帮助，同时，对于实现我国资本市场的健康发展这一中长期目标也具有重要的政策含义。

1.3 研究思路与研究方法

1.3.1 研究思路

本书将研究我国上市公司股利政策的制度变迁及经济政策影响因素，重点研究股利不平稳现象的影响因素及其经济后果，并研究股利监管新政的有效性。

上市公司股利平稳性现象自从 Lintner(1956)的文章发表以来，一直吸引着国内外学者的注意并成为研究股利分配领域中的经典问题之一。从国际研究的脉络看，突破经典问题而引领前沿研究，归功于 Leary 和 Michaely(2011)在 *Review of Financial Studies* 上发表的文章的贡献(刘星和陈名芹，2016)。该文研究了 Lintner(1956)模型及其后续模型存在的测量缺陷，重新构建了股利平稳性的测量方法，研究美国上市公司股利平稳性的影响因素。基于测量方法的突破是学术上推进股利平稳性研究的特征，也是这一领域处于前沿研究的重要特征。由此，引起了国际学术界重新深入研究股利平稳性现象的热潮。

与美国等成熟资本市场上市公司普遍存在股利平稳性较高现象所不同的是，我国上市公司则普遍存在零股利发放的"铁公鸡"现象、概念层出不穷的"高送转股票股利"现象、现金股利起伏波动较大的"股利不平稳"现象和无章可循的"无规律"现象(尽管这些现象在 2013 年之后有所缓解)。我国学者对前两种现象已经有所探讨，也为本书重点研究"股利不平稳"现象留下了契机。

为契合国内外的研究动态，首先，本书探讨制度变迁因素、宏观货币政策因素对公司是否发放股利、股利支付水平的影响，以弥补现有文献宏观制度因素影响微观公司股利政策不足的欠缺；其次，本书从理论上探讨股利平稳性为何能缓解代理冲突的学术问题；再次，本书从现实经济问题与市场客观现象出发，基于我国转型经济体的制度背景分析，遵循从逻辑推理到实证检验再到对策建议的研究思路，系统、深入地探究我国上市公司股利不平稳现象的驱动因素、经济后果和监管政策成效，并在最后提出了政策建议。

1.3.2　研究方法

本书主要采用规范研究和实证分析相结合、定性分析与定量分析相结合的研究方法，分析国内的股利政策尤其是股利平稳性的相关学术问题和我国上市公司股利不平稳现象的前因、后果和监管政策。

第一，规范研究的方法。主要集中在阐释股利平稳性为何能缓解代理冲突的学术问题上。根据委托代理理论和内部资金市场相关理论研究，在考虑公司所有者与管理者争夺现金流控制权的基础上，构建两者之间的斯塔克伯格博弈分析模型，动态分析包含现金股利分配比例设置在内的现金持有结构方案对公司所有者、管理者及其公司价值的作用和影响。

第二，实证分析的方法。体现在本书主体的第 4、5、7、8、9 章中，利用 CSMAR、Wind 数据库和手工收集巨潮信息网数据，选择我国 A 股上市公司为研究样本，运用相关性分析、回归分析、倾向得分匹配(propensity score matching，PSM)分析等计量方法，实证检验我国上市公司是否发放股利、股利支付水平的影响因素，实证检验股利不平稳现象的驱动因素、经济后果和股利监管政策的成效。

1.4　研究内容与逻辑框架

1.4.1　研究内容

本书的主要内容包括相关理论的综述、相关理论的模型分析、立足于解决现实问题的实证检验研究和结论以及政策建议四大部分,全文共分十章,各章的具体内容如下:

第1章是绪论,介绍本书的研究问题和研究目的、理论意义和现实意义、研究思路和方法、研究内容和逻辑框架以及主要学术贡献与创新。

第2章介绍股利监管的制度背景和动态演进,并对相关研究进行回顾和评述。

第3章是理论基础与文献评述,简要回顾金融监管理论,并重点综述与股利平稳性这一议题相关的委托代理、信息不对称理论,同时也涉及投资者行为偏好理论和"法与金融"相关理论;评述国内外有关股利平稳性议题的前沿研究进展,并构建"宏观-微观-宏观"系统分析框架。

第4章实证检验股利监管制度安排对现金股利发放倾向、股利支付水平的影响,探究我国再融资资格与股利分配水平相挂钩的政策是否具有"佩尔兹曼效应"(Peltzman effect)。

第5章实证检验货币政策对现金股利发放倾向、股利支付水平的影响,探究货币政策的逆周期效应对公司股利政策的影响。

第6章是理论研究,分析现金股利平稳性为何能缓解代理冲突问题。本章主要是采用斯塔克伯格博弈模型,分析在内部资金市场中,维持与行业相一致的平稳股利政策在缓解公司所有者和管理者代理冲突上的作用和地位,并讨论其对公司资金链效率提升的价值。

第7章实证检验我国上市公司股利不平稳的影响因素。本章从机会主义信息效益的视角,揭示我国股利不平稳现象的成因,重新审视股利监管政策的必要性。

第8章实证检验我国上市公司股利不平稳的非财务性经济后果。本章基于投资者估值的视角,实证检验股利不平稳对投资者的"驱逐效应",检验公司股利发放水平、变化、波动性的市场反应和股利平稳性溢价效应。

第9章实证检验中国上市公司股利承诺的信息披露质量和投资者市场反应,评估分红监管新政的市场成效和公司章程治理效应。

第10章是研究结论、政策建议和未来研究展望。

1.4.2　逻辑框架

图1.1展示了本书的逻辑框架。首先,本书综述上市公司股利政策尤其是股利平稳性的相关研究;其次,检验股利监管制度变迁、宏观货币政策变化对股利政策的影响;再次,

基于不合作博弈模型的分析，阐释现金股利平稳性与代理冲突假说的关系；又次之，基于信息不对称的视角、基于投资者估值的视角，实证检验我国上市公司股利不平稳的影响因素和经济后果，并实证检验现金分红监管新政下，我国上市公司的股利承诺、信息透明度与公司章程治理效应的关系；最后，给出了研究结论、政策建议和未来研究展望。

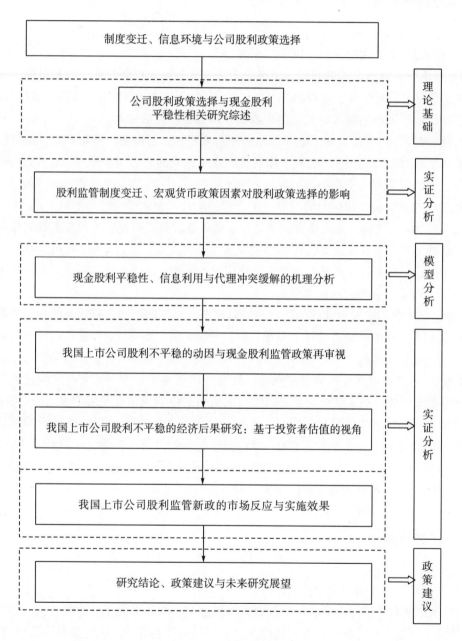

图 1.1　本书的逻辑框架

1.5 创新之处与研究贡献

1.5.1 创新之处

本书的创新之处主要体现在以下三个方面。

(1)理论框架创新。本书开创性地提出了从宏观到微观再到宏观的股利平稳性理论框架。这既为后续研究提供了重要的指引,也有助于进一步推动宏观经济政策及股利监管制度对股利平稳性影响的深入研究,促进新制度财务学研究的进展。

(2)研究视角和测量工具的创新。本书分别从股利监管视角、货币政策视角分析制度安排对现金股利政策的影响,有利于拓展股利政策影响的宏观因素研究。本书也系统地研究我国上市公司股利不平稳的影响因素。相比较而言,国内相关的前期研究较为缺乏,并且主要从代理冲突和公司盈余情况的视角研究驱动公司股利平稳性的影响因素。本书的创新之处体现为:一方面,在测量方法上进行拓展,改进前沿研究中的测量工具测量我国上市公司的股利不平稳,从而更为精确地刻画这一突出现象;另一方面,在研究视角上进行扩展,分析了信息不对称情况对股利不平稳现象的影响。这些基础性研究为后续学者继续研究这一领域提供重要的理论基础。

(3)研究内容和研究设计的创新。本书以投资者估值的视角,首次系统地研究我国上市公司股利不平稳的非财务性经济后果,有助于学术界、实务界、监管部门深入理解上市公司股利平稳性政策选择对市场投资者行为偏好的影响。此外,我国证监会要求上市公司通过修订公司章程而进行现金分红承诺,这是我国资本市场股利监管制度演进的最新进展。而当前仅有的一些文献检验了公司股利承诺与 IPO 通过情况及后期业绩的影响,但不可避免地都受到了内生性问题的困扰。本书同时采用事件研究方法和 PSM 分析法,考察政策法规出台之后,上市公司发布公司章程修订公告的投资者市场反应和治理效应。通过采用外生视角的研究设计,本书更好地考察了政策法规的市场效应,并且丰富和拓宽了"法与金融"及公司章程治理效应等研究领域的文献。

1.5.2 研究贡献

本书有以下四方面的理论贡献:

(1)本书创新性地提出了从宏观到微观再到宏观的股利平稳性理论框架。在此框架下,本书检验了制度及经济政策因素对我国上市公司现金股利政策及现金股利不平稳的影响,检验了上市公司现金股利不平稳的公司层面动因及其经济后果,并检验了现金股利监管新政的市场认可程度和实施效果,体现了从宏观到微观再到宏观的分析思路。本书所涉及重要问题的深入研究仍有待学者在此框架下继续探索。

(2)本书阐释了股利平稳性有助于缓解代理冲突的内在逻辑,拓展了代理理论文献。本书的研究首次运用报童模型研究公司所有者和高管之间的斯塔克伯格博弈关系,并以预期投资收入和现金分红比例的组合作为决策变量,分析现金持有方案的最优化(公司现金分红保持与行业现金分红的一致性)及其对公司价值的影响,并支持了内部资金市场的"收集有利信息"假说。经典代理理论强调限制公司内部自由现金流,从而协调与投资者利益关系,本书则强调现金分红在横向上与其他同行或非同行公司对比的作用,认为股利平稳是应对同行竞争、保持自身竞争优势地位的战略行为,拓展了代理理论文献。本书也解释了股利平稳性对公司所有者、高管和公司价值的影响,同时丰富了股利平稳性和高管薪酬设计关系的研究文献。

(3)本书提供了新兴经济体国家(我国)上市公司股利不平稳影响因素的经验证据,丰富了这一领域的研究,尤其是丰富了信息透明度影响股利不平稳作用途径的研究。本书的研究表明,经典代理冲突假说比经典信息不对称假说更能解释我国上市公司的股利不平稳现象。同时,本书还拓展了以股利监管政策研究股利不平稳现象的新视角。

(4)本书从投资者估值的视角,分析了我国上市公司股利不平稳的经济后果,提供了股利不平稳降低投资者投资收益、增加公司融资资金成本、驱逐机构投资者持股公司的经验证据。仅有少量基于美国资本市场的文献考察了股利不平稳与投资者行为偏好的关系(Larkin et al.,2016),本书丰富了这一领域的文献。本书亦对股利平稳性和股票预期收益的文献和争论提供了来自新兴经济体国家(我国)的直接经验证据。本书的研究发现,我国上市公司的股利不平稳程度越高,投资者获得的预期投资收益越低,反之亦然。这一证据直接表明我国投资者为股利平稳性较高的公司支付了溢价,即我国资本市场存在股利平稳性溢价。

本书有以下四方面的现实意义:

(1)本书的研究表明,由公司所有者进行现金持有方案安排(包含维持股利平稳性)有助于提升自身收益和资金使用效率,并且,优化的现金持有方案有助于激发高管的努力付出水平,减轻高管和所有者之间的信息不对称问题,并进一步制约了高管的控制权私利行为。本书发现在资本约束和完全竞争定价假设下,最优现金持有方案(包含维持股利平稳性)有助于风险中性的高管选择内部参股而不是外部引资。如果考虑到市场对于高管努力付出水平的认可程度是随机反应,那么,现金持有方案安排可能比业务战略选择更加重要。并且,公司所有者主导外部引资的选择和股权分红政策的确定比起高管主导这两项决策更能为公司带来价值。这为上市公司的商业实践提供了理论层面的支持。

(2)本书的研究表明,证监会进一步放松对上市公司的融资资格约束、加强信息披露质量监管、促进财务分析师发展以改善公司的信息环境,对于降低上市公司的股利不平稳性,强化现金股利稳定性作为公司治理机制的作用,以及提高和维持投资者的现金股利回报预期,均有着统计意义和经济意义上的显著影响。证监会于 2013 年 11 月、2014 年 10 月分别发布了《上市公司监管指引第 3 号——上市公司现金分红》和《上市公司章程指引(2014年修订)》等股利监管政策,要求上市公司在公司章程中明确做出分红承诺、提高信息披露质量,本书的研究结果支持了证监会上述股利监管政策的调整。

(3)本书的研究发现对于评估和促进证券市场的分红监管有着重要的政策含义。现有的文献更多地从公司高层管理者迎合监管层"半强制分红"监管的视角，探讨监管政策对提高公司分红比例和稳定性的短期影响(魏志华等，2014；余琰和王春飞，2014；陈云玲，2014)，但鲜有研究提供经验证据，考察监管政策是否有利于投资者更好地评估公司价值。本书的证据表明，公司高层管理者主导实施的股利不平稳政策短期内虽然并未造成投资者财富的损失，但过于波动的分红政策会导致持股投资者的预期投资收益损失，且与机构投资者的流失密切相关联，也会破坏资本市场的健康发展。并且，投资者为股利平稳性支付溢价也表明，公司维持稳定现金股利政策具有统计意义和经济意义上的价值。

(4)本书的研究从整体上表明了现金股利承诺有助于提高公司内部治理质量，帮助投资者更好地判断公司价值。这为上市公司增强治理质量、提高信息披露水平提供了经验证据层面的决策支持，也为证监会如何更好地制订、引导和实施股利监管政策提供了依据。这一结论对于其他转型经济体国家制订股利监管政策也具有较大的借鉴意义。本书的研究结果也有助于探究"股利不稳定"的解决对策。本书发现非国有上市公司的股利承诺更具有信息内涵，并提供了市场投资者更注重上市公司股利稳定性的经验证据。中国股利监管新政引导上市公司进行公司章程修订，其目标之一是推动上市公司维持较好的股利稳定性。本书发现，上市公司在公司章程中的股利承诺条款可以构成公司治理的重要组成部分。这为中国以现金分红监管指导政策引导中国上市公司建立和保持股利政策稳定性的前瞻性和科学性提供了支持，也为后续股利监管制度的进一步演进提供了借鉴。

1.6　本章小结

本章系统地介绍了本书的研究缘起与研究目的，阐释了研究的理论意义与现实意义以及研究思路与研究方法，重点介绍了研究内容以及逻辑分析框架，并在最后概括和总结了本书的创新之处与研究贡献。

第 2 章　我国股利监管的制度背景与动态演进

本章介绍了我国资本市场实施股利监管的制度背景与动态演进,并对相关研究文献做了回顾和简要评述。

2.1　股利监管的制度背景与动态演进

20 世纪 90 年代,我国上市公司出现了典型的低分红、大面积不分红的"异象"。上市公司重融资、轻回报行为备受市场的针砭与非议。刘星(1999)认为,我国上市公司表面上采取股东与管理者共同主导型管理模式,实际上却实行管理者主导型管理模式;并且,由于上市公司的公司目标不合理,管理模式不明确,导致股利政策表现出股利支付方式较"灵活",股利支付率不稳定的盲目性。直至 21 世纪初,相比于西方成熟资本市场,我国上市公司分红不稳定、甚至不分红的现象仍然较为严重。我国证监会于 2001 年 3 月 28 日颁布实施当年第 1 号令《上市公司新股发行管理办法》,标志着我国"股利监管"序幕正式拉开。

事实上,为了更好地保护投资者利益,维护资本市场的稳定性,自 2000 年底以来,我国相关监管部门就开始陆续出台了一系列政策文件规范上市公司的现金分红行为,以引导上市公司形成透明、稳定的股利分配政策。这些股利监管政策与上市公司的再融资资格密切相关,因此也被广泛认为是"半强制分红"监管政策(李常青等,2010;魏志华等,2014)。

在经济体制市场化转轨的过程中,我国证监会一直试图通过再融资规则的改变来调控上市公司行为,实现资本市场的有序发展。配股、增发以及可转换债券等途径的创设及其准入门槛的"宽紧"调整成为我国再融资监管的核心(应展宇,2013)。2002 年以前,配股在上市公司的再融资行为中起了主导作用,增发、可转换债券仅作为再融资的辅助途径而存在。2002 年以后,增发及可转换债券得到了迅猛发展,并在上市公司融资方式中占据主导地位。与此同时,证监会对上市公司再融资法规政策不断地进行调整,再融资资格与现金股利支付水平相挂钩逐步成为其主要特征。

从股利监管的制度演进分析,主要的"半强制分红"股利监管政策如下:

2000 年底,我国证监会首次明确要求再融资上市公司在申请配股或增发时必须满足"最近三年需有现金股利分配"记录的条件;2001 年 3 月,《上市公司新股发行管理办法》中,明确申请再融资的上市公司分红派息是分红监管的重点;同年5月,证监会在《中国证监会股票发行审核委员会关于上市公司新股发行审核工作的指导意见》中重申,上市公司近三年需有分红派息的行为记录。

2004年12月,证监会在颁布的《关于加强社会公众股股东权益保护的若干规定》中明确提出:上市公司董事会未做出现金利润分配预案的,应当在定期报告中披露原因,独立董事应当对此发表独立意见;上市公司最近三年未进行现金利润分配的,不得向社会公众增发新股、发行可转换公司债券或向原有股东配售股份。这进一步表明证监会希望以改善企业分红行为来保护中小投资者权益。

2006年5月,证监会在颁布的《上市公司证券发行管理办法》中提出:上市公司公开发行证券应符合最近三年以现金或股票方式累计分配的利润不少于最近三年实现的年均可分配利润的20%。此文件首次明确了股利分配的定量标准,但将现金股利与股票股利相绑定作为计算标准。

2008年10月,证监会在颁布的《关于修改上市公司现金分红若干规定的决定》中提出:上市公司公开发行证券需符合最近三年以现金方式累积分配的利润不少于最近三年实现的年均可分配利润的30%,对于报告期内有盈利但未提出现金利润分配预案的公司,应详细说明未分红的原因、留存公司的用途,应披露公司现金股利分配政策在报告期内的执行情况,以列表方式明确披露公司前三年现金股利分配的数值、与净利润的比率。此文件进一步强化了上市公司再融资条件与其现金股利分配水平相挂钩的要求。并且,这一文件首次单独将现金股利分红比例(而不包括股票股利)作为审核再融资资格的计算标准。

2012年8月,上海证券交易所发布了《上海证券交易所上市公司现金分红指引(征求意见稿)》,该意见稿的第十三条要求,上市公司当年分配的现金红利与年度归属于上市公司股东净利润之比不低于50%,且现金红利与当年净资产之比不低于同期中国人民银行公布的一年期定期存款基准利率,同时通过确定的现金股利分配政策使投资者能够合理预期上述两项指标可持续的,将获得上海证券交易所采取的激励措施优待。

2013年1月,上海证券交易所正式发布《上海证券交易所上市公司现金分红指引》(以下简称《指引》),并自发布之日起实施。《指引》中提出,将编制专项指数予以集中反映,现金分红水平持续平稳的上市公司群体,其样本股基本要求是:上市公司当年分配的现金红利总额与年度归属于上市公司股东的净利润之比不低于30%,且现金红利与当年归属于上市公司股东的净资产之比不低于同期中国人民银行公布的三个月定期存款基准利率。同时,上市公司当年分配的现金红利总额与年度归属于上市公司股东的净利润之比不低于50%,且现金红利与当年归属于上市公司股东的净资产之比不低于同期中国人民银行公布的一年期定期存款基准利率,同时通过确定的现金分红政策使投资者能够合理预期上述两项指标可以持续的,将给予激励措施:在公司涉及再融资、并购重组等市场准入情形时,上海证券交易所将在所承担的相关职责范围内给予"绿色通道"待遇,并向有关机关出具支持性文件;在公司治理评奖、上市公司董事会秘书年度考核等事项中酌情给予加分。

2013年11月,证监会颁布了《上市公司监管指引第3号——上市公司现金分红》,要求上市公司在公司章程中明确做出分红承诺,优先采用现金分红,并支持上市公司采取

"差异化股利政策"。

2014 年 10 月，证监会颁布了《上市公司章程指引(2014 年修订)》，要求上市公司将股利政策(尤其是现金分红政策)在公司章程中明确表示，以强化公司高管的股利承诺。

证监会一系列监管政策的出台凸显了其引导上市公司建立透明、持续、平稳的股利分配政策的紧迫性与重要性。表 2.1 详细列出了截至 2014 年的股利与再融资监管政策的动态演进情况，并列出了政策中的主要条款内容或相关政策门槛。

表 2.1　股利监管政策的动态演进

颁发时间	颁发部门	文件名称	主要条款内容或再融资的政策门槛
2000 年	证监会	《关于上市公司配股工作有关问题的补充通知》	上市公司应详细说明上市后历年的分红派息情况
2001 年 3 月	证监会	《上市公司新股发行管理办法》	近三年加权平均净资产收益率平均不低于 6%，若低于 6%，须能说明其自身良好的经营能力和发展前景，并且近三年需连续盈利
2001 年 5 月	证监会	《中国证监会股票发行审核委员会关于上市公司新股发行审核工作的指导意见》	增发新股条件同上
2002 年 7 月	证监会	《关于上市公司增发新股有关条件的通知》	近三年加权平均净资产收益率平均不低于 10%，最近一年加权平均净资产收益率平均不低于 10%，近三年连续盈利
2004 年 12 月	证监会	《关于加强社会公众股股东权益保护的若干规定》	近三年未进行现金利润分配的上市公司，不得向社会公众增发新股及可转换公司债券，不得向原股东派发新股
2006 年 5 月	证监会	《上市公司证券发行管理办法》	近三年加权平均净资产收益率平均不低于 6%，且以扣除非经常性损益后的净利润与扣除前的净利润相比低者作为加权平均净资产收益率的计算依据，近三年以现金或股票方式累计分配的利润不少于近三年实现的年均可分配利润的 20%
2008 年 10 月	证监会	《关于修改上市公司现金分红若干规定的决定》	近三年以现金方式累计分配的利润不少于近三年实现的年均可分配利润的 30%，2006 年再融资管制的其他主要条件未变
2012 年 5 月	证监会	《关于进一步落实上市公司现金分红有关事项的通知》	2008 年再融资管制的主要条件未变，为满足条件公司提供"绿色通道"、优先评奖，并将高分红公司列入专项指数编制等。2013 年 1 月，上海证券交易所发布《上海证券交易所上市公司现金分红指引》，明确专项指数编制的样本要求和激励措施
2013 年 11 月	证监会	《上市公司监管指引第 3 号——上市公司现金分红》	要求上市公司在公司章程中明确做出分红承诺，优先采用现金分红，并支持上市公司采取"差异化股利政策"
2014 年 10 月	证监会	《上市公司章程指引(2014 年修订)》	进一步规范上市公司公司章程修订范围、内容和程序，更加详细地对上市公司股利承诺在公司章程中的体现进行指引

2.2　相关研究文献回顾

不少文献对我国股利监管的演进情况进行了深入分析。2004 年以前，我国再融资管制政策并未与现金股利支付水平相挂钩。2004 年，证监会强化对中小投资者利益保护，明确规定近三年未进行现金股利分配的上市公司不具备再融资资格。2006 年，证监会以现金股利及股票股利占可分配利润的"二八开"比例(投资者不低于 20%，上市公司不高于 80%，下同)来确认上市公司的再融资资格。2008 年，证监会加强为以现金股利占可分配利润的"三七开"比例来确认上市公司的再融资资格。2012 年，证监会进一步对满足"三七开"比例的上市公司设置优待。同时，证监会在再融资资格中也对上市公司连续盈利及净资产收益率比例进行调整，从而适应上市公司为应对复杂市场环境而难以长期保持高收益的实际状况。

刘星等(2015)认为，再融资管制政策法规的演变历程体现了证监会在协调上市公司、中小投资者和政府三方利益博弈中的作为。伴随着我国股市发行制度从审批制、核准制向注册制演进的方向，可以预见，现行上市公司的再融资资格，如与现金股利支付水平等挂钩、净资产收益率的门槛限制将发生大幅变化，政府对中小投资者利益保护的力度也将逐步加强。

应展宇(2013)详细地对我国股票市场再融资监管规则变迁进行了制度经济学层面的分析，认为"以额度分配为核心的证券发行制度决定了 1999 年以前的再融资监管规则的整体架构，而当核准制实施后，市场化规则的引入尽管强化了外部约束，但股权分置制度的存在一度使再融资监管陷入困境。当股权分置改革初步完成后，危机驱动的信贷扩张迫使监管当局重新设计再融资监管架构，在净资产收益率要求基础上引入了现金股利分配要求。我国现行再融资规则带有明显的过渡性，应在未来重新定位"。

应展宇(2013)的研究将再融资监管规则变迁划分为以下阶段：①1992 年以前；②1993～1998 年；③1999～2005 年；④2006～2008 年；⑤2008 年以后。他认为，过去 20 多年间，尽管监管部门针对上市公司再融资的规则几经演变，但就上市公司再融资的实际情况而言，可以发现，2002 年前后存在两个截然不同的阶段：2002 年以前，无论监管部门针对配股资格的门槛如何进一步提升，配股一直牢牢占据着上市公司再融资的主导地位，增发、可转换债券仅作为辅助途径而存在；进入 2002 年以后，无论配股门槛如何变化，其在再融资中的总体地位出现了明显的下降，而增发甚至可转换债券在极短的时期内就得到了迅猛发展，占据了主导地位。因此，股票发行上市制度在 2002 年完成了从"额度管理＋审批"制度向"核准制"的转变，可能是理解这一阶段性变化的关键所在，相应再融资监管规则的演进也和不同股票发行制度下上市公司的行为取向存在千丝万缕的关联。他的研究也表明了以下观点：长期来看，上市公司行为的规范，或者说资本市场的发展需要在金融监管和创新之间寻求一个恰当的平衡。客观地说，我国目前对金融市场的监管范围和力度要远大于市场成熟国家。这在规避了巨大市场动荡的同时也在一定程度上损害了效率，致使市场的很多经济功能以及包括再融资在内的上市公司理性行为选择停留在理论层面，很难成为实践。从这个意义上说，他认为，当市场日益成熟，从核准制向注册制的发行制度转型应成为市场发展的内在要求，彼时，现有诸多再融资规则，如与净资产收益率以及现金分红等挂钩的门槛限制可能都需要被扬弃。

魏志华等(2014)系统地研究了半强制分红政策与我国上市公司分红行为的关系。他们的研究聚焦于研究以下几个问题：第一，半强制分红政策是否真的在宏观市场层面上提高了我国上市公司的现金分红水平,该政策各个阶段的影响是否存在差异?第二,半强制分红政策在中观的行业层面和微观的公司层面上究竟强制了"谁",它影响了哪些公司的分红行为?第三,半强制分红政策不能强制"谁",它能否约束和减少"铁公鸡"公司?第四,监管部门设置的最低分红"门槛"是否有效,它可能带来什么问题?

该研究选择的半强制分红政策的四个政策文件分别于 2001 年 3 月 28 日、2004 年 12 月 7 日、2006 年 5 月 6 日以及 2008 年 10 月 9 日颁布。为了更全面地揭示半强制分红政策的实施效果,其设置了政策有无、政策强弱、政策期的效果以及政策短期效应等四类政策虚拟变量进行考察。作为因变量的分红行为则考虑了现金股利政策、"铁公鸡"公司、"门槛"股利公司、"微股利"公司。对于现金股利政策,选择了派现意愿和派现水平这两个视角加以考察。对于"铁公鸡"公司,则将连续五年以上盈利但从不派现的上市公司判断为"铁公鸡"公司,认为这类公司有"利"可分但却"习惯性"不分红,可视为典型的"铁公鸡"公司。对于"门槛"股利公司,则将近三年股利发放水平略高于 2006 年和 2008 年政策规定的最低分红"门槛"的上市公司界定为"门槛"股利公司。对于"微股利"公司,则分别采用了绝对派现水平和相对派现水平这两个指标来界定"微股利"公司。

他们的研究发现:①半强制分红政策及其各个阶段都显著提高了我国资本市场的派现意愿和派现水平,但相比而言,明确了最低分红"门槛"的 2006 年和 2008 年政策反而比 2001 年和 2004 年的引导性政策具有更弱的约束效应。②半强制分红政策具有两面性,其监管压力既推动了理应分红的非竞争性行业、高盈利的公司提高派现水平,但其规定的再融资资格也迫使了那些不该分红的高成长、有再融资需求的公司分红派现。③半强制分红政策并非总是有效,事实上它难以约束"铁公鸡"公司进行派现,也没有降低"铁公鸡"公司占比。④2006 年和 2008 年政策实施后,发放"门槛"股利和"微股利"的公司明显增加,原因在于偏低的分红"门槛"对高派现公司产生了明显的"负向激励"。总体而言,半强制分红政策对于改善上市公司分红状况卓有成效但其局限性亦不容忽视。

然而,诚如该研究在局限性部分提及的,该文在研究内容方面,并未涉及分红持续性、稳定性及分红决策透明度的问题,研究内容有所缺憾。值得注意的是,该文在界定"门槛"股利的标准时,指标选择过于宽泛,例如,再融资资格条件中强调的净资产收益率并未列入其中;2006 年、2008 年再融资规定"公司以现金或股票(现金)方式累计分配的利润不少于最近三年实现的年均可分配利润的比例",该文也并未列示如何转换计算股票股利和现金股利的总占比。再者,按照他们的计算方法,三类公司:"铁公鸡"公司、"门槛"股利公司、"微股利"公司彼此之间会存在重叠现象,这会对结论的一致性产生一定的影响。

刘星等(2015)在研究货币政策、再融资管制与现金股利分配关系时(本书第 5 章将呈现这部分的内容),将公司划分为满足再融资资格和未满足再融资资格公司,采取的划分标准在界定"门槛"公司上更为细致。其度量标准如下:2003~2004 年,满足前三年连续盈利、加权平均净资产收益率不低于 10%且当年不低于 10%的公司取值为 1,否则为 0。2005~2006 年,满足前面条件,且年度现金股利发放总额大于 0 的公司取值为 1,否则为 0。2007~2008 年,满足前三年连续盈利、加权(以扣除非经常性损益后的净利润与扣除前的净利润相比低者作为加权依据)平均净资产收益率不低于 6%且前三年以现金或股票方式累计分配的利润(以三年送股总数乘以 1 加上三年现金股利发放总额)不少于近三年实现的年均可分配利润 20%的公司取值为 1，否则为 0。2009～2012 年，满足前三年连续盈利、加权(以扣除非经常性损益后的净利润与扣除前的净利润相比低者作为加权依据)平均净资产收益率不低于 6%且前三年以现金方式累计分配的利润不少于近三年实现的年均可分配利润 30%的公司取值为 1，否则为 0。

　　2008 年 10 月 9 日是证监会股利监管的一个重要节点。证监会当天颁布了《关于修改上市公司现金分红若干规定的决定》。不少研究以此为起点研究半分红监管政策。例如，李常青等(2010)以此事件为研究背景，首次考察了我国特殊的半强制分红政策的市场反应。实证结果表明，政策颁布期间资本市场整体呈"倒 U"形走势，显示投资者对于半强制分红政策呈现出"预期-失望"的反应过程。余琰和王春飞(2014)也直接检验了 2008 年 10 月 9 日我国证监会颁布的《关于修改上市公司现金分红若干规定的决定》对于公司现金股利支付行为的影响，发现该政策导致了提出融资方案的公司的股利波动性较大，存在"突击"分红的可能性。事实上，一方面，由于股票股利并不能影响公司现金流，因此，2008 年以现金股利占可分配利润的"三七开"比例来作为再融资资格的标准，更能考察公司在现金分红上的行为动机。另一方面，2008 年也是股权分置改革过渡期基本结束的年份。因此，2008 年以后，上市公司的分红行为受股权分置的影响将更小。故此，将 2008 年作为半强制分红政策实施前后的分界点具有较为科学的合理性。

2.3　本 章 小 结

　　本章详细介绍了我国资本市场实施股利监管的制度背景与动态演进，并对近年来研究股利监管制度的相关文献进行了回顾和简要评述，认为在 2002 年以后的股利监管政策演进中，2008 年是一个重要的节点，后续研究可以以此为节点考察股利监管政策前后上市公司股利行为的变化。

第 3 章　理论基础与文献评述

本章基于经典文献和前沿文献的支撑，首先，既简要介绍了与制度变迁相关的金融监管理论，又重点介绍了涉及股利分配理论中股利平稳性议题的经典理论，包括代理冲突理论和信息不对称理论；其次，对涉及国外资本市场股利平稳性的经典研究和前沿研究进行了研究评述；再次，综述和分析了涉及国内资本市场股利平稳性的研究文献；最后，在消化与吸收文献精髓的基础上，提出了未来研究的从宏观到微观再到宏观的股利平稳性理论分析框架。

3.1　主要概念的界定

本书的研究对象是我国上市公司的现金股利政策及现金股利不平稳现象。现金股利政策主要涉及公司是否发放股利及股利支付水平。现金股利不平稳现象是本书的重点研究对象。股利不平稳和股利平稳性具有一体两面性。本书将厘清其本质与内涵，并介绍股利平稳性(或股利不平稳程度)的主要测量方法。

3.1.1　现金股利平稳性的本质与内涵

1. 本质：修匀波动性而向目标股利支付水平看齐

股利平稳性的英文表述为"Dividend Smoothing"。"Smooth"表示使某对象平滑、修匀、平稳、缓和等意思，"Smoothing"是其动名词形式。"Dividend Smoothing"表示股利平稳性或平滑度，其意是指公司通过修匀或平滑股利支付水平波动性后呈现的状态。注意到公司修匀的是波动性，即修匀变化值而不是水平值，因此，修匀后的状态使用"平稳性"加以表述更为合适，修匀后的股利支付水平显得更为稳定，也称有持续性、有刚性或黏性。较多的股利平滑行为意味着较高的股利平稳性，即公司的股利政策更稳定。

股利平稳性的本质是公司高层管理者(通常指实际控制人或大股东)有意愿基于维持或(及)提升公司价值的股利修匀行为，以利于保持与投资者的密切关系，并体现为将股利支付水平向目标股利支付水平的动态调整。Lintner(1956)首次提出股利平稳性的概念，认为公司倾向于通过动态的局部调整，以平滑股利支付水平向目标股利支付水平趋近，避免降低股利支付水平削弱投资者对公司估值的影响。Fama 和 Babiak(1968)发现,股利平滑行为在世界各地的上市公司中普遍存在。Brav 等(2005)认为,股利平滑行为的产生是公司管理者寻求为股东提供稳定的可预期现金红利,从而避免忽高忽低的股利支付水平不能为股东提供稳定预期的缺陷。由此可见,股利平稳性主要是指公司现金分红比例在纵向上与自身现金分红比例对比的起伏变化程度,从而吸引和维持投资者对公司的良好估值,成为协调公司与投资者关系的纽带。因此,维持公司股利平稳性实际上是一种协调与投资者利益关系的策略行为。

2. 内涵:保持股利支付水平在合理区间内波动

股利平稳性的内涵随着该议题的发展而不断延伸,但其核心仍然贯穿着公司经营、迎合投资者、同行比较等理念,体现为公司股利支付水平在一定时期内保持在合理区间的波动,从而保持公司与其他公司相比的竞争优势。所谓稳定的股利政策通常是指:公司将每年的股利波动水平与公司盈余波动水平维系在某一范围之内而不使其发生显著的变化。Guttman 等(2010)将平滑股利行为定义为是一种使得公司股利波动不完全反映公司现金流波动的操作方式。他们认为,高管团队采用股利支付水平零变动的股利黏性行为,是一种部分混同策略(partially pooling);与标准分离策略(standard separating)相比,混同策略更能减少公司的投资不足,提升公司价值。Karpavičius(2014)则使用一般动态均衡模型来分析公司实施股利平稳性之谜,他将现金股利和股票回购同时列入股利支付水平的计算范围,发现实施稳定股利政策的公司价值更高,从而解释了公司保持股利刚性的决策行为的原因。Baker 等(2016)则从心理学角度,提出了一个行为信号模型,认为损失厌恶的投资者讨厌公司在前期设定的参考点股息水平上削减股息;公司高管团队为了满足投资者的心理预期,即使在盈利不确定时也会留存足够利润,以维持与前期同等的股利分配水平。Grennan(2019)探究了同行效应(peer effect)对股利变化程度的影响,认为高管团队做出的股利决策是对同行公司的股利决策的一种反应。由此可见,股利平稳性也可以体现为公司现金分红波动在横向上与其他同行或非同行公司的分红波动的对比,有利于保持自身地位上的竞争优势。因此,维持股利平稳性也可以是公司的一种应对同行竞争的战略行为。

3.1.2　股利平稳性的两类测量方法

公司股利平稳性的测量方法主要包括两类:一类是基于 Lintner(1956)的局部调整模型与 Fama 和 Babiak(1968)修正的局部调整模型来计算股利支付水平向目标股利支付水平趋近的调整速度方法(speed of adjustment,SOA);一类是由 Leary 和 Michaely(2011)设计的自由模型非参数计算法(model-free non-parametric measure)。

1. 局部调整速度计算法

在 Lintner(1956)的局部调整模型中，股利(目标股利)支付水平采用股利总额测量。Fama 和 Babiak(1968)修正的局部调整模型中，股利(目标股利)支付水平则采用每股股利测量。股利支付水平向目标股利支付水平的调整速度表示股利平稳性，调整因子(调整速度计算值)越大，表示调整速度越快，即股利的稳定性越弱；反之则表示公司股利平稳性越强。采用每股股利测算调整因子的方法得到普遍应用(McDonald et al.，1975；Dewenter and Warther，1998；Brav et al.，2005；DeAngelo et al.，2008)。

Leary 和 Michaely(2011)在股利平稳性的测量方法上做出了创新性的贡献。他们认为，当采用调整速度模型时，需要注意测算调整因子所采用的一阶自回归估计(auto-regression，AR)模型会存在单家公司的小样本偏误问题，截面数据之间的差异也可能影响结果可靠性。他们指出，传统测量股利调整因子的方法存在较大偏误，并通过仿真模拟计算了这一偏误，同时改进了局部调整模型中股利(目标股利)支付水平的算法，重新计算了调整因子。计算方法分两步进行：首先，采用公司前十年(或前五年)中股利支付水平的中位数，计算目标股利支付水平的偏差；其次，计算调整速度，以当期每股股利变化值和目标股利支付水平偏差值的回归系数作为调整因子。这项测量方法的突破，在较大程度上提高了计算股利平稳性的精度，引起了学术界的广泛关注，并促使这一领域的研究再次进入活跃发展期。

2. 自由模型非参数计算法

受到 Guttman 等(2010)、Fudenberg 和 Tirole (1995)阐释公司股利变动与公司盈余变动关系的启发，Leary 和 Michaely(2011)、Larkin 等(2016)采用公司股利支付水平波动与公司盈余波动的比值来测量股利平稳性，并称这种相对波动性是采用自由模型(而不是局部调整速度模型)的非参数计算方法。在该方法中，股利支付水平采用每股股利测量，公司盈余采用每股盈余测量[每股盈余是股票分割调整(split-adjusted)后的每股盈余，即每年的每股盈余根据当年的股票分割情况进行加权调整]。Chen 等(2012)、Rangvid 等(2014)及其他学者在后期也广泛采用了这一计算方法。

由于本书涉及的其他概念均为相应学科中普遍熟识的概念，因此本书将在后续需要阐释的地方给予介绍，此处不再逐一展开。

3.2　理　论　基　础

3.2.1　金融监管相关理论

金融监管通常指金融监督和金融管理的复合。它是指一个国家(地区)的金融监督管理当局依据国家法律法规的授权对金融业实施监督管理的总称。金融监管当局是金融监管的主体。金融监管有狭义和广义之分。狭义的金融监管是指中央银行或其他金融监管当局依据国家法律规定对整个金融业(包括金融机构和金融业务)实施的监督管理。广义的金融监管在上述含义之外，还包括了金融机构的内部控制和稽核、同业自律性组织的监管、社会中介组织的监管等内容。在本书中，金融监管主要指的是证监会对资本市场上市公司财务活动的监督和管理。

金融监管理论源于 Meltzer(1967)基于新古典经济学而发展的公共利益论，以及以Stigler(1971)、Posner(1974)为代表而发展的监管经济理论和以 Kane(1981)为代表而发展的监管辩证理论。在公共利益理论方面，Meltzer(1967)认为，金融部门的垄断会对社会产生负面影响，降低了金融业的服务质量和有效产出，造成社会福利的损失，所以应该通过监管消除垄断。公共利益论又被称为市场调节失败论，该理论在 20 世纪 30 年代大危机后出现，是最早用于解释政府监管合理性的监管理论。公共利益论奠定了金融监管的理论基础。该理论认为，金融体系同样存在着自然垄断、外部效应和信息的不对称等导致市场失灵的因素，监管目的是促进市场竞争、防止市场失灵，追求全社会福利最大化。

在监管经济理论方面，该理论主要由 Stigler(1971)提出，后经 Posner(1974)和Peltzman(1976)的补充，日趋完善。该理论侧重研究金融机构与金融监管当局间的关系。该理论认为，政府之所以进行金融监管，其直接目标不是公共利益理论所称的要控制市场失灵、控制资金价格、防止各种金融风险的传染以及保证金融体系的健康和最优化的资源配置效率等，而是为了某些利益集团的政治收益和经济收益的最大化。由 Stigler、Posner和 Peltzman 所代表的"利益集团论"或称为"管制俘获说"也认为，政府管制是为了满足产业对管制的需要而产生，也即，立法者会被产业界所俘获，而管制机构最终同样会被产业所控制，换言之，执法者会被产业界所俘获。该理论强调指出，管制不仅仅是经济过程，更重要的是政治决策对经济资源重新分配的过程，管制的目标不是为了公共利益，而是服务于特殊利益集团。

在监管辩证论方面，美国经济学家 Kane(1981)提出了一种新的分析框架，即管制的"辩证法"。他首先构建了"规避管制"理论和动态博弈模型，论证了金融管制是金融创新的重要动因。Kane(1981)的研究认为，金融创新主要是金融机构为了获得利润而回避政府管制所引起的。政府管制性质上等于隐含的税收，阻碍了金融机构从事已有的营利性活动和利用管制以外条件获取利润的机会，限制了金融机构的竞争能力和获利能力；而金融机构在自身利益的驱动下，会进行一些创新活动规避监管当局以寻求新的盈利机会。当金融机构的创新出现以后，监管当局可能适应形势的变化而放松原有的监管政策，或者当创新危及金融稳定与货币政策执行时又进行新的监管，从而形成了金融机构与监管当局之间的"管制—创新(规避管制)—放松管制或再管制—再创新"的动态博弈过程。

本书重点关注证监会的股利监管政策是否会被上市公司所利用，最终导致监管的结果与监管初衷能否达成一致的问题，从而讨论佩尔兹曼效应的存在性。

3.2.2　股利平稳性的代理冲突理论

在代理冲突方面，股利平稳性被认为是一种控制代理成本的工具。Allen 等(2000)指出，机构投资者的价值在于其监督能力。由于机构投资者更青睐股利，所以为了避免机构投资者的惩罚，公司管理者往往不敢轻易削减股利，这导致了更多股利平滑行为。类似地，Easterbrook(1984)和 Jensen(1986)认为，较高的股利支付水平和更多的股利平滑行为将会减少公司内源资金，促使公司对外筹集资金以满足需要。DeAngelo 等(2007)建立了自由现金流代理成本和证券发行逆向选择成本的权衡模型，并认为较高且稳定的股利支付水平能够使成熟的公司降低代理成本，因此，成熟公司的理想财务政策是低财务杠杆结合大量的、持续的股利支付。值得注意的是，这一推理与 Almeida 等(2004)、Bates 等(2009)的推理并不吻合。后者认为，融资约束越大的公司，其股利平滑行为和低股利支付水平的相关性越强。在上述两种模型中，股利平滑行为与不同的股利支付水平相联系，并由此与自由现金流问题相联系。Allen 等(2000)还预测了股利平滑行为与机构投资者持股之间的联系：由于两者都是控制代理问题的机制，所以它们可以被视为具有替代或互补的作用(La Porta et al.，2000)。

Lambrecht 和 Myers(2012，2017)认为，管理层的寻租行为会产生股利平滑行为。这是由于股东通常要求常规的股利支付，以减少自由现金流而限制代理成本；而在发放现金股利的行动中，管理层可以从中抽取租金(因为管理层通过发放现金股利，后续能够更容易筹资，以继续通过建立经理人帝国来掏空公司)。风险厌恶的经理人渴望租金的平滑，这反过来会产生股利平滑行为。

3.2.3　股利平稳性的信息不对称理论

在信息不对称方面，Kumar(1988)、Kumar 和 Lee(2001)及 Guttman 等(2010)承认股利传递了高管团队对于当前和未来现金流状况判断的私有信息，但不同于前期研究的经典信号解释(Bhattacharya，1979；John and Williams，1985；Miller and Rock，1985)，他们认为公司高管团队会有保留地传递信息而不是传递全部信息，即采用了混同策略处理信息；公司保留的信息范围(information range)越大，越可能采取平滑的股利行为。同时，他们的静态均衡比较分析认为，股利平滑行为导致了股权风险影响因素提升(Kumar，1988)、现金流波动性提升(Kumar and Lee，2001)、投资机会提升和投资领域(investment horizon)缩小(Guttman et al.，2010)。因此，依照 Guttman 等(2010)的理论推导，能够从信息不对称中获利的公司更会开展股利平滑行为，且公司股利平稳性越强，即公司越年轻、信息透明度越差、有形资产越少和投资机会越大，公司股利平滑行为就越多，股利平稳性也越强。但是，Leary 和 Michaely(2011)的实证检验却没有支持这些推论。

Fudenberg 和 Tirole (1995)从最优合约设计的视角讨论了公司的所有者与管理层之间

由于信息不对称(第一类代理问题)如何导致股利平滑行为。他们认为,公司所有者(委托人)更看重管理层(代理人)提交的收益或股利的当期报告而不是上期报告;并且为了规避被解雇风险,管理层有对好的业绩进行低估报告的动机,以此留下余地在未来业绩遭受冲击时可以进行高估报告。故此,委托人需要从代理人的报告中了解真实的盈利状况,从而使得代理人有了产生股利平滑行为的动机。因此,信息透明度越差的公司越可能采取更多的股利平滑行为,由此使得股利平稳性更强。Almeida 等(2004)、Bates 等(2009)认为外部融资成本较高的公司即使会有正的收益,也不愿意增加股利,因此股利平滑行为应该与低股利水平的相关性更强,并且在预防性储蓄动机较高的公司中更为明显。Brennan 和Thakor(1990)关注了知情与不知情投资者之间的信息不对称。他们认为私人投资者拥有的信息较少,更希望接受股利支付以缓解信息劣势。当公司主要被私人投资者持有且支付股利较少时,公司会选择支付现金股利;当公司主要被私人投资者持有且支付股利较多时,公司会选择股票回购,从而减少税收成本。因此,拥有更多私人投资者的公司更会采取股利平滑行为,使股利平稳性更强。

3.3　文　献　评　述

3.3.1　国内股利研究的现状和发展动态

在我国,由于在经济转型过程中,我国公司产权制度安排的不断探索和公司面临的内外部环境逐步变化,导致了我国上市公司的财务政策与发达国家的财务政策之间存在显著差异。例如,我国上市公司长期以来偏好股权融资,且较少发放现金股利,也没有形成严格意义上的股利政策;更加突出的情况是,上市公司普遍存在零股利发放的"铁公鸡"现象、概念层出不穷的"高送转股票股利"现象和现金股利起伏波动较大的"股利不平稳"现象和无章可循的"无规律"现象。

现有主要的研究现状和发展动态如下所述。自 2010 年以来,国内研究股利政策的文献主要分为三类:第一类是从新的视角研究现金股利支付倾向和(或)支付水平的影响因素。这一类文献探讨了基于我国情境而影响股利行为的新因素,例如,公司成长生命周期特征(宋福铁和屈文洲,2010)、内部人终极控制(刘孟晖,2011)、定向增发(赵玉芳等,2011)、管理层持股(董艳和李凤,2011)、家族控制(魏志华等,2012)、股权激励(吕长江和张海平,2012;肖淑芳和喻梦颖,2012)、企业信贷约束程度(余静文,2012)、外资股东持股(周县华等,2012)、金融危机(祝继高和王春飞,2013)、私募股权投资(王会娟等,2014)、管理层权力(王茂林等,2014)、交叉上市(程子健和张俊瑞,2015;覃家琦等,2016)、货币政策(刘星等,2015;全怡等,2016)、政治不确定性(雷光勇等,2015)、超募资金投向(张路等,2015)、地域因素(张玮婷和王志强,2015)、社保基金持股(靳庆鲁等,2016)、公司治理(刘星等,2016)、国际化董事会(杜兴强和谭雪,2017)、管理者过度自信(应惟伟等，2017)和风险投资(吴超鹏和张媛，2017)。第二类是研究现金股利支付的经济后果。例如，吕长江和许静静(2010)研究了上市公司股利支付的市场反应；宋逢明等(2010)研究了现金分红对降低股票收益率的波动影响，并发现稳定的现金股利政策能够提高公司股票收益率波动与基本面信息的相关性；肖珉(2010)研究了现金股利通过抑制内部现金流，进而影响投资效率的治理作用；李科和陆蓉(2011)研究了基金进行大比例分红行为对基金资金净流入、基金营销费用和"赎回异象"的影响；丁永健等(2013)研究了红利上缴与国有企业经理人激励之间的权衡关系；支晓强等(2014a)研究了现金分红对投资者的股票估值的影响；顾小龙等(2015)研究了过度支付现金股利对上市公司的股价崩溃风险的作用；刘孟晖和高友才(2015)实证检验了异常派现、代理成本和公司价值之间的关系；陈名芹等(2017)研究了现金股利不平稳对投资者行为偏好的影响。第三类是研究法规制度对公司股利行为与其他财务活动和(或)投资者的影响。例如，李常青等(2010)、魏志华等(2014)、陈云玲(2014)、王国俊和王跃堂(2014)、余琰和王春飞(2014)等从不同层面研究考察了股利监管政策对股利行为的影响；娄芳等(2010)考察了会计准则的变动对现金股利和盈余关系的影响；支晓强等(2014b)考察了股权分置改革对投资者的现金股利溢价行为偏好的影响；陈艳等(2015)考察了半强制分红政策下的现金股利决策对公司投资效率和融资约束的作用；刘行等(2015)考察了基于《关于实施上市公司股息红利差别化个人所得税政策有关问题的通知》的个人所得税政策调整对公司资本结构的影响；贾凡胜等(2016)考察了《关于实施上市公司股息红利差别化个人所得税政策有关问题的通知》这一文件的实施效应。

由此可见，我国学者通过大量的理论与实证研究，正在逐步形成基于我国情境的股利政策理论框架。然而，值得注意的是，现有文献中较少关注到股利政策选择的宏观制度影响因素，也较少涉及股利平稳性的深入研究，这表明这一领域的研究仍处于探索性、前沿性和基础性的发展阶段。本书有助于丰富这一领域存在的欠缺。

3.3.2　股利平稳性的国外研究评述

在国际文献中，不少研究阐述了股利平稳性在人员、组织、行业乃至制度方面的前因，并研究了股利平稳性的预测效应、治理效应和其他效应。

1. 国际文献中股利平稳性的前因研究

在公司内部因素上，除了代理冲突因素、信息不对称因素影响股利平稳性以外，其他层次的因素也被发现对公司股利平稳性有显著影响。

(1)人员因素。人员因素影响股利平稳性的研究文献并不多见，但学者仍有所探索。Van Lent 和 Sgourev(2013)分析了近 200 年来荷兰东印度公司的股利平稳性，发现公司管理层人员是否为当地精英(而不是外来的"空降经理人")是影响股利平滑行为的一个主要因素。Grennan(2019)分析了 CEO 特征(过度自信、年龄和任期)对于(上升的)股利支付水平的影响，并间接讨论了这些因素是否影响股利平稳性。

(2)组织(公司)因素。组织(公司)因素影响股利平稳性的研究文献较多,学者主要从信息不对称、代理成本、收益平稳性三方面的因素进行探讨。信息不对称的因素涉及信号传递理论、委托代理理论、外部融资约束假说和投资者之间信息不对称假说等领域。本章前一节已有论述,此处不再重复。

(3)收益平稳性因素。Miller 和 Scholes(1978)认为,投资者(尤其是私人投资者)会利用个人所得税的有关规定来减少股利税收,由于该项税收筹划需要较长时间,所以更希望股利收入能够保持稳定。因此,为迎合投资者利益,拥有较多散户投资者的公司的股利平稳性会更强。Baker 等(2007)的研究也发现,由于投资者希望进行平滑消费,公司为满足投资者也会采取更平稳的股利政策,这在拥有更多私人投资者的公司中更为明显。Baker 和 Wurgler(2015)则建立了参考点股利政策模型,并认为损失厌恶的投资者会将前期的股利支付水平作为参考点来评估当期的股利支付水平,这类投资者越多,公司的股利平稳性越强。

(4)行业因素。在行业因素方面,影响股利平稳性的因素主要是行业集中度。也有学者通过考察某些特殊行业,如受管制行业中的公司的股利平滑行为,来研究同行效应对公司股利支付水平的影响。Ding(2011)的研究发现,处于竞争激烈(不激烈)行业中的公司,其股利平滑行为更严重(缓和),从而股利平稳性更强(弱)。Bremberger 等(2013)分析了受管制行业(电气公用事业)中的公司(包括国有和私营)的股利平稳性行为,并认为不同的管制机制(成本管制或激励管制)会影响公司股利平稳性。Javakhadze 等(2014)从国际比较的视角出发,也发现行业竞争程度对于股利平稳性存在着显著影响,其所处的行业竞争越激烈,公司股利平稳性越强。Grennan(2019)探究了同一行业中的公司对于作为分析对象的公司的股利支付水平变化的影响,他发现同行公司股利的显著变化(达到某种水平以上)会使该公司股利支付水平提升 15%,这比传统的其他影响股利变化的因素更有解释力。

(5)制度因素。制度因素对股利平稳性的影响得到了许多学者的关注。Chemmanur 等(2010)研究了中国香港和美国上市公司的股利政策,发现不同的税制和股权结构影响了公司的股利平稳性。Shinozaki 和 Uchida(2017)以 28 个国家或地区的 6000 多个样本为考察对象,也发现税制和股权结构影响了公司股利平稳性。Jeong(2013)研究了韩国上市公司的股利平稳性,发现宏观层面的所得税制度和银行利率显著地影响了公司的股利平稳性。Andres 等(2009)发现德国相对保守的会计信息制度是造成德国公司股利平稳性不同于英国和美国公司股利平稳性的主要原因。Javakhadze 等(2014)以 24 个国家或地区的 2000 多个样本为考察对象,发现法律制度(投资者保护力度)、国家或地区的文化、税制体系都对公司股利平稳性具有显著作用。

2. 国际文献中股利平稳性的后果研究

股利平稳性的效应或经济后果主要体现在股利平稳性对于公司价值、未来收益、投资者吸引、高管更替和投资者财富增加的影响等方面。

(1)股利平稳性对于公司价值和未来收益的影响。Brennan 和 Thakor(1990)、Guttman

等(2010)的模型推导结果表明,稳定的股利政策有利于公司向市场传递盈利能力信息,提升公司价值。但这一预测受到了一些学者的挑战。Fudenberg 和 Tirole(1995)认为公司盈利平滑或股利平滑是一种导致较高的公司价值被低估、较低的公司价值被高估的行为。因此,股利平滑行为可能无助于传递公司的真实价值。Chen 等(2012)则从实证研究的角度给出了股利平滑无法预测股票价格的证据。他们发现即使可以认为股利支付增长水平具有预测未来收益的功能,股利平滑行为也会"埋葬"(bury)这一预测功能。Rangvid 等(2014)以国际样本进一步检验了 Chen 等(2012)的研究,发现股票市场规模越大,股利平滑行为越普遍,但股利平稳性同样对于未来收益没有预测价值。Larkin 等(2016)同样发现公司的股利平稳性与预期收益之间不存在稳健的相关关系。

(2)股利平稳性对于吸引投资者的影响。Larkin 等(2016)发现,实施了平稳股利政策的公司更能够吸引机构投资者的投资,尤其是共同基金投资者的投资,并认为这是解释公司实施高成本的平稳股利政策的主要原因之一。

(3)股利平稳性对于高管更替的影响。Wu(2015)以美国 1992~2011 年的非金融类、非公用事业类上市公司为样本,研究公司过度股利平滑行为与高管更替的关系。为缓解研究对象之间的内生性,他采用了模拟距估计(simulated method of moments,SMM)的方法分析问题,发现公司高管为隐藏负面信息和降低被更替的风险,更会采取平滑股利行为,导致股利平稳性下降;而过度平滑股利的公司,高管被更替的概率更高,并最终导致公司价值下降。

(4)股利平稳性具有持续增加投资者当期财富的治理效应。Knyazeva 等(2014)、John 等(2015)认为股利平稳性能够缓解股东与管理层之间的代理冲突,并扮演着公司治理的重要作用,是一种传统的公司治理机制。Knyazeva 等(2014)发现监督(治理)功能较差的公司,股利平稳性更强,股利削减更少,而常规股利保持增长的趋势更为明显,股利平稳性由此能够持续地为投资者带来财富增加。他们也发现,股利分配中的现金股利支付和股票回购并非是完美的替代关系,公司减少股利支付水平更多的是通过降低股票回购(幅度更大),而同时增加现金股利(幅度较小)。他们认为公司股利的这种调整策略更像是公司做出的一种股利承诺(dividend commitment)。

(5)股利平稳性的其他效应主要存在于学者的理论推导和研究计划中。Lambrecht 和 Myers(2012,2017)运用动态代理模型进行分析,认为风险厌恶且偏好持续的管理层倾向于采取股利平滑行为,这可能会导致公司的现金流发生较大波动而导致投资不足。Knyazeva 和 Knyazeva(2014)认为公司的股利平滑和盈利平滑可能同时进行,并会产生联合作用进而影响公司内部治理的质量。

3.3.3　股利平稳性的国内研究评述

股利政策是公司财务政策最为重要的内容之一,长期吸引着国内学者的关注。但是,在我国情境下的已有相关研究中,涉及股利平稳性这一议题的并不多见,本章梳理其中的主要成果,内容集中于股利平稳性的公司层面动因、平稳性水平比较和制度因素影响。

前因检验和水平比较方面，刘星等(1997)最早对我国上市公司股利政策的影响因素进行了实证分析，以 1992～1993 年的 30 家上市公司的周数据样本进行检验，结果表明股票市盈率、资产流动性以及企业的盈利能力对于公司现金股利具有显著影响(蔡祥等, 2003)。吕长江和王克敏(1999)在国内运用 Lintner(1956)模型来研究我国上市公司的股利行为相关议题。他们以我国上市公司 1997～1998 年的 316 个样本为考察对象，发现上市公司的现金股利支付水平主要取决于公司的前期股利支付额和当期盈利水平。任有泉(2006)运用 1994～2001 年 55 家上市公司的 365 个样本观察值，重新检验了 Lintner(1956)模型，其结果发现，我国上市公司的股利支付水平仅取决于当年盈余，而与上年的股利支付水平无关。李茂良等(2014)以 1994～2012 年沪深两地 A 股市场的上市公司为研究样本，运用动态面板模型来检验现金股利政策的稳定程度及其动因。他们的研究发现，从"市场组合"看，现金股利具有一定的稳定性；从单个公司看，现金股利变动较大。

股利监管制度的影响方面，李茂良等(2014)认为，半强制分红政策和在境外股市上市两个因素有效地提高了现金股利的稳定性，但新会计准则的实施加快了现金股利的调整速度；余琰和王春飞(2014)直接检验了 2008 年 10 月 9 日我国证监会颁布的《关于修改上市公司现金分红若干规定的决定》对于公司现金股利支付行为的影响，发现该政策导致了提出融资方案的公司的股利波动性较大，存在"突击"分红的可能性。

3.3.4 未来研究的系统分析框架

我国学者的已有成果在一定程度上推动了学术界关于制度因素对于股利平稳性影响的关注与研究，但仍存在一些不足。例如，股利平稳性的前因研究仍然不够系统；个人、组织、行业、制度等因素对于股利平稳性影响的作用机理仍然缺乏深入讨论；制度因素对于股利平稳性的研究未能从静态视角拓展到动态视角；股利平稳性在我国情境下如何更好地测量还未开展探讨；股利平稳性的后果研究也鲜有涉及。

我国上市公司以国有控股为主的特殊股权结构(有别于西方发达国家)和监管部门以"股利监管"替代市场"放任自流"的制度创新，为学者更深入地研究制度因素对于股利平稳性的影响提供了特别的机会和空间。这一议题的研究也有助于丰富国际上关于股利平稳性前沿研究的文献资料。为此，本章结合我国情境，提炼了未来研究股利平稳性的六个研究方向，并提出了"从宏观到微观、从微观到宏观"的系统分析理论框架。

(1)情境变换：从发达资本市场国家到新兴转型经济体国家。

股利平稳性的前沿研究关注的对象大多是发达资本市场国家(尤其是美国)的上市公司，而国际研究的证据表明，宏观层面的因素(如股权特征、税赋水平、会计信息制度、法律制度、文化等)对股利平稳性也有着重要的影响(Chemmanur et al., 2010；Shinozaki and Uchida, 2017；Jeong, 2013；Andres et al., 2009；Javakhadze et al., 2014)。因此，如果将研究关注的焦点从发达资本市场国家的情境切换到新兴转型经济体国家(如我国)的情景，将能够进一步丰富股利平稳性研究的国际文献。同时，考虑到我国产业转型的快速变化和地区差异的普遍存在，我国情境下的股利平稳性探讨既能够为我国实践提供指导，也可以为其他新兴经济体国家的股利监管政策的制定提供借鉴。因此，关于我国上市公司的股利平稳性议题可以吸引国内外学者继续关注，而制度差异、行业差异、地区差异、我国混合所有制的改革过程等对于股利平稳性的影响也是需要继续探讨的重要方向。进一步地，还可以考虑其他公司财务活动的平稳性对我国经济增长质量的影响（郝颖等，2014）。

（2）内涵挖掘：从预测到治理，将效应拓展到财务生态系统中。

尽管股利平稳性的本质是公司高层管理者有意愿维持或（及）提升公司价值的股利平滑行为，其内涵是公司根据管理或发展目标将股利支付水平在一定时期内保持在合理区间的波动，但其经济后果是否能够达到公司高管层的初衷，仍然存在着"股利平稳性之谜"（Larkin et al.，2016）。一些研究的理论推导预期更稳定的股利政策可以提升公司价值（Brennan and Thakor，1990；Guttman et al.，2010），而实证证据则表明股利平稳性与未来收益没有相关性（Chen et al.，2012；Rangvid et al.，2014），其预测效应可能并不存在。

值得注意的是，Knyazeva 和 Knyazeva（2014）、John 等（2015）发现股利平稳性可以充当公司治理机制，该机制能够持续为投资者带来财富增加，从而拓展了关于股利平稳性效应的研究。未来可以更多地考虑股利平稳性与公司其他财务决策行为的影响，将股利平稳性的研究推进到整个公司财务生态环境的研究之中（Farre-Mensa et al.，2014）。

我国以国有企业为主体的上市公司股权结构中，所有者地位弱化的实际情况造成的委托代理问题（第一类代理冲突问题）相对而言更加严峻。因此，政府主导的股利监管制度围绕着提高上市公司股利政策的稳定性的设计和实施，这可能会起到一定的公司治理作用，但这仍然是一个值得开展理论探索和实证检验的课题。我国股利监管制度演进中，将股利发放水平和再融资资格准入相挂钩是其关键设计之一，其目标是保障和提高上市公司对于中小投资者的现金回报，缓解大股东与中小股东的代理问题（第二类代理冲突问题）。这种"半强制性"的制度安排天然地会将股利平稳性的议题与公司的投资决策、融资决策、现金管理政策结合在一起，由此也为学者开展股利平稳性与财务生态系统相结合的研究提供了重要的契机。

（3）测量改进：基于我国实践的指标选择。

关于股利平稳性的测量，许多学者采用了基于 Lintner（1956）的局部调整模型发展的各种调整速度方法和由 Leary 和 Michaely（2011）设计的自由模型非参数计算法。但值得注意的是，我国的股利监管制度设计中，将"现金股利占公司未分配利润的比例""现金股利占利润分配的比例"作为重要的约束上市公司再融资的准入条件，这也成为监管部门后续监管上市公司是否实施"差异化的现金分红政策"的重要指标。因此，在我国这些指标可能会比传统模型中的目标股利支付水平所采用的其他指标（如每股股利等）更加重要。如何基于我国实践中的现状，采用更精确的指标来计算股利平稳性，并比较其与传统方法的区别，也是研究股利平稳性的一个重要方向。

（4）前因拓展：宏观与微观结合，国际与国内连接。

当前，学者研究股利平稳性的前置因素多是围绕着组织内部、行业和制度的因素而展开，而对于个人特征的影响则关注较少。我国上市公司以国有控股为主的特殊股权结构，导致国有上市公司的高层管理者(尤其是董事长和总经理等)多为政府指派而非市场竞争所产生。因此，公司高层管理者是基于经营绩效还是政治晋升或者其他因素考虑而开展财务决策行为仍然需要认真厘清和对待。并且，研究公司高层管理者在我国制度背景下的来源、任期、权力、经验、薪酬、政治联系、性格、认知等特征对于股利平稳性的影响也是重要的课题。例如，一些国外研究已经阐述了高管来源、高管薪酬、股权激励、过度自信等对公司股利政策的影响(Van Lent and Sgourev，2013；Brown et al.，2007；Burns et al.，2015；Deshmukh et al.，2013)。同时，考察各个层次因素的交叉作用，尤其结合公司治理因素的交叉作用对于股利平稳性的影响，更有助于为国际同类文献提供来自新兴经济体国家的新证据。

(5) 效应探索：从静态到动态，由主要效应到调节效应、中介效应。

前期学者对股利平稳性的效应研究主要以公司价值、股票收益等财务表现和投资者吸引、高管更替等非财务表现的静态结果为导向，较少地关注到其治理效应可能延续到对于组织战略和宏观经济发展的影响。未来的研究可以拓展静态效果的范围，并从静态结果向动态过程过渡，进一步考虑股利平稳性是否会对公司商业模式、并购策略、多元化战略、国际化发展等非财务表现产生影响；考虑股利平稳性是否对于投资者的"家庭金融"消费行为(Baker et al.，2007)、某些特定产业(如公用事业、创业创新行业、互联网行业等)或某类公司(如中小企业)的投融资行为等财务表现产生影响。在此基础上，也可以观察微观公司表现的"加总"，能否对于宏观层面经济增长质量(例如，投资、消费、出口等；结构、方式、效率等)产生影响，从而推动宏观制度环境的逐步变革，实现从微观到宏观的有机连接。

此外，股利平稳性的主效应已经受到了学者的足够重视，但对于股利平稳性的中介效应和调节效应的考察还有待深入。并且，如果将股利平稳性作为公司的一项治理机制加以看待，调节效应和中介效应的经济后果仍有待深入挖掘和实证检验。未来的研究还可以在此基础上，继续检验其被调节的中介和被中介的调节等复杂情况下的效应(叶宝娟和温忠麟，2013；温忠麟和叶宝娟，2014)。

综合本章关于股利平稳性的前因和效应的分析，本章建立了图 3.1 的"宏观-微观-宏观"的系统分析理论框架：第 1 步(图中用①表示，下同)，分析宏观层面的正式与非正式制度环境(重点包括经济政策、法律法规、市场化进程环境等要素)的静态现状和动态演进情况；第 2 步，分析宏观制度因素对公司高层管理者、公司治理、盈利情况(水平、变化及波动)、投融资及现金持有等财务环境的影响以及他们之间相互影响；第 3 步，分析上述因素对股利平稳性的传导途径；第 4 步，拓展股利平稳性对公司财务表现和非财务表现影响的研究；第 5 步，延伸公司财务行为对经济增长质量影响的研究；第 6 步，通过学者的深入研究，为我国资本市场的制度建设提供更有针对性的建议和借鉴。

(6) 方法更新：将定量研究、实验研究与案例研究相结合。

我国学者关于股利平稳性的研究主要是以借鉴 Lintner(1956)模型所做的实证分析为主，而采用其他方法来研究这一议题的则显得比较匮乏。与此同时，我国的一些学者采用模型推导、案例研究分析上市公司的股利政策，为理解我国制度背景下的股利政策选择提供了重要借鉴(刘星，1999；陈信元等，2003；周县华和吕长江，2008)。未来可以聚焦一些有行业特色或影响力的公司，开展单案例研究，或是以同行业的不同公司为研究对象，开展比较案例研究。此外，股利监管制度的建设过程，需要进一步考虑投资者对于股利政策的反应。例如，投资者会更青睐在公司章程上做出股利分配承诺的公司(王国俊和王跃堂，2014)。然而，投资者会青睐股利平稳性更高的公司吗？这也可以通过实验研究或者实证研究加以检验。因此，多种研究方法的结合有利于更立体地分析我国上市公司的股利平稳性，从而为丰富理论文献和指引我国实践提供支持。

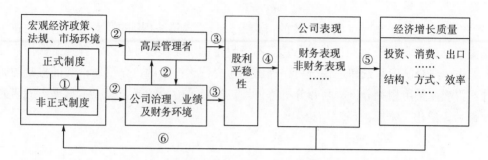

图 3.1　股利平稳性的"宏观-微观-宏观"理论框架

　　综上分析，本章的学术贡献一方面体现在为我国学者提供了关于股利平稳性的前沿研究资料和未来研究方向，另一方面也有助于我国股利监管制度的动态演进以及对于股利平稳性影响的深入研究。本书的研究逻辑，也是基于"宏观-微观-宏观"分析框架下而展开。在研究股利平稳性方面，本书主要从公司层面探究影响股利不平稳的驱动因素，并从投资者估值的视角探究股利不平稳的经济后果，进一步也考察了股利监管新政的市场成效和公司章程治理效应，从而也为后续探讨我国股利监管制度的"理论自信、制度自信"提供了经验证据。

3.4　本 章 小 结

　　股利平稳性对我国推动中小投资者利益保护和资本市场持续发展有着重要的理论价值与现实意义。本章回顾并评析了国内外有关股利政策，尤其是股利平稳性的动态演进及相关研究：从概念上厘清股利平稳性的本质与内涵，归纳其测量方法；概括了国外学术界关于股利平稳性的前沿研究进展与主要观点；评述了我国情境下的股利平稳性研究现状；从情境、内涵、测量、前因、效应与方法六个方面，提炼了未来研究的方向，并提出了从宏观到微观再到宏观的理论框架。本章既为我国学者提供关于股利平稳性的前沿研究资料和未来研究指引，也有助于进一步地推动我国股利监管制度对股利政策，尤其是股利平稳性影响的深入研究。

第4章　制度距离、再融资管制与现金股利分配

结合第 2 章关于与股利监管相关的再融资管制的政策法规演变，本章提出并构建了制度距离指标以测量投资者利益保护程度。本章界定制度距离越小，投资者利益保护程度越强。首先，结合制度背景和理论分析，提出了研究假设；其次，介绍理论实证检验的研究设计；再次，采用相关分析、回归分析等方法，报告了检验结果，回应本章提出的研究假设；最后，给出了本章的研究结论。

4.1　引　　言

不断深化改革与发展我国资本市场监管制度建设，其核心目的之一是加强对投资者利益的保护。然而，现有研究对于如何界定和衡量投资者利益保护却仍旧没有定论。La Porta 等(1999，2002)、Shleifer 和 Wolfenzon(2002)等学者研究法律制度环境对公司财务的影响，为衡量投资者利益保护提供了方法。抗董事权、现金股利分配、再融资条件管制等逐步成为测量投资者保护程度的替代指标。Hart(1995)和 La Porta 等(2000a，2000b)提出解决大小股东利益冲突的有效方式是通过法律途径或规章赋予小股东更大的投票权。姚颐和刘志远(2011)通过研究分类表决制的影响，发现我国适度增加中小股东的投票权是解决大小股东利益冲突、提高资源配置效率的有效途径。李增泉等(2004)认为发放现金股利是限制控股股东滥用控制权的一种有效手段，有利于保护中小投资者利益。李常青等(2010)、王志强和张玮婷(2012)分析了 2008 年上市公司股利分配水平与再融资资格挂钩的半强制分红政策的经济后果，认为限定现金股利分配形式和设定高比例分配提高了高成长性公司的融资门槛，可能导致监管悖论。换个角度而言，再融资条件管制可能不利于高成长公司的投资者利益保护。

在我国制度背景下，再融资是资本市场中大小股东利益博弈的关键节点。自股市开放以来，由于融资渠道偏窄，上市公司为保留现金以供运营和投资需要，倾向于少发放或不发放现金股利。自 2001 年以后，我国证监会颁布了一系列将上市公司再融资资格与股利分配水平相挂钩的法规政策，致力于引导和规范上市公司的股利分配行为。不少研究将这一系列法规政策定义为"半强制分红"(李常青等，2010；王志强和张玮婷，2012)。显然，这一系列政策也成为政府立法部门协调上市公司、投资者和政府自身三方利益的制度安排。那么，这些制度安排是否可以成为衡量投资者利益保护的指标？在这些制度安排下，

上市公司是否更倾向于发放现金股利，是否更倾向去满足再融资的条件，以储备资金满足未来的使用需要？这些制度安排又是否能提高上市公司的现金股利支付水平？下一步的制度演进又该如何发展呢？

本章参考制度距离的构建和测量方法(Kogut and Singh，1988；Kostova and Zaheer，1999；Phillips et al.，2009)，采用投资者现金股利分配需求满足的程度(分红水平)、上市公司再融资资格净资产收益率门槛高低(盈利门槛)和政府立法部门执法决心的强弱(政策丰富性)三个指标，用文本分析赋值法构建制度距离以测量投资者利益保护程度，并界定制度距离越小，投资者利益保护程度越强。运用上述构念，本章对上面的问题进行研究。

4.2 　 理论分析与研究假设

4.2.1 　 我国再融资管制制度演进

我国证监会一直试图通过再融资规则的改变来调控上市公司行为，实现市场的有序发展。配股、增发以及可转换债券等途径的创设及其准入门槛的"宽紧"调整成为我国再融资管制的核心(应展宇，2013)。在 2002 年之前，配股在上市公司的再融资行为中起了主导作用，配股的资格门槛也在不断提升，增发、可转换债券仅作为再融资的辅助途径而存在。2002 年之后，增发及可转换债券得到了迅猛发展，占据了上市公司融资的主导地位。再融资资格也不断变化和完善，与现金股利分配水平相挂钩逐步成为主要特征之一。本书第 2章的表 2.1 已经总结了 2000 年以后与股利相关的再融资管制政策动态变迁情况。可以看到，我国的再融资管制政策在 2004 年以前并未与现金股利分配水平相挂钩。2004 年的文件开始强化投资者利益保护，明确规定近三年未进行现金股利分配的上市公司不具备再融资资格。2006 年的文件以现金股利及股票股利占可分配利润的"二八开"比例来确认再融资资格。2008 年的文件进一步加强为以现金股利占可分配利润的"三七开"比例来确认再融资资格。2012 年的文件对满足"三七开"比例的公司进一步设置优待。与此同时，再融资管制对上市公司的连续盈利及净资产收益率比例也做出了调整，逐步降低净资产收益率的门槛要求，以更匹配上市公司应对复杂市场环境而难以保持高收益的实际状况。

再融资管制政策法规的演进体现了立法部门在协调上市公司、投资者和政府自身三方利益上的作为。伴随着我国股市的发行制度从审批制、核准制向注册制演进(2013 年 9 月13 日，时任证监会主席的肖钢召集中信等部分券商高层人士和学者闭门座谈，首次提出 2015 年 IPO 要过渡到注册制：企业开始上报材料后，三个月内给予答复。实践中，我国已经弱化了注册制的提法，但加强了 IPO 审核的速度)，可以看到，上市公司的再融资资格，如与净资产收益率以及现金股利分配等挂钩的门槛限制将发生强烈变化，立法部门对投资者利益保护的力度也将进一步加强。因此，对再融资管制政策法规的文本内容进行制度分析，可以成为衡量投资者利益保护的突破和切入点。

4.2.2　制度与制度距离

制度的概念由来已久。North(1990)认为，"制度包括人类设计出来的用以型塑人们相互交往的所有约束""正式的约束指成文的法律、规定，乃是人为创造出来的；而非正式约束则是由于习俗、传统和习惯形成的行为准则和框架。"North(1993)进一步界定制度的三个基本构成部分，包括正式的规则、非正式的约束(行为规范、管理和自我限定的形式准则)以及上述两者的实施特征(enforcement characteristics)。Scott(1995)则将制度分为三个支柱，即规制支柱(regulative pillar)、规范支柱(normative pillar)与认知支柱(cognitive pillar)。规制支柱来源于法律、政策、规定等具有法律权威或者与法律权威相类似的组织(如国家、政府)颁布的各种细则。显然，根据制度理论，组织内嵌于国家特有的制度安排中，国家的制度环境会对组织产生重要的影响(Busenitz et al., 2000)。

在制度经济学深入研究的基础上，参考 Johanson 和 Vahlne(1977)提出的"心理距离"概念、Hofstede(1984)界定的文化维度和 Kogut 与 Singh(1988)提出的"文化距离"，Kostova(1996)把国家之间的差距理解为国家之间的制度环境差距，并明确提出了"制度距离"概念。她把制度距离定义为母国与东道国之间的制度环境差异，并且根据 Scott(1995)界定的制度三维度(规制、规范和认知)理论框架，进一步把制度距离界定为国家之间在规制、规范和认知三个方面所存在的差异。Kostova 和 Zaheer(1999)运用国家制度特征量表来测量国家在规制、规范和认知三个维度上的制度特征，并将制度距离看作是母国和东道国在国家制度方面存在的差异。

Phillips 等(2009)则认为 Kostova(1996)对制度距离的界定过于狭隘并已经过时，从而影响了制度距离这一重要概念的实用性和解释力。他们认为，应该基于新组织制度理论的研究发展(Greenwood et al., 2008)来重新界定制度距离的内涵。相比于新制度经济学，新组织制度理论拓展了制度环境的分析层面，更加关注组织所处的制度环境。

新组织制度理论认为，国家并不是分析制度最合适的层面，应该把组织场域而不是单个组织或国家，作为分析制度化组织形式和行为方式的基本单位(Morgan and Kristensen，2006)。组织场域是介于组织和社会之间的一个中间层级，是指在组织与社会相互联系的过程中所涉及的全部行为主体和因素，其中包括关键供应商、顾客、规制机构以及提供相似产品和服务的其他组织(Dimaggio and Powell，1983)。把组织场域作为分析制度环境的基本单位，就可以把新组织制度理论下的制度距离概念扩展到多个分析层面，而不再拘泥于国家层面，这样的多层面分析更加贴近公司经营要面对的现实制度环境。尽管如此，Berry 等(2010)认为学界仍没有给出一个全面的、多维度的框架来分析国家之间的差距。

相似的制度环境会驱使组织采取相似的行为，而组织一旦跨越国界，就要面对不同的制度环境(Kostova，1996)。我们认为，制度环境不仅在空间上存在差距，在时间上也不尽相同，将分析层面和分析单位界定在组织(如上市公司)和单一国家上，更能深入了解一国的某一些制度特征在不同时段对组织的影响。Phillips 等(2009)强调在研究国家之间的制度距离时应该考虑相关国家的制度化程度问题。单一国家制度化程度实质上是制度环境在时间层面动态发展的过程。制度的形成具有动态特征，也就是说，制度形成是一个渐进过程，这种动态渐进性在单一国家中表现为制度在不同时间条件下建立和实施方面存在的程度上的差异。

我们认为，我国再融资管制政策的形成和实施过程体现了政府立法部门在保护投资者利益这一核心目标上的动态进展。因此，我国再融资政策在不同时间条件下存在规制性制度差异。本章构建制度距离概念，以测量立法部门对上市公司的投资者利益保护程度，并界定制度距离越小，投资者利益保护程度越强。表 4.1 报告了本章界定的制度距离概念及其与其他学者相关概念的比较。

表 4.1　制度距离的概念和比较

	文化距离		制度距离	
理论基础	交易成本理论	新制度经济学	新组织制度理论	新组织制度理论
理论提出	Kogut 和 Singh(1988)	Kostova(1996)	Phillips 等(2009)	本书
概念定义	文化距离是指一国的文化价值观不同于他国文化价值观的程度	制度距离是指两种制度环境(在 Kostova 的研究中是指母国制度环境与东道国制度环境)之间的差别	制度距离是一个用以测量表征母国与东道国相关组织场域特征的认知、规制和规范性制度差异以及母国与东道国之间制度化差异的指标	制度距离是一个用以测量表征一国在不同时间条件下相关组织特征(本书特指投资者利益保护程度)的规制性制度差异(本书特指再融资管制政策法规的差异)的指标
维度划分	规避不确定性、权力距离、个人主义/集体主义、男性/女性	规制、认知、规范	—	规制文本内容:本书特指投资者现金股利分配需求满足的程度(分红水平)、上市公司再融资资格净资产收益率门槛高低(盈利门槛)和立法部门执法决心的强弱(政策丰富性)
分析层面	不同国家的文化	作为制度环境的国家	作为制度环境的组织场域	作为制度环境的组织(本书特指上市公司)

注: 资料参考薛有志和刘鑫(2013)。

4.2.3　研究假设

制度塑造了上市公司的经营管理行为。政府一系列再融资政策法规的出台，使得投资者利益保护的制度距离变小，投资者利益保护的力度变强。再融资政策法规有可能通过"同构(isomorphism)效应"和"合法性(legitimacy)效应"影响上市公司现金股利分配。同构指组织的结构、行为过程、身份标识等核心特质与种群(population)内其他成员组织呈现相似状态(Deephouse，1996；DiMaggio and Powell，1983)。合法性也译为正统性、正确性、合理性或者正当性，是指在一个由规范、价值、信念和定义组成某些社会构建的体系中，实体的行为被认为是期望的、恰当的或者是合适的、一般性的感知和假定(Suchman，1995)。再融资政策法规直接向上市公司提出约束，强制性同构压力促使公司的现金股利分配行为更趋科学和规范，这促使上市公司"没有真正意义上的股利政策"(刘星，1999)的现象得到改善；同时，上市公司在制度约束下也有意或无意地相互学习模仿，模型性同构压力促使公司的现金分配行为更趋持续和相似。再融资资格与现金股利分配水平相挂钩的政策法规，导致上市公司为获得更多资源必须取得"合法性"。合法性之所以如此重要是因为组织的行动必须被其所处的运营环境和其所依靠的其他组织认可。没有这种认可，上市公司则无法获得维持运营的关键资源。因此，在"同构效应"和"合法性效应"作用下，上市公司会更审慎地制订和实施现金股利政策。也就是说，随着制度距离变得越来越小，投资者利益被保护力度越来越强时，上市公司会更倾向于发放现金股利，不仅如此，为获得"合法性"，上市公司也会更倾向于满足立法部门的再融资资格要求。为此，本章提出研究假设 1 和研究假设 2。

假设 1：制度距离越小，上市公司越倾向于发放现金股利。

假设 2：制度距离越小，上市公司越倾向于满足再融资资格要求。

然而，在我国融资渠道相对单一，资金成本较高的环境下，上市公司更愿意持有现金以满足经营和投资需要。不同产权性质的上市公司现金持有水平可能存在差异，并直接影响上市公司的现金股利发放倾向。这是因为：上市公司的股权集中度、大股东持股比例等治理机制会显著影响现金持有水平(Ozkan and Ozkan，2004；Guney et al.，2007)。终极控制人特征也会显著影响公司现金持有价值(沈艺峰等，2008；袁淳等，2010；罗琦和胡志强，2011)。再者，政府常出于稳定就业等非经济性的目的照顾国有企业，国有上市公司的预算软约束也更大。因此，国有上市公司的现金持有水平连续性可能会更强，发放现金股利的资金来源也越充裕，更可能容易满足再融资资格要求。在这种背景下，国有上市公司发放现金股利倾向和满足再融资资格要求倾向可能受制度距离的影响较强。Ferreira和 Vilela (2004)认为公司持有现金有三个好处，包括降低陷入财务困境的概率、满足投资计划需要和维持筹资成本最小化。然而，资本市场缺陷所导致的融资约束则会促使公司出于预防性或投机性动机持有较多的流动资产以降低融资成本，从而更好把握投资机会。因此，非国有上市公司发放现金股利倾向和满足再融资资格要求倾向可能受制度距离影响较弱。为此，本章提出研究假设 1a、假设 1b 和研究假设 2a、假设 2b。

假设 1a：制度距离对非国有上市公司的发放现金股利倾向没有显著影响。

假设 1b：制度距离越小，国有上市公司越倾向于发放现金股利。

假设 2a：制度距离对非国有上市公司的满足再融资管制资格倾向没有显著影响。

假设 2b：制度距离越小，国有上市公司越倾向于满足再融资管制资格。

融资成本是上市公司考虑融资方式的主要因素之一。公司外部融资成本往往高于内部融资成本，因此，持有流动性资产可以增加公司价值(Keynes，1937)。这在一定程度上可以解释我国长期存在的低现金股利分配现象。较少现金股利分配可以保留更多现金，从而可能有利于提升公司价值。Almeida 等(2004，2011)就验证了现金持有可以增加公司价值的理论预期。由此可见，现金股利发放与现金持有水平紧密相关。权衡理论认为，公司会在权衡持有现金的利弊基础上确定最佳现金持有水平。公司进行流动性管理的原因之一在于融资约束，并且融资约束越严重，现金持有的边际价值也越大(Faulkender and Wang，2006；Denis and Sibilkov，2010)，因此，公司发放现金股利需要考虑对现金持有水平的影响。尽管政府立法部门为更好保护投资者利益,在再融资资格中将现金股利在可分配利润中的占比从不低于零提升到"二八开"再到"三七开"(见 4.2.1 节),上市公司出于现金价值考虑,仍可能保持较高现金持有水平而少发或尽量贴近门槛发放现金股利,也即是说,制度距离可能对于提高现金股利支付水平没有显著作用。上市公司可能采取类似于 Baker 和 Wurgler(2004)提出的股利迎合理论中的迎合行为,但迎合的只是再融资渠道的准入资格。为此,本章提出研究假设 3。

假设 3:制度距离对上市公司的现金股利支付水平没有显著影响。

考虑到上市公司的产权性质,非国有上市公司受融资约束影响的程度相对较深,其维持较高现金持有水平的意愿可能更强,因此,发放现金股利倾向和现金支付水平都可能受制度距离影响较弱。而国有上市公司发放现金股利的资金来源更充裕,故在没有再融资管制条件下可能现金股利支付水平相对较高。并且当立法部门制订了再融资管制条件后,多分红可能会被视为侵占中小股东利益而实现大股东的利益输送和管理层控制权私利(王化成等,2007;许文彬等,2009),因此,上市公司降低现金股利支付水平更能避免利益输送的嫌疑。为此,本章提出研究假设 3a、假设 3b。

假设 3a:制度距离对非国有上市公司的现金股利支付水平没有显著影响。

假设 3b:制度距离越小,国有上市公司现金股利支付水平越低。

值得注意的是,再融资资格的满足与否可能会影响上市公司的现金股利支付水平。李常青等(2010)发现,半强制分红政策未能对理应提高分红水平的上市公司予以有效的约束,反而对需要减少分红的上市公司(有再融资需求或潜在的再融资需求的成长型及竞争行业上市公司)形成了束缚。由于分红可能影响公司未来投资,而分红比例或其他盈利指标达不到再融资资格,公司则依然无法解决融资问题,因此,未能满足再融资资格的上市公司可能发放现金股利的水平更低,而能够满足再融资资格的上市公司可能只愿意维持门槛现金股利发放水平,而不愿意扩大发放水平,从而出现管制经济学中的"佩尔兹曼效应"[Klick 和 Stratmann(2003)在论文 *Offsetting Behavior in the Workplace* 中正式定义了佩尔兹曼效应,指的是 Peltzman 在论文《汽车安全规制效果》中发现的情形:当汽车安全措施的改善降低了事故损失的严重程度时,为了实现效用最大化,司机往往对风险放松警惕,加速行驶,最终抵消了汽车安全规制部分甚至全部效果,反而提高了交通事故发生率]。也即,在我国制度背景下,再融资管制越希望保护投资者利益,上市公司的现金股利支付水平越低,投资者的利益越得不到保障。为此,本章提出研究假设 3c、假设 3d。

假设 3c:制度距离对不满足再融资管制上市公司现金股利支付水平有显著正向作用。

假设 3d:制度距离对满足再融资管制上市公司现金股利支付水平有显著正向作用。

4.3　研究设计

4.3.1　样本选取与数据来源

本章以 2001～2012 年沪深两市所有 A 股上市公司为初始样本，并按照以下程序对样本进行了筛选：首先，剔除了金融和保险行业上市公司，并剔除了 ST 上市公司；其次，为保持有连续数据可供考察，剔除 2001 年以后上市的公司，剩余 1002 家；再次，剔除数据不全和年度总资产出现零值的公司 195 家；最终，选取 2003～2012 年为样本观察期，得到 807 个样本公司的 8070 个观测值数据。其中，国有上市公司 548 家，占 67.9%；非国有上市公司 259 家，占 32.1%。本章所使用的数据均来自 Wind 数据库，使用的分析软件为 Stata12.0。

4.3.2　模型设计与变量定义

1. 制度距离的计量

一系列的再融资政策法规是政府立法部门协调上市公司、投资者和政府自身三方利益的制度安排，其中，连续盈利、净资产收益率和现金股利分配在可分配利润中的占比是再融资准入资格的关键指标。然而，以现金股利分配占比大小测量投资者利益保护的制度距离则需要谨慎分析。国内的许多研究结果表明，上市公司的股利政策对中小投资者保护存在双重作用，并且负作用更甚。有的研究认为，增加发放公司股利可以降低代理成本，保护中小投资者利益(杨熠和沈艺峰，2004；肖珉，2005)；更多的研究则表明，发放股利是大股东的利益侵占行为，侵害了中小投资者利益(原红旗，2001；陈信元等，2003；马曙光等，2005；黄娟娟和沈艺峰，2007；周县华和吕长江，2008)。不仅如此，一些研究还认为，上市公司发放或不发放现金股利都可能增加代理成本，侵占中小投资者利益，出现"现金股利悖论"(徐国祥和苏月中，2005)。尽管如此，前期的研究一方面缺乏对投资者真正需要的现金股利占比大小进行数据调查，另一方面也缺乏讨论现金股利占比应该是多少才能更好地保护投资者利益。普遍的观点认为，现金股利分配占比是满足投资者股利需求的衡量标准，过低或过高的分配都可能对投资者不利。因为过低分配或不分配减少了投资者的利益收入或来源，过高分配则可能影响上市公司的未来投资储备资金，而不利于其长远发展，从而也损害投资者的中长期利益。本章假设投资者对现金股利分配占比需求在 0 至 1 区间中服从正态分布，则占比在低于 50% 的情况下越高，投资者利益的满足程度越强，反之亦然。

连续盈利和净资产收益率虽然是区分上市公司盈利能力的资质择优标准，但单独使用这一标准能否筛选优质公司值得质疑。对上市公司而言，在复杂市场环境下，持续发展本身并不要求每年都具备较高的净资产收益率，反而，融资渠道的障碍更可能影响其持续成长。2001 年以前，增发门槛相对较低，有些公司把增发演变为大股东侵占流通股股东权益的方式之一。证监会为强化管制，提高增发的准入门槛，把增发公司的净资产收益率要求分别在 2001 年和 2002 年提高到 6% 和 10%。然而，由于股权分置制度性缺陷的存在，无论立法部门如何调整再融资的门槛，上市公司再融资扩张的冲动仍然难以抑制，股权分置改革试点也伴随资本市场发展而正式启动，并在 2005 年 9 月全面铺开。2006 年 5 月，证监会发布《上市公司证券发行管理办法》，在适当下调配股、增发和可转换债券转入门槛的基础上，不仅第一次将再融资与股利分配政策进行挂钩，要求最近三年以现金或股票方式累计分配的利润不少于最近三年实现的年均可分配利润的 20%，而且还第一次明确要求控股股东应当在股东大会召开前公开承诺认配股份的数量（针对配股）和一般投资者 12 个月内不得转让，控股股东、实际控制人及其控制的企业认购的股份，36 个月内不得转让（针对非公开发行）。张文龙等（2009）认为，股权分置改革之后，现金股利已经不再是利益侵占的手段。在这些背景下，降低融资门槛对于净资产收益率的要求，提升其对于现金股利分配的要求，可能更有利于上市公司发展，也更有利于保护投资者长期利益。

此外，随着一系列再融资政策法规的出台，政策的一致性和持续性更强。本章的文本分析发现，一系列的再融资政策法规的递进累加内容更多，而废止、删减变化的内容较少，因此，政府立法部门的执法依据更加健全，政策更加丰富化，执法决心也更加坚决。长期而言，再融资政策法规对投资者利益保护的力度也逐步强化，对资本市场的影响更加深入和持久。由此可见，基于再融资政策法规保护，投资者利益的制度距离正在逐步缩短。

表 4.2 通过再融资管制内容文本，分析投资者现金股利分配需求满足程度（分红水平）、上市公司再融资资格净资产收益率门槛高低（盈利门槛）和立法部门执法依据和决心强弱（政策丰富性），对制度距离采用赋值法予以计量。本章的构建方法与 Hofstede（1984）测量文化使用的五维度方法相同，思路也与 Kostova（1996）测量不同国家制度距离、Phillips 等（2009）重新界定制度距离的做法一致。依照本章的构建方法，投资者保护强度可以划分为超强、很强、较强、强、弱、较弱、很弱 7 个层次，对应的制度距离分别为 1、2、3、4、5、6、7，即制度距离越小，投资者利益保护程度越强。由于再融资管制核心指标对应的是投资者、上市公司和政府立法部门的利益，假设三者相互独立且地位相等，则投资者利益保护强度具有可加性，由此可以加总平均而给制度距离变量赋值。计量结果如表 4.2 所示。

表 4.2　赋值法下制度距离的计量

再融资管制内容	2003~2004 年			2005~2006 年			2007~2008 年			2009~2012 年		
	指标	评价	强度	指标	评价	强度	指标	评价	强度	指标	评价	强度
分红水平	无要求	低	较弱	大于 0	中低	弱	二八开	中	强	三七开	中高	较强
盈利门槛	ROE >10%	高	较弱	ROE >10%	高	较弱	ROE >6%	中	强	ROE>6%	中	强
政策丰富性	4 个文件	弱	较弱	5 个文件	强	强	6 个文件	较强	较强	7 个文件	很强	很强

再融资管制内容	2003～2004 年			2005～2006 年			2007～2008 年			2009～2012 年		
	指标	评价	强度	指标	评价	强度	指标	评价	强度	指标	评价	强度
强度汇总		较弱			弱			强			较强	
制度距离		6			5			4			3	

2. 满足融资管制倾向的计量

参考表 2.1，因为增发是 2002 年以后再融资的主要方式，本章主要考察增发条件的满足情况。由于 2001 年文件规定的融资门槛净资产收益率 6%在一年之后就变更，样本仅有一年，本章没有列入考察，样本验证期为 2003～2012 年。同时，由于再融资资格要求三年连续盈利，本章也采用 2011 年和 2012 年的数据计算再融资资格指标。最终的计量情况如下：2003～2004 年，满足前三年连续盈利、加权平均净资产收益率不低于 10%，且当年不低于 10%的公司取值为 1，否则为 0。2005～2006 年，满足前面条件，且年度现金股利发放总额大于 0 的公司取值为 1，否则为 0。2007～2008 年，满足前三年连续盈利、加权（以扣除非经常性损益后的净利润与扣除前的净利润相比低者作为加权依据）平均净资产收益率不低于 6%，且前三年以现金或股票方式累计分配的利润（以三年送股总数乘以 1加上三年现金股利发放总额）不少于近三年实现的年均可分配利润的 20%的公司取值为 1，否则为 0。2009～2012 年，满足前三年连续盈利、加权（以扣除非经常性损益后的净利润与扣除前的净利润相比低者作为加权依据）平均净资产收益率不低于 6%，且前三年以现金方式累计分配的利润不少于近三年实现的年均可分配利润 30%的公司取值为 1，否则为 0。

4.3.3　回归模型

前期文献显示，上市公司的现金股利分配受资产规模、负债水平、投资支出、运营状况、公司治理等因素影响，显然，再融资资格是否满足，这些因素也起着重要作用。在制度距离变量基础上，参考相关学者的文献（表 4.3），针对本章假设 1 和假设 1a、假设 1b，以及假设 2 和假设 2a、假设 2b，建立以下四个 Logit 回归模型：

$$\text{Logit}(\text{CashDiv}) = \alpha + \beta_1 \text{InsDist} + \beta_2 \text{LnSize}_{t-1} + \beta_3 \text{Lev}_{t-1} + \beta_4 \text{Inv}_{t-1} \\ + \beta_5 \text{Cash}_{t-1} + \beta_6 \text{Oper}_{t-1} + \beta_7 \text{Top10}_{t-1} + \beta_8 \text{Soe} + \xi \tag{4.1}$$

$$\text{Logit}(\text{CashDiv}) = \alpha + \beta_1 \text{InsDist} + \beta_2 \text{LnSize}_{t-1} + \beta_3 \text{Lev}_{t-1} + \beta_4 \text{Inv}_{t-1} \\ + \beta_5 \text{Cash}_{t-1} + \beta_6 \text{Oper}_{t-1} + \beta_7 \text{Top10}_{t-1} + \xi \tag{4.2}$$

$$\text{Logit}(\text{RugMeet}) = \alpha + \beta_1 \text{InsDist} + \beta_2 \text{LnSize}_{t-1} + \beta_3 \text{Lev}_{t-1} + \beta_4 \text{Inv}_{t-1} + \beta_5 \text{Cash}_{t-1} \\ + \beta_6 \text{Oper}_{t-1} + \beta_7 \text{Top10}_{t-1} + \beta_8 \text{Soe} + \xi \tag{4.3}$$

$$\text{Logit}(\text{RugMeet}) = \alpha + \beta_1 \text{InsDist} + \beta_2 \text{LnSize}_{t-1} + \beta_3 \text{Lev}_{t-1} \\ + \beta_4 \text{Inv}_{t-1} + \beta_5 \text{Cash}_{t-1} + \beta_6 \text{Oper}_{t-1} + \beta_7 \text{Top10}_{t-1} + \xi \tag{4.4}$$

针对本章假设 3、假设 3a 和假设 3b，由于许多上市公司不支付现金股利，现金股利支付水平在零处具有截尾特征，参考邓建平等（2007）、Chay 和 Suh（2009）、祝继高和王春飞（2013）等文献的做法，本章建立以下 Tobit 回归模型：

$$\text{Tobit(DivRatio)} = \alpha + \beta_1 \text{InsDist} + \beta_2 \text{LnSize}_{t-1} + \beta_3 \text{Lev}_{t-1} + \beta_4 \text{Inv}_{t-1} + \beta_5 \text{Cash}_{t-1}$$
$$+ \beta_6 \text{Oper}_{t-1} + \beta_7 \text{Top10}_{t-1} + \beta_8 \text{Soe} + \beta_9 \text{IndusD} + \xi \tag{4.5}$$

表 4.3 给出了主要变量定义、计量方法和参考文献。值得注意的是，由于盈利水平和年度变量因素在满足融资管制倾向时已经体现，本章在控制变量选择时不再采用。

表 4.3　主要变量定义及计量方法

变量名称	符号	定义或计量方法	参考文献
现金股利发放倾向	CashDiv	第 t 年度发放现金股利的取值为 1，否则为 0	Jeon 等（2011）；祝继高和王春飞（2013）
满足融资管制倾向	RugMeet	第 t 年度满足当年再融资政策条件的取值为 1，否则为 0	—
现金股利支付水平	DivRatio	年度现金股利总额除以净利润	祝继高和王春飞（2013）
制度距离	InsDist	2003～2004 年取值为 6；2005～2006 年取值为 5；2007～2008 年取值为 4；2009～2012 年取值为 3	—
总资产	LnSize$_{t-1}$	第 $t-1$ 年末总资产的对数形式	李增泉等（2004）、李礼等（2006）
资产负债率	Lev$_{t-1}$	第 $t-1$ 年期末总负债除以期末总资产	李增泉等（2004）、李礼等（2006）
投资支出	Inv$_{t-1}$	第 $t-1$ 年末固定资产（原值）、无形资产（原值）、长期股权投资之和除以期末总资产	周县华等（2012）
经营活动现金充裕度	Cash$_{t-1}$	第 $t-1$ 年期末经营活动产生的净现金流除以营业收入	Baba（2009）、周县华等（2012）
总资产周转率	Oper$_{t-1}$	第 $t-1$ 年销售收入净额除以资产总额期初余额和期末余额的平均余额	李善民和李珩（2003）、周县华等（2012）
股权集中度	Top10$_{t-1}$	第 $t-1$ 年前十大股东持股比例	王志强和张玮婷（2012）
产权性质	Soe	实际控制人是国有控股的取值为 1，否则为 0	袁天荣和苏红亮（2004）、祝继高和王春飞（2013）
行业虚拟变量	IndusD	第 j 年行业取值为 1，其他为 0	—

4.4　实证结果与分析

4.4.1　描述性统计

表 4.4 报告了被解释变量的主要描述性统计结果。从全样本看，发放现金股利的上市公司比例达到 47.9%，约占样本公司的一半；满足再融资管制资格的上市公司达到 25.7%，约占样本公司的四分之一；现金股利占净利润的比例为 21.9%。分年度看，2005 年以后发放现金股利的上市公司逐年增加，这表明再融资管制政策对上市公司的财务行为有明显的

引导作用；满足再融资管制资格的上市公司比例虽有小幅震荡，但 2007 年以后该比例都在 28%以上，管制政策的影响力也有所体现。值得注意的是，2007 年以后现金股利占净利润的比例相比于 2007 年以前的比例有所回落，这初步表明，尽管再融资管制有明显鼓励上市公司加强分红的导向，但却未能真正提高上市公司的现金股利支付水平。因此，上市公司可能采取的是迎合立法部门的股利政策，而非真正愿意分红给投资者，从这一点上，可能存在管制经济学中的佩尔兹曼效应，即管制越严格，除满足管制条件外，现金股利支付水平可能越低。

表 4.4　被解释变量的描述性统计结果

年份	CashDiv =1	比例 /%	CashDiv =0	比例 /%	RugMeet =1	比例 /%	RugMeet =0	比例 /%	DivRatio 均值
2003 年	368	45.6	439	54.4	122	15.1	685	84.9	0.250
2004 年	391	48.5	416	51.5	119	14.7	688	85.3	0.295
2005 年	334	41.4	473	58.6	118	14.6	689	85.4	0.233
2006 年	360	44.6	447	55.4	125	15.5	682	84.5	0.224
2007 年	361	44.7	446	55.3	306	37.9	501	62.1	0.175
2008 年	365	45.2	442	54.8	227	28.1	580	71.9	0.198
2009 年	376	46.6	431	53.4	246	30.5	561	69.5	0.182
2010 年	395	48.9	412	51.1	286	35.4	521	64.6	0.164
2011 年	416	51.5	391	48.5	271	33.6	536	66.4	0.189
2012 年	499	61.8	308	38.2	251	31.1	556	68.9	0.284
全样本	3865	47.9	4205	52.1	2071	25.7	5999	74.3	0.219

4.4.2　相关性分析

表 4.5 报告了主要变量的相关分析结果。由表 4.5 可知，除了被解释变量之间的相关系数达到 0.4 以上外，其他变量之间的相关系数基本都在 0.2 以下，个别变量相关系数在 0.2～0.4。这表明变量之间的多重共线性可能并不严重。本章在检验回归方程变量之间的方差膨胀因子(variance inflation factor，VIF)，最大值都小于 2，也表明变量的多重共线性并不严重。

表 4.5　主要变量的相关分析结果

	CashDiv	RugMeet	DivRatio	InsDist	$LnSize_{t-1}$	Lev_{t-1}	Inv_{t-1}	$Cash_{t-1}$	$Oper_{t-1}$	$Top10_{t-1}$	Soe
CashDiv	1										
RugMeet	0.475	1									
DivRatio	0.533	0.114	1								

续表

	CashDiv	RugMeet	DivRatio	InsDist	LnSize$_{t-1}$	Lev$_{t-1}$	Inv$_{t-1}$	Cash$_{t-1}$	Oper$_{t-1}$	Top10$_{t-1}$	Soe
InsDist	−0.053	−0.181	0.058	1							
LnSize$_{t-1}$	0.386	0.320	0.160	−0.153	1						
Lev$_{t-1}$	−0.021	−0.012	−0.012	−0.008	−0.123	1					
Inv$_{t-1}$	−0.048	−0.048	−0.017	−0.000	−0.126	−0.036	1				
Cash$_{t-1}$	0.009	0.013	0.006	0.013	0.036	−0.004	−0.016	1			
Oper$_{t-1}$	0.138	0.185	0.043	−0.089	0.077	−0.015	−0.061	0.013	1		
Top10$_{t-1}$	0.170	0.138	0.133	0.283	0.142	−0.017	−0.005	0.014	0.069	1	
Soe	0.174	0.117	0.087	0.000	0.306	−0.026	−0.078	−0.002	0.129	0.126	1

4.4.3　回归分析

表 4.6 报告了制度距离对现金股利发放倾向的 Logit 回归结果。模型 1 的回归结果显示，制度距离对现金股利发放倾向有显著的负相关关系，回归系数在 5% 水平上显著，即制度距离越小，上市公司越倾向于发放现金股利，反之亦然。这表明再融资管制政策法规对于改变上市公司"不发放"现金股利的现象有显著作用，本章假设 1 得到验证。模型 2 和模型 3 的回归结果显示，制度距离对非国有上市公司的现金股利发放倾向没有显著影响，但制度距离对国有上市公司的现金股利发放倾向显著负相关，回归系数在 1% 水平上显著。这与本章的理论预期一致。国有上市公司融资约束较弱，现金持有充足，因而更容易配合管制政策法规并受其影响。非国有上市公司对再融资管制政策的反应则相对不太敏感，其现金股利发放倾向更多是受公司自身特征所影响而非外部的宏观制度环境影响。因此，本章假设 1a 和假设 1b 得到验证。其他变量对现金股利发放倾向的影响基本与前期文献基本吻合，故此分析从略。

表 4.6　制度距离对现金股利发放倾向的 Logit 回归结果

解释变量	模型 1（全样本）		模型 2（Soe=0）		模型 3（Soe=1）	
	回归系数	Wald	回归系数	Wald	回归系数	Wald
InsDist	−0.056**	−2.39	−0.028	−0.63	−0.067**	−2.37
LnSize$_{t-1}$	2.177***	29.51	2.733***	18.22	1.980***	23.29
Lev$_{t-1}$	−0.032***	−21.77	−0.027***	−10.2	−0.035***	−19.32
Inv$_{t-1}$	0.260**	1.97	0.290	1.16	0.243	1.54
Cash$_{t-1}$	−0.000	−0.76	−0.000	−1.25	−0.000	−0.04
Oper$_{t-1}$	0.589***	12.42	1.356***	11.13	0.428***	8.56
Top10$_{t-1}$	1.855***	10.25	1.639***	4.84	1.888***	8.74
Soe	0.082	1.41	—		—	
_cons	−19.848***	−28.29	−25.642***	−17.91	−17.645***	−21.46
样本数	807		2590		5480	

解释变量	模型1（全样本）		模型2（Soe=0）		模型3（Soe=1）	
	回归系数	Wald	回归系数	Wald	回归系数	Wald
LR chi2（8，7，7）	2222.86		805		1263.01	
Prob > chi2	0		0		0	
Pseudo R^2	0.199		0.240		0.167	

注：回归方程的被解释变量为CashDiv；***、**和*分别表示在1%、5%、10%的水平上显著。

表4.7报告了制度距离对满足再融资管制倾向的Logit回归结果。模型1的回归结果显示，制度距离对满足再融资管制倾向有显著的负相关关系，回归系数在1%水平上显著，即制度距离越小，上市公司越倾向于满足再融资管制，反之亦然。这表明再融资管制政策法规对于上市公司的现金股利发放行为有显著的影响作用，本章假设2得到验证。值得注意的是，区分样本公司的产权性质看，模型2和模型3的回归结果都显示，制度距离对国有和非国有上市公司的满足再融资管制倾向同样有显著的负向影响，回归系数均在1%水平上显著。因此，本章假设2a没有得到验证，假设2b得到验证。假设2a没有得到验证，制度距离对非国有上市公司的满足再融资管制行为（最重要的是现金股利支付水平决策）也产生影响，表明上市公司的产权性质并不影响其迎合再融资管制的倾向。对比本章假设1a和假设2a的结果，说明制度距离虽然不影响上市公司现金股利倾向的选择，但却会影响其现金股利支付水平的选择，以便满足再融资管制。然而，制度距离到底如何影响上市公司的现金股利支付水平？其对不同类型的样本公司现金股利水平又有什么不同的影响呢？表4.8的结果进一步给出了相关回答。

表4.7　制度距离对满足再融资管制倾向的Logit回归结果

解释变量	模型1（全样本）		模型2（Soe=0）		模型3（Soe=1）	
	回归系数	Wald	回归系数	Wald	回归系数	Wald
InsDist	-0.375***	-13.74	-0.341***	-6.1	-0.385***	-12.18
$LnSize_{t-1}$	1.501***	21.44	1.947***	12.54	1.392***	17.66
Lev_{t-1}	-0.015***	-10.21	-0.011***	-3.77	-0.017***	-9.39
Inv_{t-1}	-0.011	-0.07	0.087	0.29	-0.104	-0.63
$Cash_{t-1}$	0.000**	2.75	0.000**	2.79	0.003***	3.56
$Oper_{t-1}$	0.613***	13.42	1.211***	10.09	0.502***	10.21
$Top10_{t-1}$	2.058***	10.55	2.416***	6.16	1.835***	8.1
Soe	0.002	0.03	—		—	
_cons	-14.271***	-21.26	-19.395***	-12.72	-12.908***	-16.84
样本数	8070		2590		5480	
LR chi2（8，7，7）	1466.65		505.52		912.51	
Prob > chi2	0		0		0	
Pseudo R^2	0.160		0.206		0.138	

注：回归方程的被解释变量为RugMeet；***、**和*分别表示在1%、5%、10%的水平上显著。

　　表 4.8 报告了制度距离对上市公司现金股利支付水平的回归结果。模型 0（未控制行业因素）和模型 1（控制行业因素）的回归结果显示，整体而言，制度距离对现金股利支付水平有正向显著影响，回归系数在 5% 水平上显著。因此，本章假设 3 没有得到验证。然而，股利的佩尔兹曼效应却得到进一步证实，即管制越严格，除满足管制条件外，现金股利支付水平越低。区分样本公司的产权性质看，模型 2 和模型 3 的回归结果显示，非国有上市公司的现金股利支付水平没有受到制度距离的显著影响，国有上市公司则受到正向影响，回归系数在 5% 水平上显著。因此，本章研究假设 3a 和假设 3b 得到验证。结合对表 4.7 的结果分析，制度距离对非国有上市公司的现金股利发放倾向和现金股利支付水平都没有显著影响，表明非国有上市公司由于现金流相对紧缺，更倾向于不发放现金股利，并倾向于依据公司情况而非再融资管制条件做出股利政策。国有上市公司在不同的制度距离下，由于现金流相对充裕，现金股利支付水平的变化受到再融资管制政策法规的影响较为显著，且表现为制度距离越小，其现金股利支付水平越低。制度距离对于国有上市公司多分红行为具有一定的约束作用。

　　区分样本公司是否满足再融资管制资格看，模型 4 和模型 5 的回归结果显示，已经满足和未满足再融资管制的上市公司现金股利支付水平都受到制度距离的正向显著影响，回归系数均在 1% 水平上显著。因此，本章假设 3a 和假设 3b 得到验证。这一证据也深化了本章对研究假设 3 的理解，再融资管制政策法规不是对现金股利支付水平没有显著影响，而是可以产生负面作用，即再融资管制越严格，上市公司整体的现金股利支付水平越低，尤其是不能满足资格要求的上市公司，其分红水平更低（t 值更大）。因此，本章发现再融资资格与股利分配水平相挂钩的法规政策具有"佩尔兹曼效应"，即再融资管制越希望保护投资者利益，上市公司的现金股利支付水平越低，而不满足再融资资格的上市公司更甚，因此，投资者的利益更得不到保障。这一方面也印证了我国存在着"股利迎合管制"策略，另一方面也隐含着政府管制需要进一步考虑投资者、上市公司和政府自身的合作博弈，改进现金股利政策法规的设计和实施，才能更好保护投资者利益。

表 4.8　制度距离对现金股利支付水平的 Tobit 回归结果

变量	模型 0（全样本）	模型 1（全样本）	模型 2（Soe=0）	模型 3（Soe=1）	模型 4（RugMeet=0）	模型 5（RugMeet=1）
InsDist	0.019**	0.018**	0.010	0.022***	0.066***	0.018***
	(2.37)	(2.26)	(0.49)	(2.64)	(4.67)	(3.05)
$LnSize_{t-1}$	0.495***	0.501***	0.939***	0.393***	0.833***	0.059***
	(23.03)	(22.79)	(14.78)	(17.66)	(19.49)	(4.42)
Lev_{t-1}	−0.011***	−0.011***	−0.011***	−0.011***	−0.016***	−0.003***
	(−21.49)	(−21.52)	(−9.28)	(−19.60)	(−18.37)	(−9.40)
Inv_{t-1}	0.017	−0.058	−0.086	−0.031	−0.037	−0.033
	(0.39)	(−1.24)	(−0.74)	(−0.62)	(−0.44)	(−1.09)
$Cash_{t-1}$	−0.000	−0.000	−0.000	−0.000	0.000	−0.000
	(−0.20)	(−0.26)	(−0.57)	(−0.45)	(0.29)	(−0.57)

续表

变量	模型 0 （全样本）	模型 1 （全样本）	模型 2 （Soe=0）	模型 3 （Soe=1）	模型 4 （RugMeet=0）	模型 5 （RugMeet=1）
$Oper_{t-1}$	0.115***	0.099***	0.231***	0.065***	0.123***	0.011
	(8.72)	(6.69)	(5.88)	(4.24)	(4.48)	(1.21)
$Top10_{t-1}$	0.503***	0.519***	0.625***	0.514***	0.721***	0.183***
	(8.22)	(8.33)	(3.95)	(7.90)	(6.51)	(4.61)
Soe	0.049**	0.026	—	—	0.025	-0.006
	(2.36)	(1.22)	—	—	(0.69)	(-0.39)
_cons	-4.626***	-4.597***	-8.997***	-3.567***	-8.318***	-0.275**
	(-22.41)	(-21.46)	(-12.64)	(-15.67)	(-18.95)	(-2.03)
IndusD	—	控制	控制	控制	控制	控制
样本数	8070	8070	2590	5480	5999	2071
LR chi2（8，19）	1458.18	1550.8	544.81	959	1097.8	219.25
Prob > chi2	0	0	0	0	0	0
Pseudo R^2	0.105	0.112	0.130	0.103	0.111	0.255

注：回归方程的被解释变量为 DivRatio；表中括号内为回归系数的 t 值；***、**和*分别表示在 1%、5%、10%的水平上显著。

4.4.4　稳健性检验

本章对各年度测量投资者利益保护程度的制度距离重新赋值，考虑到 2006 年《上市公司证券发行管理办法》发布，将再融资资格和现金股利支付水平相挂钩，本章将 2003～2006 年的制度距离赋值为 1，2007～2012 年的制度距离赋值为 0，新设变量 InsDist1，表 4.6 和表 4.7 制度距离的回归系数显著性保持一致，主要结论不变。考虑到 2008 年开始，金融危机影响全球，本章将 2007～2008 年重新区分开来，2003～2006 年的制度距离赋值为 3，2007～2008 年的制度距离赋值为 2，2009～2012 年的制度距离赋值为 1，新设变量 InsDist2，表 4.6 和表 4.7 制度距离的回归系数显著性仍然保持一致，主要结论不变（参见附录表 A-1、附录表 A-2）。本章以 InsDist1 和 InsDist2 替代 InsDist，除 InsDist2 在模型 0 和模型 1 的系数不显著外，表 4.8 中其他模型的回归系数显著性不变，即本章的主要结论"制度距离越小，现金股利发放水平越低"没有改变（参见附录表 A-3）。本章也借鉴 Chay 和 Suh（2009）、祝继高和王春飞（2013）的做法，采用"现金股利/销售收入""现金股利/经营活动现金净流量"来度量现金股利支付水平，主要研究结论保持不变。因此，稳健性检验的部分差异并不影响本章的主要结论。

4.5　本章小结

完善的政策法规制度是投资者保护和资本市场发展的重要前提。政府基于保护投资者利益出台的一系列再融资管制政策法规，一定程度上规范了上市公司的股利分配行为，进一步满足了投资者的现金股利回报需求。但是，政策法规的实施效果仍有所局限。本章通过分红水平、盈利门槛和政策丰富性构建制度距离，以测量再融资管制政策法规对投资者保护的力度，并直接考察其对现金股利发放倾向、满足再融资管制倾向和现金股利支付水平的影响，研究发现：基于再融资管制政策法规测量投资者利益保护的制度距离越小，越有利于提升上市公司的现金股利发放倾向和满足再融资资格倾向；但整体而言，制度距离越小，上市公司的现金股利支付水平越低；制度距离对满足和未满足再融资资格的上市公司现金股利支付水平均有正向显著影响，且对未满足再融资条件的上市公司影响更大。这表明再融资管制具有"佩尔兹曼效应"，即再融资管制政策法规越希望保护投资者利益，上市公司的现金股利支付水平越低，投资者的利益越得不到保障。

　　本章首次提出并构建了制度距离指标以测量制度在不同时间条件下对投资者利益的保护程度，这丰富了投资者利益保护的相关文献。陈胜蓝等(2006)从樊纲等的《中国市场化指数——各地区市场化相对进程 2006 年报告》中选取了与投资者保护程度相关的五个指标(包括市场中介组织的发育、对生产者合法权益的保护、市场分配经济资源的比重、非国有经济的发展、减少政府对企业的干预)构建了投资保护执行指标。姜付秀等(2008)依据"德尔斐法"的原理，请理论界和实务界专业人士独立打分，构建投资者保护指数，并以此测量每家公司投资者保护程度。沈艺峰等(2009)根据 2007 年证监会开展的"上市公司治理结构专项自查"，整理投资者保护微观层面的数据。然而，以上指标并未能从政府作为立法者角度分析投资者利益保护程度。本章不同于现有文献以一项政策法规出台前后的公司财务行为变化来研究制度的影响，而采用直接以制度距离作为解释变量，研究其对上市公司股利分配行为的影响，这丰富了宏观法规政策对微观公司财务行为影响这一领域的研究。再次，本章发现再融资资格与股利分配水平相挂钩的法规政策具有"佩尔兹曼效应"，这丰富了本章对再融资管制政策法规的理解，也为完善我国股利和再融资政策法规提供了重要借鉴。本章提供了如下的政策启示：政府应进一步帮助上市公司拓宽融资渠道，尤其要加大对非国有上市公司的融资支持力度，降低上市公司"迎合管制"行为的负面影响，维护其持续发展的政策环境，才能在中长期保护投资者利益。拓展而言，融资管制从"审批制"向实质性的"注册制"转变也具有重要意义。政府的制度设计也需要进一步考虑投资者、上市公司和政府自身的合作博弈，改进现金股利政策法规的机制设计和实施，才能更好保护投资者利益。

第5章 货币政策、再融资管制与现金股利分配

在第 4 章的基础上，本章进一步考察宏观政策对公司现金股利分配的影响。探究宏观经济政策制订与实施的微观基础和实施效果，是当前我国学术界和实务界关心的热点问题，本章在此学术环境下研究了宏观货币政策对我国上市公司股利行为的影响。首先，结合制度背景和理论分析，提出了研究假设；其次，介绍理论实证检验的研究设计；再次，采用相关分析、回归分析等方法，报告了检验结果，回应本章提出的研究假设；最后，给出了本章的研究结论。

5.1 引　　言

自宏观经济政策与微观企业行为的关系研究(姜国华和饶品贵, 2011)得到国内学者的关注以来，大量的证据表明了宏观经济政策对企业财务行为存在实质性的影响(黄志忠和谢军, 2013; 刘星等, 2013; 肖明等, 2013; 江龙和刘笑松, 2012; 张西征等, 2012; 靳庆鲁等, 2012; 马文超和胡思玥, 2012; 李志军和王善平, 2011)。货币政策作为宏观经济政策的重要组成部分，其制订的要旨之一是通过调动资本市场流动性，促进经济持续增长，因此对上市公司的财务行为也会产生重要影响。目前，货币政策对企业现金持有水平(祝继高和陆正飞, 2009; 江龙和刘笑松, 2012; 肖明等, 2013)、投融资行为(黄志忠和谢军, 2013; 刘星等, 2013; 张西征等, 2012; 马文超和胡思玥, 2012)的影响途径和效果也逐步被发现和揭示。然而，货币政策是否会影响企业的现金股利分配行为？前期的研究尚未深入探讨这一问题。比较接近的是祝继高和王春飞(2013)的文献，他们分析了金融危机对上市公司现金股利政策的影响，发现金融危机期间，上市公司会降低现金股利支付水平，以应对未来的不确定性，并且，如果公司在金融危机期间发放现金股利，则市场反应更积极，这说明公司通过股利政策向市场传递了积极的信号。值得注意的是，货币宽松(或紧缩)经常反映的正是经济的低迷(或繁荣)，如同样以金融危机期间为例，金融危机爆发后，为避免经济下滑，刺激国内经济增长，我国新增贷款在 2009 年和 2010 年分别达到 9.63 万亿元和 7.95 万亿元，明显高出历史平均水平(李连发和辛晓岱, 2012)。据此，本章有了以下的研究兴趣：①既然前期的研究忽视了货币政策对上市公司股利分配行为的影响，那它是否真的重要？②有什么理由可以认为货币政策能够影响上市公司的股利分配行为？③研究这一问题在宏观政策建议层面有什么意

义？本章以广义货币供应量 M2 增长率反映货币供应松紧程度(M2 由 M1 加上准货币构成，M1 是由流通于银行体系以外的现钞和商业活期存款构成，准货币由银行的定期存款、储蓄存款、外币存款以及各种短期信用工具如银行承兑汇票、短期国库券等组成)，并对上述问题进行研究。货币当局可以操作货币政策工具，其主要包括货币发行量、法定存款准备金率、再贷款利率和再贴现率、公开市场业务等(王芳等，2001)。在我国，货币当局还可以通过存贷款基准利率、人行债券(又称"央行票据")和新增贷款管制(又称"窗口指导")等影响货币供给(王国刚，2012)。

5.2　理论分析与研究假设

5.2.1　制度背景变迁历程

在我国经济体制市场化转轨的过程中，证监会一直试图通过再融资规则的改变来调控上市公司行为，实现资本市场的有序发展。配股、增发以及可转换债券等途径的创设及其准入门槛的"宽紧"调整成为我国再融资监管的核心(应展宇，2013)。2002 年以前，配股在上市公司的再融资行为中起了主导作用，增发、可转换债券仅作为再融资的辅助途径而存在。2002 年之后，增发及可转换债券得到了迅猛发展，并在上市公司融资方式中占据主导地位。与此同时，证监会对上市公司再融资法规政策不断地进行调整，再融资资格与现金股利支付水平相挂钩逐步成为其主要特征。如前面第 2 章制度背景动态演进所述，在 2004 年以前，我国再融资管制政策并未与现金股利支付水平相挂钩。2004 年，证监会强化对中小投资者利益保护，明确规定近三年未进行现金股利分配的上市公司不具备再融资资格。2006 年，证监会以现金股利及股票股利占可分配利润的"二八开"(投资者不低于 20%，上市公司不高于 80%，下同)比例来确认再融资资格。2008 年，证监会加强为以现金股利占可分配利润的"三七开"比例来确认再融资资格。2012 年，证监会进一步对满足"三七开"比例的上市公司设置优待。同时，证监会在再融资资格中也对上市公司连续盈利及净资产收益率比例进行调整，从而适用上市公司为应对复杂市场环境而难以保持高收益的实际状况。再融资管制政策法规的演变历程体现了证监会在协调上市公司、中小投资者和政府自身三方利益博弈中的作为。并且，现行上市公司的再融资资格，如与现金股利支付水平等挂钩、净资产收益率的门槛限制已经发生强烈变化，政府对中小投资者利益保护的力度也将逐步加强。

考虑到宏观货币政策在较大程度上影响了上市公司外部融资约束，进而有可能会影响上市公司的现金股利支付水平，而证监会对现金股利支付水平的门槛限制又决定了上市公司能否拥有再融资资格，因此，研究货币政策对公司股利行为的影响显得十分必要。

5.2.2　货币政策与现金股利行为

回到本章引言提出的问题上，研究货币政策对上市公司股利行为的影响显然也十分重要。一方面，金融危机期间我国的货币政策为稳定经济发挥了重要作用，既然上市公司在金融危机期间降低现金股利支付水平可以应对不确定性，发放现金股利可以传递积极信号而带来正面市场反应(祝继高和王春飞，2013)，那么，当上市公司掌握货币政策和股利行为的内在关系时，就能更好地趋利避害、持续发展。另一方面，政府的货币政策主要目标之一是通过调控流动性，改善上市公司的现金约束水平，从而促进经济持续增长，其最终目的在一定程度上也体现了对投资者利益的适度保护。现金股利支付水平则是投资者利益保护的一种重要体现，因此，掌握货币政策对上市公司股利行为的影响，能够促使政府在货币供应力度、供应结构、时机选择、投资者保护措施等方面更加审慎，从而提升宏观调控的有效性。

我们认为货币政策可以影响上市公司股利分配行为主要有以下三个理由：其一，从资金的联动效应看，既然货币供应的变动会引起上市公司现金持有水平的动态调整(祝继高和陆正飞，2009；江龙和刘笑松，2012；肖明等，2013)，而无论根据代理理论(Rozeff，1982；Easterbrook，1984；Jensen，1986)还是权衡理论(Kraus and Litzenberger，1973；Ferreira and Vilela，2004)，现金股利都受制约于现金持有水平，或者说现金股利是公司调整现金持有水平的结果。因此，货币政策在影响企业的现金持有水平时必然也会影响其股利分配行为。其二，从融资约束理论看，货币供应量和现金股利支付水平通常都用来度量上市公司的融资约束程度。货币供应量充足，则企业融资的外部约束程度较轻(Kashyap et al.，1993；Gaiotti and Generale，2002；刘星等，2013)；现金股利支付水平较高，则企业的整体融资约束程度较轻(Fazzari et al.，1988；章晓霞和吴冲锋，2006；连玉君等，2008)。这意味着宏观的货币供应量和微观的企业现金股利支付水平可能存在着正相关关系。然而，在我国融资渠道相对较窄的制度背景下，上市公司的股利支付水平还与再融资资格挂钩，不少研究将此定义为半强制分红政策(李常青等，2010；王志强和张玮婷，2012)，因此，货币供应量对现金股利支付水平的影响也可能因"半强制分红"政策的存在而更加复杂，本章将阐明这一复杂性。其三，从财务管理的预防性动机(或财务柔性)看，由于货币政策通常存在着逆周期操作(蒋海等，2012)，货币的紧缩(或宽松)意味着前期的经济过热(或过冷)，当前预期的市场机会或行情往往与货币供应量呈反方向发展，因此，出于财务审慎原则考虑，上市公司也有动机根据未来市场机会而调整当期现金股利支付水平。

5.2.3　融资约束与财务柔性

本章涉及融资约束和财务柔性两个关键概念。融资约束产生的原因是由于企业的融资渠道存在摩擦(Laeven，2003)。除了部分文献采用多指标综合法度量融资约束外，学术界普遍采用资产规模和现金股利支付水平等单一指标进行度量(Fazzari et al.，1988；Cleary，1999；连玉君，2008)。财务柔性则反映企业及时调动财务资源以便预防或利用未来不确定性事件以实现企业价值最大化的能力(Byoun，2011)。企业可以通过持有较高水平现金以获取财务柔性(Almeida et al.，2004；Faulkender and Wang，2006；Denis and Sibilkov，2010)，同样地，学术界普遍采用财务杠杆率或现金持有量高低等单一指标判断财务柔性强弱。本章讨论财务柔性是用现金持有水平作为指标，融资约束在本章中则无需以指标度量。

5.2.4 研究假设

1. 货币政策与现金股利发放倾向

自 Lintner(1956)提出股利分配理论模型以来，代理理论、信号理论及行为金融理论都从不同角度对公司股利行为做出了解释，但却并未取得一致的研究结论。发放股利是上市公司回报中小投资者的重要途径之一，但是，在我国特殊的股权结构和市场体系，投资者的投机心理使得投资者并不关注、关心股利政策(吕长江和张海平，2012)，我国上市公司不发放现金股利的现象也长期存在。

国内很多学者分析了我国股利政策的影响因素并得出诸多有益结论。刘星等(1997)发现，上市公司的盈利能力、资产流动性和市盈率对其现金股利和股票股利决策都有显著影响。李礼等(2006)认为，西方股利代理成本理论适用于我国的非国有上市公司，公司所有者比公司经营者对股利政策具有更大的影响。易颜新等(2008)发现，上市公司在决定现金股利支付水平时，首先考虑公司是否有足够的现金储备和持续经营现金净流入量；其次考虑的是公司盈利能力。从前期的这些研究成果看，代理理论和自由现金流假说仍是分析我国上市公司股利发放倾向的主流理论，但这些成果都忽略了宏观货币政策因素。

本章的研究考虑了宏观货币政策因素对公司股利行为的影响。当货币供应宽松时，上市公司外部融资约束程度减轻，可以获取的外部现金流充足。货币政策主要是通过货币渠道和信贷渠道对经济系统产生影响(Bernanke and Gertler，1995)，且无论是通过哪个渠道，其作用机理都在于影响企业的融资成本和融资规模(Kashyap et al.，1993；Gaiotti and Generale，2002)，进而影响企业现金持有水平。刘星等(2013)认为，货币政策通过两个方面影响了公司现金流，一方面是影响公司通过外部融资补充内部现金流的能力，另一方面影响到公司内部现金流的产生能力。根据股利代理理论，货币供应越宽松，上市公司的现金持有水平可能越高，上市公司可能越倾向发放现金股利。因为上市公司发放现金股利可以降低高管控制的自由现金流量，从而起到降低代理成本的监督治理作用(杨熠和沈艺峰，2004；吕长江和张海平，2012)。但是，货币政策也可能仅仅影响上市公司的现金股利支付水平，而却不一定可以影响现金股利发放倾向。为此，本章提出假设1a和假设1b。

假设1a：货币供应越宽松，上市公司的现金股利发放倾向越大。

假设 1b：货币供应松紧程度与上市公司的现金股利发放倾向无关。

2. 货币政策与再融资资格获取倾向

国内外很多学者关注到了货币政策对于上市公司融资行为的影响。饶品贵和姜国华 (2011)指出当货币进入紧缩期时，企业的会计政策将变得更加稳健，以利于取得银行贷款。黄志忠和谢军(2013)研究发现，宽松的宏观货币政策能够优化企业的金融生态环境，有助于企业获取更多成本较低的债务资本，从而降低企业投资对内部现金流的依赖性(减弱投资内部现金流的敏感性)，进而缓解企业融资约束。企业所面对的融资约束环境决定了企业融资模式及其发展路径(Rajan and Zingales，1998)，紧缩的货币政策会提高企业的融资成本并限制其融资规模(Kashyap et al.，1993；Gaiotti and Generale，2002)。然而，以上的研究仅考虑到上市公司的债务融资，而并未结合我国再融资管制制度考虑权益融资的情况。依照上述学者的研究，在货币供应宽松时，上市公司可能倾向于债务融资而不是权益融资，反之亦然。因此，货币供应宽松有可能只影响上市公司的债务融资而不是权益融资。

但是，在我国资本市场融资渠道相对单一的背景下，上市公司拥有较强的需求和动力去获得权益融资资格，以利于公司运用资金的需要和长期发展。并且，由于我国的货币政策采取的是逆周期操作，例如，从 1998～2011 年我国实施货币政策的实践来看，1998～2002 年，为刺激经济增长，政府实施了宽松的货币政策，商业银行信贷增长普遍较快；2003～2008 年，为了抑制经济过热，政府实施了适度从紧的货币政策，各银行信贷增长率明显下降；2008～2010 年，政府实施了宽松的货币政策，银行贷款增长率也较高；2010～2011 年，为抑制通胀，政府又实施了适度从紧的货币政策，银行信贷增长率明显下降(蒋海等，2012)。货币宽松(紧缩)往往意味着市场行情低迷(活跃)，上市公司为保持持续发展，在经济低迷时也更会倾向于获取再融资资格以更好渡过难关。为此，本章提出假设 2a 和假设 2b。

假设 2a：货币供应越宽松，上市公司的再融资资格获取倾向越大。

假设 2b：货币供应松紧程度与上市公司的再融资资格获取倾向无关。

3. 货币政策与现金股利支付水平

公司外部融资成本往往高于内部融资成本，因此，持有流动性资产可以增加公司价值 (Keynes，1937)。这在一定程度上可以解释我国上市公司低现金股利分配现象。Almeida 等(2004，2011)就验证了现金持有可以增加公司价值的理论预期。Ferreira 和 Vilela(2004)认为公司持有现金有三个好处，包括降低陷入财务困境的概率、满足投资计划需要和维持筹资成本最小化。资本市场缺陷导致的融资约束则会促使公司出于预防性或投机性动机持有较多的流动资产以降低融资成本，从而更好把握投资机会。公司进行流动性管理的原因之一在于融资约束，并且，融资约束越严重，现金持有的边际价值也越大(Faulkender and Wang，2006；Denis and Sibilkov，2010)，可见，现金股利发放与现金持有水平紧密相关。

股利的结构模型也表明，无论根据代理理论分析(Rozeff，1982；Easterbrook，1984；Jensen，1986)还是根据权衡理论分析(Kraus and Litzenberger，1973；Ferreira and Vilela，2004)，现金股利均受到公司现金持有水平的影响。

大量的证据表明货币政策影响公司的现金持有水平。Gaiotti 和 Generale(2002)以意大利公司为样本，对货币政策的传导效应进行了研究，发现公司的现金持有行为与货币政策显著相关。祝继高和陆正飞(2009)使用货币政策指数中偏紧指数(该主观指标与本章使用的客观指标有所差异。由于主观的货币政策感受指数未能与客观的广义货币供给量 M2 增长率反映的货币政策松紧程度相吻合，本章倾向于使用客观指标)，检验了企业对货币政策冲击的反应。该研究发现企业会在货币政策趋紧时囤积现金，且成长性越高的公司囤积动机越强。显然，这意味着宏观货币政策在影响公司现金持有水平时，也对公司股利行为产生作用。不少研究也认为，保持财务柔性是公司应对未来现金流不确定性的重要选择。财务柔性使公司能及时以较低的成本调动资金以应对外部经济环境的冲击(Byoun，2011)。曾爱民等(2011)考察了企业在东亚金融危机与次贷危机中的表现，发现危机前储备的财务柔性提升了危机后企业的融资与投资能力。公司会减少现金股利支付来保证企业现金流的安全(Brav et al.，2005)。当未来现金流不确定的时候，公司更有可能减少股利支付水平或停止支付股利(Chay and Suh，2009)。祝继高和王春飞(2013)的研究也发现，在金融危机期间，上市公司会降低现金股利支付水平，以应对未来的不确定性。显然，考虑到货币政策的逆周期操作因素，一方面，货币供应能否流入上市公司的融资渠道而减轻融资约束值得质疑；另一方面，货币供应越宽松，上市公司面对的未来市场不确定越强，为保持财务柔性，现金股利支付水平也可能越低。然而，根据股利代理理论，货币供应越宽松，上市公司的股利支付水平也可能越高，为此，本章提出竞争性假设 3a 和假设 3b。

假设 3a：货币供应越宽松，上市公司的现金股利支付水平越低。

假设 3b：货币供应越宽松，上市公司的现金股利支付水平越高。

值得注意的是，上市公司是否获取再融资资格，可能会导致不同的股利支付行为。李常青等(2010)发现，半强制分红政策未能对理应提高分红水平的上市公司予以有效的约束，反而对需要减少分红的上市公司(有再融资需求或潜在的再融资需求的成长型以及竞争行业上市公司)形成了束缚。由于分红会减少上市公司内部现金流而影响未来投资，而且分红比例达不到要求，公司依然无法获取再融资资格，因此，如果宽松货币政策未能改善上市公司的现金约束，则未能获取再融资资格的上市公司现金股利支付水平就可能更低，而能够获取再融资资格的上市公司可能只愿意维持现金股利支付水平的门槛要求而不会选择提升这一水平，即从"股利迎合管制"看，这两类公司的现金股利支付水平都会越来越低(区分上市公司是否获取再融资资格和现金股利支付高低，存在着四种对应关系。从股利迎合管制的理论角度看，两类不同上市公司的现金股利支付水平可能都越来越低，而从股利代理论看，则可能都越来越高，本章只描述了"股利迎合管制"这一边的假设)。为此，本章提出假设 3c 和假设 3d。

假设 3c：货币供应越宽松，未获取再融资资格上市公司的现金股利支付水平越低。

假设 3d：货币供应越宽松，已获取再融资资格上市公司的现金股利支付水平越低。

上市公司的产权性质对现金股利支付水平也可能存在影响。祝继高和陆正飞(2009)分析了紧缩货币政策对公司债务融资的影响，发现相比于国有上市公司，民营上市公司的负债增长率，尤其是长期负债增长率受到了更为强烈的冲击。我们认为非国有上市公司的现金股利支付水平受到货币政策影响的可能性更强，国有上市公司则受影响程度更弱或不受影响，这主要是因为国有上市公司的资金来源渠道更多，且更容易得到政策倾斜照顾而获得融资。相较于国有上市受其政府背景的"隐性担保"和融资约束缓解的"便利"，非国有上市公司保持财务柔性的需求更高，因而其现金股利支付水平也就更低。为此，本章提出假设 3e 和 3f。

假设 3e：货币供应越宽松，国有上市公司现金股利支付水平与货币松紧程度无关。

假设 3f：货币供应越宽松，非国有上市公司现金股利支付水平越低。

5.3　研　究　设　计

5.3.1　样本选取与数据处理

本章以 2001～2012 年沪深两市所有 A 股上市公司为初始样本，并按照以下程序对样本进行了筛选：首先，剔除了金融和保险行业上市公司，并剔除了 ST 上市公司。其次，为保持数据连续性，剔除 2001 年以后上市的公司(为满足"近三年加权平均净资产收益率"的相关监管要求，上市公司的数据需要向前追溯两年)后，剩余 1002 家。再次，剔除数据不全和年度总资产出现零值的公司 195 家。最终，选取 2003～2012 年为样本观察期，得到 807 个样本公司的 8070 个观测值。其中，国有上市公司 548 家，占 67.9%；非国有上市公司 259 家，占 32.1%。本章所使用的数据均来自 Wind 数据库，使用的分析软件为 Stata12.0。

5.3.2　货币松紧程度的度量

参考李志军等(2011)、靳庆鲁等(2012)的做法，本章采用广义货币供给量 M2 增长率作为度量货币松紧度的指标。采用该指标一方面是因为"货币政策体系可分为最终目标、中间目标和操作工具等，多年来我国货币政策中间目标以 M2 增长率为主要选择"(王国刚，2012)，另一方面是因为 M2 增长率代表的是实际的货币供应水平，选取该指标的好处是可以避免其他度量方法(如"货币政策感受指数")较为主观的特点，能够更加客观地反映市场的流动性(刘星等，2013)。

5.3.3　满足融资资格倾向的度量

参考第 2 章的表 2.1 可知，增发新股是 2002 年以后上市公司再融资的主要方式，因此，本章主要考察增发条件的满足情况。由于 2001 年文件规定的融资门槛净资产收益率 6%在一年之后就变更为 10%，样本仅一年，本章不列入考察，最终选择样本期为 2003～2012 年。由于再融资资格要求三年连续盈利，本章也采用 2001 和 2002 年的数据计算再融资资格指标。最终的度量情况如下：2003～2004 年，满足前三年连续盈利、加权平均净资产收益率不低于 10%且当年不低于 10%的公司取值为 1，否则为 0。2005～2006 年，满足前面条件，且年度现金股利发放总额大于 0 的公司取值为 1，否则为 0。2007～2008年，满足前三年连续盈利、加权(以扣除非经常性损益后的净利润与扣除前的净利润相比低者作为加权依据)平均净资产收益率不低于 6%，且前三年以现金或股票方式累计分配的利润(以三年送股总数乘以 1 加上三年现金股利发放总额)不少于近三年实现的年均可分配利润的 20%的公司取值为 1，否则为 0。2009～2012 年，满足前三年连续盈利、加权(以扣除非经常性损益后的净利润与扣除前的净利润相比低者作为加权依据)平均净资产收益率不低于 6%，且前三年以现金方式累计分配的利润不少于近三年实现的年均可分配利润30%的公司取值为 1，否则为 0。

5.3.4　回归模型

前期的文献显示，上市公司的现金股利分配受资产规模、负债水平、投资支出、运营状况和公司治理等因素影响，显然，再融资资格是否满足，这些因素也起着重要作用。参考相关学者的做法(表 5.1)，针对本章假设 1a、假设 1b 和假设 2a、假设 2b，建立以下 Logit 回归模型：

$$\text{Logit}(\text{CashDiv}) = \alpha + \beta_1 \text{MP}_{t-1} + \beta_2 \text{LnSize}_{t-1} + \beta_3 \text{Lev}_{t-1} + \beta_4 \text{Inv}_{t-1} + \beta_5 \text{Cash}_{t-1}$$
$$+ \beta_6 \text{Oper}_{t-1} + \beta_7 \text{Top10}_{t-1} + \beta_8 \text{Soe} + \xi_1 \tag{5.1}$$

$$\text{Logit}(\text{RugMeet}) = \alpha + \beta_1 \text{MP}_{t-1} + \beta_2 \text{LnSize}_{t-1} + \beta_3 \text{Lev}_{t-1} + \beta_4 \text{Inv}_{t-1} + \beta_5 \text{Cash}_{t-1}$$
$$+ \beta_6 \text{Oper}_{t-1} + \beta_7 \text{Top10}_{t-1} + \beta_8 \text{Soe} + \xi_2 \tag{5.2}$$

针对本章假设 3a～假设 3f，由于许多上市公司不支付现金股利，现金股利支付水平在零处具有截尾特征，本章参考 Chay 和 Suh(2009)、祝继高和王春飞(2013)的做法，建立以下 Tobit 回归模型：

$$\text{Tobit}(\text{DivRatio}) = \alpha + \beta_1 \text{MP}_{t-1} + \beta_2 \text{LnSize}_{t-1} + \beta_3 \text{Lev}_{t-1} + \beta_4 \text{Inv}_{t-1} + \beta_5 \text{Cash}_{t-1}$$
$$+ \beta_6 \text{Oper}_{t-1} + \beta_7 \text{Top10}_{t-1} + \beta_8 \text{Soe} + \beta_9 \text{IndusD} + \xi_3 \tag{5.3}$$

$$\text{Tobit}(\text{DivRatio}) = \alpha + \beta_1 \text{MP}_{t-1} + \beta_2 \text{LnSize}_{t-1} + \beta_3 \text{Lev}_{t-1} + \beta_4 \text{Inv}_{t-1} + \beta_5 \text{Cash}_{t-1}$$
$$+ \beta_6 \text{Oper}_{t-1} + \beta_7 \text{Top10}_{t-1} + \beta_8 \text{IndusD} + \xi_4 \tag{5.4}$$

表 5.1 给出了主要变量定义、度量方法和参考文献。由于盈利水平和年度变量因素在

满足融资资格倾向时已经体现，本章在控制变量选择时不再采用。

表 5.1　主要变量定义及度量方法

变量名称	符号	定义或度量方法	参考文献
现金股利发放倾向	CashDiv	第 t 年度发放现金股利的取值为 1，否则为 0	Jeon 等（2011）、祝继高和王春飞（2013）
再融资资格获取倾向	RugMeet	第 t 年度满足当年再融资政策条件的取值为 1，否则为 0，参见 4.3 节	——
现金股利支付水平	DivRatio	年度现金股利总额除以净利润	祝继高和王春飞（2013）
货币松紧程度	MP_{t-1}	第 $t-1$ 年广义货币供给量 M2 增长率	李志军等（2011）、靳庆鲁等（2012）、刘星等（2013）
总资产	$LnSize_{t-1}$	第 $t-1$ 年期末总资产的对数形式	李礼等（2006）
资产负债率	Lev_{t-1}	第 $t-1$ 年期末总负债除以期末总资产	李礼等（2006）
投资支出	Inv_{t-1}	第 $t-1$ 年期末固定资产（原值）、无形资产（原值）、长期股权投资之和除以期末总资产	周县华等（2012）
经营活动现金充裕度	$Cash_{t-1}$	第 $t-1$ 年期末经营活动产生的净现金流除以营业收入	Baba（2009）、周县华等（2012）
总资产周转率	$Oper_{t-1}$	第 $t-1$ 年销售收入净额除以资产总额期初余额和期末余额的平均余额	李善民和李珩（2003）、周县华等（2012）
股权集中度	$Top10_{t-1}$	第 $t-1$ 年前十大股东持股比例	王志强和张玮婷（2012）
产权性质	Soe	实际控制人是国有控股的取值为 1，否则为 0	袁天荣和苏红亮（2004）、祝继高和王春飞（2013）
行业虚拟变量	IndusD	第 j 年行业取值为 1，其他为 0，共 13 个行业	——

5.4　实证结果与分析

5.4.1　描述性统计

表 5.2 报告了被解释变量的主要描述性统计结果。从全样本看，发放现金股利的上市公司比例达到 47.9%，约占样本公司的一半；满足再融资资格的上市公司达到 25.7%，约占样本公司的四分之一；现金股利占净利润的比例为 21.9%。分年度看，2005 年以后发放现金股利的上市公司逐年增加，这表明再融资管制政策对上市公司的财务行为有明显的引导作用；满足再融资资格的上市公司比例虽有小幅震荡，但 2007 年以后该比例都在 28% 以上，再融资管制政策的影响力也有所体现。值得注意的是，2007 年以后现金股利占净利润的比例相比于 2007 年之前的比例有所回落，这初步表明，尽管监管部门的再融资管制有明显鼓励上市公司加强分红的导向，但却未能真正提高上市公司的现金股利支付水平。上市公司可能采取的是迎合证监会再融资管制的股利政策，而非真正愿意分红给中小投资者。

解释变量方面，货币松紧程度 2003～2008 年广义货币供应量 M2 增长率(表 5.2 中以 MP 表示)均为 16%～20%，2009 年、2010 年的增长率在 20%以上，2011～2012 年的增长率恢复到 16%～18%。M1 的增长率(表 5.2 中以 MP2 表示)变化总体与 M2 的增长率变化一致，但在 2011～2012 年增长率下降程度较大，2009 年、2010 年的增长率则为 23%～26%。M2 和 M1 在 2009 年、2010 年金融危机期间的增长率都较高，也体现了货币政策操作的逆周期性，这和本章预期货币宽松反映市场行情低迷的基本判断相一致。

表 5.2　被解释变量的描述性统计结果

年份	CashDiv =1	比例 /%	CashDiv =0	比例	RugMeet =1	比例 /%	RugMeet =0	比例 /%	DivRatio 均值	MP	MP2
2003 年	368	45.6	439	54.4	122	15.1	685	84.9	0.250	0.200	0.191
2004 年	391	48.5	416	51.5	119	14.7	688	85.3	0.295	0.162	0.164
2005 年	334	41.4	473	58.6	118	14.6	689	85.4	0.233	0.162	0.117
2006 年	360	44.6	447	55.4	125	15.5	682	84.5	0.224	0.167	0.145
2007 年	361	44.7	446	55.3	306	37.9	501	62.1	0.175	0.175	0.210
2008 年	365	45.2	442	54.8	227	28.1	580	71.9	0.198	0.166	0.136
2009 年	376	46.6	431	53.4	246	30.5	561	69.5	0.182	0.266	0.234
2010 年	395	48.9	412	51.1	286	35.4	521	64.6	0.164	0.206	0.262
2011 年	416	51.5	391	48.5	271	33.6	536	66.4	0.189	0.156	0.122
2012 年	499	61.8	308	38.2	251	31.1	556	68.9	0.284	0.172	0.048
全样本	3865	47.9	4205	52.1	2071	25.7	5999	74.3	0.219	0.184	0.163

5.4.2　相关性分析

表 5.3 报告了主要变量之间的相关性。由表 5.3 可知，货币松紧程度与现金股利发放倾向、现金股利支付水平存在负相关关系(前者的系数很小)，与再融资资格获取倾向存在正相关关系。除了被解释变量 CashDiv、RugMeet 和 DivRatio 之间的相关系数达到 0.375 以上外，其他变量之间的相关系数基本都在 0.20 以下，个别变量相关系数在 0.2～0.4。这表明变量之间的多重共线性可能并不严重。本章以回归方程测试，发现方差膨胀因子介于 0～2，最大值都小于 2，也表明变量的多重共线性并不严重。

表 5.3　主要变量的相关分析结果

	CashDiv	RugMeet	DivRatio	MP_{t-1}	$LnSize_{t-1}$	Lev_{t-1}	Inv_{t-1}	$Cash_{t-1}$	$Oper_{t-1}$	$Top10_{t-1}$	Soe
CashDiv	1										
RugMeet	0.475	1									
DivRatio	0.934	0.375	1								
MP_{t-1}	−0.005	0.097	−0.044	1							

续表

	CashDiv	RugMeet	DivRatio	MP_{t-1}	$LnSize_{t-1}$	Lev_{t-1}	Inv_{t-1}	$Cash_{t-1}$	$Oper_{t-1}$	$Top10_{t-1}$	Soe
$LnSize_{t-1}$	0.401	0.323	0.351	0.047	1						
Lev_{t-1}	−0.200	−0.053	−0.238	0.041	0.035	1					
Inv_{t-1}	−0.048	−0.048	−0.037	−0.007	−0.146	−0.013	1				
$Cash_{t-1}$	0.126	0.139	0.134	0.021	0.070	−0.173	0.191	1			
$Oper_{t-1}$	0.186	0.221	0.161	0.035	0.102	0.073	−0.083	−0.152	1		
$Top10_{t-1}$	0.165	0.133	0.190	−0.133	0.099	−0.065	−0.019	0.063	0.055	1	
Soe	0.174	0.117	0.177	0.000	0.309	−0.046	−0.085	0.034	0.158	0.125	1

5.4.3　回归分析

表 5.4 报告了货币政策松紧程度对现金股利发放倾向和再融资资格获取倾向的影响。模型 1（未控制行业影响因素）和模型 2（已控制行业影响因素）的回归结果显示，货币政策对现金股利发放倾向没有显著影响。这表明上市公司是否发放现金股利，更多考虑的是公司层面的因素（如公司规模、负债水平、运营状况、股权结构），而不太考虑外部宏观货币政策因素。因此，本章假设 1b 得到验证。模型 3（未控制行业影响因素）和模型 4（已控制行业影响因素）的回归结果显示，货币政策对再融资资格获取倾向具有正向显著影响作用，回归系数均在 1%水平上显著。这表明货币宽松意味着市场行情低迷，上市公司为保持持续发展，不仅需要债务融资，而且希望获得权益融资，以更好地渡过难关。因此，在宽松的货币政策下，上市公司更希望获取外部融资，也即货币供应越宽松，上市公司的再融资资格获取倾向越大。因此，本章假设 2a 得到验证。本章也发现，无论是否控制行业因素，上市公司的产权性质对现金发放倾向和再融资资格获取倾向都没有显著影响作用。公司层面的其他变量对现金股利发放倾向和再融资资格获取倾向的影响则与前期文献基本一致。

表 5.4　货币政策对现金股利发放倾向和再融资资格获取倾向的影响

变量	模型 1 (CashDiv)	模型 2 (CashDiv)	模型 3 (RugMeet)	模型 4 (RugMeet)
MP_{t-1}	0.137	0.138	5.269***	5.281***
	(0.17)	(0.17)	(6.48)	(6.45)
$LnSize_{t-1}$	2.210***	2.222***	1.696***	1.661***
	(30.40)	(29.96)	(24.58)	(23.53)
Lev_{t-1}	−0.032***	−0.034***	−0.014***	−0.015***
	(−21.69)	(−21.90)	(−9.51)	(−9.50)
Inv_{t-1}	0.270*	0.120	0.037	−0.066
	(2.04)	(0.85)	(0.26)	(−0.43)
$Cash_{t-1}$	−0.000	−0.000	0.000**	0.000**
	(−0.78)	(−0.78)	(2.80)	(3.25)

续表

变量	模型 1 (CashDiv)	模型 2 (CashDiv)	模型 3 (RugMeet)	模型 4 (RugMeet)
Oper $_{t-1}$	0.601***	0.596***	0.662***	0.707***
	(12.71)	(11.01)	(14.54)	(13.30)
Top10 $_{t-1}$	1.720***	1.730***	1.364***	1.211***
	(9.98)	(9.78)	(7.38)	(6.37)
Soe	0.078	0.032	−0.040	−0.065
	(1.34)	(0.54)	(−0.60)	(−0.95)
_cons	−20.360***	−20.240***	−18.290***	−18.230***
	(−29.90)	(−28.92)	(−27.89)	(−26.52)
IndusD	—	控制	—	控制
样本数	8070	8070	8070	8070
LR chi2 (8，19)	2217.17	2292.15	1308.88	1389.59
Prob > chi2	0.000	0.000	0.000	0.000
Pseudo R^2	0.198	0.205	0.142	0.151

注：表中括号内为回归系数的 t 值；***、**和*分别表示在 1%、5%、10%的水平上显著。

　　表 5.5 报告了货币政策松紧程度对上市公司现金股利支付水平的影响。模型 1（未控制行业影响因素）和模型 2（已控制行业影响因素）的回归结果显示，整体而言，货币政策对现金股利支付水平有负向显著影响，回归系数均在 5%水平上显著。因此，本章假设 3a 得到验证。这表明在货币政策逆周期性作用下，一方面，货币供应宽松不一定就导致资金流入上市公司而减轻现金约束；另一方面，货币供应宽松意味着上市公司面对的未来市场不确定越强，为保持财务柔性，现金股利支付水平更低。这一结论支持了财务柔性假说，也与 Chay 和 Suh（2009）、Byoun（2011）、王志强和张玮婷（2012）、祝继高和王春飞（2013）等认为财务柔性在上市公司股利行为中发挥重要作用的观点相一致。

　　区分样本公司是否获取再融资资格来看，模型 3 和模型 4 的回归结果显示，已经获取再融资资格和未获取再融资资格的上市公司现金股利支付水平均受到货币政策的负向显著影响，回归系数均在 1%水平上显著。因此，本章假设 3c 和假设 3d 得到验证。对于未满足再融资资格的上市公司，货币政策越宽松，其现金股利支付水平越低，说明未满足再融资资格的上市公司面对不确定性增强的市场环境，既然没有获取再融资资格，则不发或少发现金股利，以保持更强的财务柔性。对于已经获取再融资资格的上市公司，货币政策越宽松，市场环境不确定性增强，上市公司也只愿意维持而不扩大门槛现金股利支付水平。这一方面印证了我国上市公司存在着"股利迎合管制"的策略，另一方面也隐含着由于增量货币不一定能流入经济实体而缓解现金约束，上市公司保持财务柔性以应对未来不确定性具有一定的合理性。因此，证监会需要进一步考虑中小投资者、上市公司和政府的合作博弈，改进现金股利政策法规的设计和实施，才能提高上市公司的分红水平，更好地保护投资者利益。

　　从区分样本公司的产权性质看，模型 5 的回归结果显示，非国有上市公司的现金股利支付水平受到货币政策的负向显著影响，回归系数在 5%水平上显著，模型 6 的结构则表明国有上市公司的现金股利支付水平不受货币政策影响。因此，本章假设 3e 和假设 3f 得到验证。货币供应越宽松，非国有上市公司的现金股利支付水平越低，表明非国有上市公司的融资约束较强，为保持财务柔性，更愿意维持较低的现金股利支付水平。而国有上市公司由于现金流相对充裕，融资渠道相对较宽，现金股利支付水平的变化受到货币政策的影响则不显著。因此，在面对不确定性增强的市场环境时，帮助非国有上市公司而不是国有上市公司缓解融资约束，这对于保护中小投资者利益具有重要意义。

进一步同时区分上市公司的产权性质和是否获取再融资资格，本章发现货币政策除了对已满足再融资资格的非国有上市公司现金股利支付水平没有显著影响外，对其他三种类型公司的现金股利支付水平都有负向显著影响，这进一步支持了本章的主要结论。限于篇幅，本章不作深入研讨（具体情况可参见附录表 A-4）。

表 5.5　货币政策对现金股利支付水平的影响

变量	模型 1 (全样本)	模型 2 (全样本)	模型 3 RugMeet=0	模型 4 RugMeet=1	模型 5 (Soe=0)	模型 6 (Soe=1)
MP_{t-1}	-0.627**	-0.632**	-1.619***	-0.542***	-1.442**	-0.358
	(-2.33)	(-2.36)	(-3.22)	(-3.50)	(-2.13)	(-1.29)
$LnSize_{t-1}$	0.487***	0.493***	0.800***	0.053***	0.939***	0.381***
	(23.31)	(23.07)	(19.20)	(4.10)	(15.18)	(17.62)
Lev_{t-1}	-0.011***	-0.011***	-0.017***	-0.003***	-0.011***	-0.017***
	(-21.62)	(-21.65)	(-18.66)	(-9.43)	(-9.31)	(-19.80)
Inv_{t-1}	0.016	-0.059	-0.050	-0.030	-0.085	-0.031
	(0.35)	(-1.27)	(-0.61)	(-0.98)	(-0.74)	(-0.61)
$Cash_{t-1}$	-0.000	-0.000	0.000	-0.000	-0.000	-0.000
	(-0.20)	(-0.27)	(0.39)	(-0.66)	(-0.58)	(-0.09)
$Oper_{t-1}$	0.113***	0.096***	0.109***	0.011	0.230***	0.062***
	(8.55)	(6.51)	(4.02)	(1.17)	(5.90)	(4.03)
$Top10_{t-1}$	0.533***	0.548***	0.868***	0.199***	0.610***	0.559***
	(9.10)	(9.19)	(8.32)	(5.11)	(4.03)	(8.98)
Soe	0.050**	0.028	0.030	-0.003	—	—
	(2.45)	(1.31)	(0.83)	(-0.19)		
_cons	-4.365***	-4.344***	-7.498***	-0.069	-8.671***	-3.319***
	(-22.39)	(-21.41)	(-17.77)	(-0.53)	(-12.60)	(-15.30)
IndusD	—	控制	控制	控制	控制	控制
样本数	8070	8070	5999	2071	2590	5480
LR chi2(8, 19)	1458.02	1551.28	1086.43	222.15	549.14	953.72
Prob > chi2	0.000	0.000	0.000	0.000	0.000	0.000
Pseudo R^2	0.105	0.112	0.110	0.258	0.131	0.102

注：表中括号内为回归系数的 t 值；***、**和*分别表示在 1%、5%、10%的水平上显著。

5.4.4　稳健性检验

首先，借鉴靳庆鲁等(2012)的做法，本章采用狭义货币供应量 M1 增长率替代 M2 以测量货币供应宽松程度，主要结论不变(参见附录表 A-5、表 A-6)。其次，由于再融资管制政策在 2006 年以后对现金股利支付水平的要求才明显大于 0，本章缩减样本，去除 2003～2006 年的数据验证表 5.5，主要结论不变(参见附录表 A-7)。再次，当区分已满足再融资资格和未满足再融资资格之后，现金股利支付水平为 0 的上市公司数量较少，截尾现象得到缓解。本章以多元回归替代表 5.5 的 Tobit 回归。结果发现，除了模型 6 国有上市公司的现金股利支付水平也受到货币政策的负向显著影响外，其他结果没有变化，这也表明货币政策不能缓解上市公司的现金约束问题，本章的主要结论保持不变(参见附录表 A-8)。最后，本章借鉴 Chay 和 Suh(2009)、祝继高和王春飞(2013)的做法，采用"现金股利/销售收入"来度量现金股利支付水平，主要研究结论保持不变。因此，本章诸多结论具有良好的稳健性。

5.5　本章小结

宏观货币政策在影响上市公司现金持有水平的同时也影响了其股利分配行为。本章首次深入地研究了货币供应松紧程度对上市公司现金股利发放倾向、再融资资格获取倾向和现金股利支付水平的影响。研究发现：由于货币政策的增量货币资金不一定能流入经济实体和存量货币配置效率较低等原因，货币供应宽松并未能有效缓解上市公司的现金约束。这主要表现在以下两方面：一是货币供应越宽松，上市公司的现金股利支付水平越低；二是货币供应宽松只提高上市公司的再融资资格获取倾向，而未能提高其现金股利发放倾向。这表明上市公司股利行为的主要目的是为了"迎合"再融资管制政策以获取再融资资格而不是真正要惠及中小投资者的利益。本章也发现上市公司的股利行为决策主要受到财务柔性因素的影响，由于货币政策通常存在着逆周期操作(蒋海等，2012)，货币供应紧缩时，上市公司提高现金股利支付水平，这可能是为获取再融资资格的结果；货币供应宽松时，经济的运行处于低迷状态，上市公司为囤积现金反而会降低现金股利支付水平。

本章的研究在以下三方面对现有文献有所发展和贡献。首先，本章检验了货币政策对上市公司现金股利发放倾向、再融资资格获取倾向和现金股利支付水平的影响，这丰富了宏观货币政策对微观公司财务行为影响这一领域的研究；其次，本章验证了财务柔性是上市公司调整股利行为应对货币政策的关键因素，这补充了 Byoun(2011)、王志强和张玮婷(2012)、祝继高和王春飞(2013)等的研究结论；再次，不同于前期的研究结论，本章发现货币供应宽松并未能缓解上市公司的现金约束，这提供了宽松货币资金不一定能流入经济实体的微观层面证据。非国有上市公司并未能在宽松货币政策中获得资金支持而缓解现金约束，进一步佐证了推进市场在资源配置中的主导地位的重要性。

　　基于以上结论，本章提供了以下政策启示：一是政府应进一步帮助上市公司拓宽融资渠道，降低其"迎合管制"行为的负面影响，才能在中长期保护中小投资者利益。拓展而言，上市公司的融资管制从"审批制"向"注册制"转变也具有重要意义。二是在考虑货币政策时，提高货币存量的配置效率和引导货币增量向经济实体流入，尤其是向非国有上市公司的流入具有重要意义。三是除货币政策之外，政府也要加强财政政策操作工具(如结构性减税、针对性补贴等)的运用，强化宏观政策的组合配置，推进市场在资源配置中的主导地位，这可能对微观层面企业持续发展有实质性的帮助作用。四是政府再融资管制制度设计，也需要进一步考虑投资者、上市公司和政府自身的合作博弈，改进现金股利政策法规的机制设计和实施，才能更好地保护投资者利益。

第6章 现金股利平稳性、信息利用与代理冲突缓解机理分析

本章采用博弈模型,分析了现金股利平稳性在缓解公司所有者与高层管理人代理冲突中的地位和作用。首先,指出了现金股利平稳性不仅体现在纵向方面与自身现金分红比例的起伏比较上,也体现在横向方面与同行公司现金分红比例的波动情况的相对比较上。因此,分析现金股利平稳性在缓解代理冲突中如何发挥作用是重要的学术问题;其次,构建了基于报童模型的博弈分析框架,提出了包含股利分配比例在内的最优现金持有方案模型设计;再次,分别基于高管和公司所有者的角度,分析其各自面临的问题和可能会采取的策略;最后,分析在双方博弈的均衡结果下,包含股利分配比例在内的最优方案对公司所有者、公司高管、内部资金供应链效率与公司价值的影响。

6.1 引 言

理论上,不少经典文献认为,股利平稳性有助于公司缓解公司所有者与高层管理人的代理冲突,但其学理上的内在逻辑并不完全清晰。现金分红是公司现金管理的重要组成部分,在实践中,有关现金流控制权的争夺战也意味着研究现金持有的管理科学性有着重要价值。

由于股利平稳性既可以体现为公司现金分红比例在纵向上与自身现金分红比例的起伏波动程度,也可以体现为公司现金分红比例在横向上与同行公司的相对比较波动情况上。刘星和陈名芹(2016)认为,股利平稳性可以体现为公司现金分红波动在横向上与其他同行或非同行公司的分红波动的对比,以有利于保持自身的竞争优势地位。因此,维持股利平稳性也可以是公司的一种应对同行竞争的战略行为。当公司为保持现金分红比例设置与同行公司的现金分红比例一致时,会由于行业内公司现金分红的整体平稳性较高,而带动公司的自身现金分红平稳性较高。也即,维持公司横向比较上的现金分红比例的一致性,在长期均衡下,也会提升公司纵向比较上的现金分红平稳性。基于此,给定设置现金分红比例为行业现金分红比例是公司的最优决策,则论证股利平稳性如何缓解代理冲突就有了依托。

本章尝试通过理论研究来分析现金持有方案设计对公司价值的影响,由此考察现金股利平稳性在缓解公司所有者和高管的代理冲突上的地位和作用。在实践上,给定本章分析

的前提研究假设在特定情况下也可以成立的情况下，这一分析也将有较好的应用价值。

本章从案例引入开始。国美电器的"控制权之争"引起了学者的关注和研究(高闯和郭斌，2012；徐细雄和刘星，2012；祝继高和王春飞，2012)。徐细雄和刘星(2012)认为，国美的高管团队获取控制权后采取多种途径攫取控制权私利，损害了创始家族利益，这是导致两大阵营冲突并引发控制权争夺的关键，其中攫取控制权私利的途径包括：引入贝恩资本，并签署苛刻附属条款；调整"数量至上、快速扩张"战略为"质量优先，提高单店盈利能力"战略和推出股票期权激励计划。理论上，公司所有者和高管天然地存在着代理冲突。控制权争夺的本质反映了两者对现金流控制权的争夺，以期最大化实现各自的利益诉求。本章的研究尝试从更一般意义上，分析公司内部资金市场中现金持有方案对公司价值的影响。值得注意的是，本章将"现金持有方案"界定为预期投资收入和现金分红比例两个要素的组合。公司的现金流量表包括经营活动、筹资活动和投资活动的净现金流和现金及其等价物四项主要内容。现金分红是筹资活动中的一项支出。为便于分析，遵循运筹学研究的逻辑，本章仅讨论单一投资项目带来的现金流入和现金流出问题。因此，不失一般性。本章假定其他活动影响的资金流不变，现金持有方案仅包含预期投资收入和现金股利支出这两项内容。并且，从资金供应链的角度看，资金流入项目"预期投资收入"对应的资金流出项目是投资项目整体的预期资金支出(以下称投资项目营运资金预备量)，资金流出项目"现金股利支出"对应的资金流入项目是外部引资或吸引高管投资的投入资金。项目预期资金支出(即营运资金预备量)在经济分析时仍然可以假定为不变，因为它是项目运作的历史数据，可以认为是经验数值，也即是高管和公司所有者的共同知识，因此不需要出现在现金持有方案设计当中。故此，本章界定的"现金持有方案"仅包含预期投资收入和现金分红比例的组合。

内部资金市场的资金配置通常指的是公司总裁(特指公司所有者或 CEO)将资金使用权在部门经理(特指事业部门经理、地区经理、执行副总裁、高级副总裁等)之间进行分配；总裁出于"偏袒内部人""建立新关系""收集有利信息"或"经理特征无用论"四种不同的前提假设，配置内部资金并影响了公司价值(Duchin and Sosyura，2013)。前期的研究发现，拓展内部资金市场的有利之处是总裁可以通过提高控制权和从部门经理处收集优质信息而提高资金配置效率(Stein，1997；Matsusaka and Vikram，2002；Duchin and Sosyura，2013)；不利之处是总裁可能无法识别部门经理寻求私利的代理人动机，从而导致资金配置不当而最终损害了公司利益(Milgrom，1988；Milgrom and Roberts，1988；Rajan et al.，2000)。

内部资本市场的"偏袒内部人"("建立新关系")假说预示着总裁倾向于为与自己有关系(与自己关系较弱)的部门经理配置更多资金，从而最终导致投资无效率和公司价值受损(Rajan et al.，2000；Xuan，2009)；"收集有利信息"假说则预示着总裁倾向于为有精确市场信息的部门经理配置更多资金，从而有利于最大化公司价值(Cohen et al.，2008；Engelberg et al.，2012)。"经理特征无用论"假说则预示着较强的公司治理机制约束了总裁与经理关系发挥作用的空间，从而使经理与总裁关系这一特征在资金配置效率上不起作用(Duchin and Sosyura，2013)。本章倾向于采用"收集有利信息"假说来分析公司所有者和高管的博弈问题，并且认为最优现金持有方案的设置有利于公司所有者更好地收集到高管有关于市场的决策信息。例如，高管内部参股意味着其对市场的认可度更高，公司所有者借助高管的努力，能够掌握更多有效信息从而有利于公司价值的提升。

内部资金市场中，总裁的资金配置产生了资金流出，而部门经理对资金的使用又产生了投资收入等资金流入，从而形成了内部资金供应链并不断改变着公司的资金结构。实践中，我国的家族企业或民营上市公司普遍面临资金约束问题，公司的所有权和经营权分离度并不高。故此，公司所有者通常会参与高管的聘任、公司重大投资决策和现金分红决策等，并直接或间接参与一些资金使用决策，这使得公司所有者和高管对资金使用的主导权并不稳定。也即，资金使用的主导权有时是由所有者占主导，有时是由高层管理者占主导，例如，国美电器案例中董事长黄光裕和总经理陈晓在资金筹集时的主导权就并不稳定。这一客观现象的存在，促使本章将以往只是分析总裁和部门经理的内部资金配置关系提升到分析所有者与管理者之间的内部资金配置关系具有合理性，因为所有者和管理者也存在着内部资金配置的"偏袒论""建立关系论""有利信息论"和"经理特征无用论"。

伴随着资本市场的逐步开放，公司层面的金融活动日趋活跃，高管作为决策信息的主要拥有者，也更有意愿和条件开展外部引资或自我参股到公司的商业项目当中，以获取更大收益。也即，高管更有意愿以自有资金参与到公司的投资项目中。高管的自有资金通常只是投资项目营运资金预备量的一部分，而并非其全部，并且，即使高管投入的自有资金是营运资金预备量的全部，高管也并非该项目资金的所有者，即在投入到项目之后，该项目资金的所有者仍为公司。如果投入资金是来源于高管的自有资金，高管的努力程度将会进一步提升，这支持了内部资金的"有利信息"假说，这将是本章后续博弈分析的一个焦点。

国美电器的业务战略从扩大店面数量转变为提高单店效率，高管对于投资项目的努力付出水平势必改变。那么，在更一般的情况下，公司所有者应该如何设置投资预期收入（公司所有者参与公司的重大决策时，依照本章列明的事件发生顺序，可以评估投资项目。此时，项目投资回报率体现为投资收入与营运资金预备量的比率。假定单位项目营运资金预备量不变或为可知的共同知识，则仅需讨论预期投资收入，当投资收入与营运资金预备量的比率达到一定程度时，所有者认为该比率理想，则审批通过项目，不理想则对项目不予以通过），以保证高管在每单位投资项目上保持较高努力付出水平？公司所有者应如何设置现金分红比例，以控制现金使用，配合高管的运营需要？以预期投资收入和现金分红为决策变量的现金持有方案又会如何影响公司价值？

借鉴报童模型，本章考虑高管有一次机会从公司所有者那里获得聘任合同并拥有单一投资项目机会，以通过运营，从而在未来不确定的环境中获得收益。公司高管和所有者都受资金约束，可以短期融资，并面临着破产风险（经济学上的破产通常指的是公司资不抵债，而在经济分析中，决策者可以仅仅比较总资产和负债关系，或流动资产和负债的关系。本章比较的正是流动资产和负债的关系。本章界定破产的标准即是使用流动资产减去负债为计算依据，如果计算值为负数则表示为破产，反之则为非破产。因此，此处破产这一概念并非纯粹意义上的经济学概念，而是临界点分析时所采用的一个概念）。本章以公司所有者为先行者,建立公司所有者和高管的斯塔克伯格博弈模型,并以投资预期收入和现金股利分红比例组合作为现金持有方案的要素,分析最优现金持有方案设置及其对公司所有者和高管的影响。在一般性假设下,本章得出如下结论:风险中性的所有者总是接受高管的内部参股投资,并以行业股利分红比例给予高管资金使用方便。高管如果面对所有者提供的最优现金持有方案,也总会倾向于选择内部参股而不选择外部投资或离职。更进一步而言,最优现金持有方案下,公司所有者的收益和资金供应链的效率都会提高,而高管外部引资是否能提高收益则取决于已有的薪酬合同水平(包括基础薪酬和奖金福利两个部分)。故此,给定设置现金分红比例为行业现金分红比例是公司的最优决策的结论,则股利平稳性在缓解公司所有者和管理者代理冲突中的重要地位和作用得到了论证。

6.2　文　献　回　顾

6.2.1　报童模型相关文献

报童问题的起初是典型的单阶段、随机需求模型,主旨在寻找产品最佳订货量,以最大化期望收益或最小化期望损失。报童模型在 1956 年被学者首次提出之后,逐渐成为学术界关注的焦点。2000 年以来,有关报童模型的研究主要从改变约束条件、目标函数、应用领域等方面提出了新的研究视角和解决方法(李雪敏等,2008)。

报童模型是研究运营和融资决策相互作用的有效工具(Babich and Sobel,2004;Ding et al.,2007),也是研究库存管理受到运营决策中短期融资问题影响的钥匙(Dada and Hu,2008),对研究贸易信贷合约的设计也颇有帮助,如安排贸易信贷合同以求在确定性需求环境下制订经济订购量等(Aggarwal and Jaggi,1995)。贸易信贷合约在经济领域中广泛存在,Fisman 和 Love(2003)、Burkart 和 Ellingsen(2004)、Giannetti 等(2011)的文献强调了信息不对称,例如价格歧视、差别商品、长期客户关系、低附加值供应商品对贸易信贷合约的影响,但未能从供应链为基础的操作层面来考虑模型的设计和求解(例如面对不确定需求的订购决策)。

Lariviere 和 Porteus(2001)则采用斯塔克伯格博弈策略反应模型,讨论了供应商如何在面对不确定性需求时为零售商提供批发贸易信贷合约,从而影响零售商在销售季节到来之前的订购决策,但该模型没有考虑资金流动性约束的影响。Perakis 和 Roels(2007)对该模型的有效性进一步进行了研究。大部分后来的报童模型的研究文献,也在该模型的基础上增加了流动性约束条件,并探索不同融资方案的有效性。Xu 和 Birge(2004)采用受资本约束的单一报童模型,研究了资本结构(假设负债和所有者权益具有长期竞争性定价性质)对零售商理性决策的影响。Kouvelis 和 Zhao(2012)同样采用斯塔克伯格博弈策略反应模型研究供应商和零售商之间的最优贸易信用合约,但强调的是供应链双方对零售商短期融资的影响,而不考虑两者的长期资本结构。与本章的研究兴趣比较接近的是，Li 等 (2013) 建立了多阶段的动态报童模型，讨论了以股东分红最大化为资本约束的公司的库存和融资决策。公司在面对资本约束的库存决策时，有必要向银行进行贷款，最优的短期报童决策受公司长期库存、股利政策和银行利率影响，这也揭示了运营和融资决策相依赖的天然属性。

　　与讨论报童问题中供应商和零售商博弈关系不同的是，本章关心的是上市公司所有者和高管之间的博弈关系。显然，公司所有者和高管之间也存在资金供应链上下游的冲突和协调问题，存在典型的内部资金市场。高管是市场信息的主要掌握者，有权为公司的运营战略和投资决策提供重要的建议和融资安排。公司所有者则主导着投资项目预期收入和股利分配政策制订等重要决策，或者可以从聘任高管的起始阶段，设计以薪酬合同加以约束，从而锁定现金持有方案。在这些背景下，受资本约束的双方如何实现收益最大化成为研究的焦点。

6.2.2　代理理论与权衡理论

　　经典代理理论认为，公司所有人和高管之间的利益存在代理冲突，现金股利发放可以减少高管持有的自由现金流，从而可作为缓解代理冲突的工具 (Rozeff, 1982; Easterbrook, 1984; Jensen, 1986)。现金股利的发放减少了管理人员对自由现金流量的支配权，使其失去可用于谋取自身利益的资金来源；同时，高额现金股利的发放，使得公司为了满足投资的资金需求必须借助于外部负债或权益融资，而这意味着公司将接受更加严格的审查与监督，两者都有利于降低代理冲突 (Jensen and Meckling, 1976; Fama and Jensen, 1983; Jensen, 1986)。

　　权衡理论认为，公司会在权衡持有现金的利弊基础上确定最佳现金持有水平。公司外部融资成本往往高于内部融资成本，因此，持有流动性资产可以增加公司价值 (Keynes, 1937)。Almeida 等 (2004, 2011) 分析并验证了现金持有可以增加公司价值的理论预期。资本市场缺陷导致的融资约束会促使公司出于预防性或投机性动机持有较多的流动资产以降低融资成本，从而更好把握投资机会。Ferreira 和 Vilela (2004) 认为公司持有现金有三个好处，包括降低陷入财务困境的概率、满足投资计划需要和维持筹资成本最小化。公司进行流动性管理的原因之一在于融资约束，并且，融资约束越严重，现金持有的边际价值也越大 (Faulkender and Wang, 2006; Denis and Sibilkov, 2010)。

　　公司的现金持有水平对公司价值有着重要影响。高管希望公司持有现金除了满足交易和预防性需求外，还有一个动机就是便于掏空。理论上，当公司所有者的权利提高时，高管难以通过资产转移等方法获得控制权私利，这将导致高管转移资产的成本提高。然而，为了保证自身收益，高管的最合法且直接的途径就是通过努力经营提高公司价值，从而增加自己的股利和奖金收入，这会减少高管的侵占和掏空行为，使得管理层与公司所有者的目标更为一致，降低公司所有者和高管的代理成本。因此，公司所有者保证其在投资资金预备量和现金股利分配决策上的主导权，有助于其维护自身的合法权益，进而提升公司价值。

　　本章感兴趣的重点是以投资预期收入和现金股利分配的组合作为决策变量,分析公司现金持有方案的最优化及其对公司价值的影响,这既有助于拓展经典代理问题的文献,探讨股利平稳性在缓解代理冲突中的作用,也有助于解决公司所有者在控制权私利倾向较强的职业经理人市场中如何科学决策的实际问题。

6.3　包含股利分配比例的最优现金持有方案模型设计

6.3.1　事件顺序

　　事件的顺序安排如表 6.1 所示。首先,公司所有者提供现金持有方案 (ω, d_i) 给高管,符号 ω 表示每单位投资项目的预期收入水平,符号 d_i 表示公司设定的现金分红比例。这一现金持有方案成为公司所有者与高管的聘任合约条款之一,但并不限制高管继续选择外部引资。

　　在 $t = 0$ 时刻,如果高管拒绝方案,公司所有者和高管都得到零利润。如果高管接受方案,高管可以选择是否使用外部引资,同时决定自身的努力付出水平。如果使用外部引资,高管将考虑外部投资者的现金分红要求,并融资以覆盖经营周期的资金需要。高管将投资项目所需资金安置在公司运转,并将余下的资金对外进行投资以在资本市场上获得行业的平均分红收益。在收到高管投资项目需求和资金准备汇报后,公司所有人审批投资项目并交付高管运营。在 $t = T > 0$ 时刻,如果高管运营成功,他将按协议偿付外部投资者初始资金及现金股利。否则,他将破产并将所有剩余资产转移给外部投资者。

　　此外,如果高管接受方案,高管也可以选择是否内部参股,这取决于公司现金分红比例 d_i 和行业平均分红比例 d_a 的相对价值。然后,高管也会对外投资余下的资金,以获得行业平均现金分红收益。在收到高管投资项目需求和资金准备汇报后,公司所有人审批投资项目交付高管运营。

　　同样地,如果公司所有者预备资金不足,他可以考虑外部投资者的现金分红要求,并融资以覆盖经营周期的资金需要。在经营周期结束时,如果投资顺利,高管给公司创造的现金流为 $\omega(1 + d_i)$;如果投资失败,则高管将被解聘并转移所有剩余资产给公司。当投资失败时,如果从高管转移的资产不能覆盖偿还外部投资者的初始资金和现金股利,公司所有者也可能会破产。

　　参数 d_i 是驱动高管选择外部引资或内部参股的因素。如果 d_i 较大,则公司可用的投资资金较紧张,高管可能更喜欢外部引资,如果 d_i 较小,则公司可用的投资资金较充裕,高管对投资项目的顺利开展更有把握,因而也可能更愿意内部参股以扩大自身收益。

表 6.1   事件的过程顺序

公司所有人向高管提供现金持有方案(ω, d_i)

投资项目数量选择和项目审批($t=0$ 时刻)

高管选择外部引资或业务外包(d_i 较大)	高管选择内部参股(d_i 较小)
高管选择努力程度	高管选择努力程度
高管引进外部投资或业务外包(如果需要)	
外部投资者要求现金分红比例 d_o	
公司按出资股份收获投资项目利润	高管按参股股份收获投资项目利润
	公司引进外部投资或业务外包(如果需要)
	外部投资者要求现金分红比例 d_o
公司所有者审批投资项目并提供投资资金	公司所有者审批投资项目并提供投资资金

市场对投资项目的需求确认($t=T$ 时刻)

高管按协议偿付外部投资者初始资金及股利	高管回收参股初始资金
	公司按协议偿付外部投资者初始资金及股利

6.3.2   变量符号和研究假设

表 6.2 是变量的符号设置及其含义。公司所有者的决策变量是 ω 和 d_i，高管每单位投资项目努力付出水平是 q。在 $t=0$ 时刻，y 是高管基础薪酬，公司所有者也为高管在合同基础薪酬以外设置奖金和福利，奖金和福利在 $t=T$ 时刻的价值为 x。当高管的投资项目失败或破产时，公司所有者将取消奖金和福利并取回高管的剩余资产。行业现金分红比例为外生变量 $d_a > 0$。市场每单位投资项目收入水平记为 p，公司每单位投资项目营运资金预备量记为 c，本章在研究中忽略投资项目残值和未满足市场需求造成的商誉损失等因素。

注意到，在同类投资项目中，如果高管使用公司资金在市场上可以获得的股利收入能够超越市场每单位投资项目收入水平 p，即当 $\omega(1+d_a) > p$ 时，高管将致力于外部私利，而在公司内部将不选择额外的努力付出水平。同样地，如果公司所有者对同类投资项目的预期收入水平 ω 低于公司每单位投资项目营运资金预备量 c，即当 $\omega < c$ 时，公司所有者则无利可图，因此会不审批通过该类投资项目。为了避免出现以上的情况，本章假设 $p \geqslant \omega(1+d_a) \geqslant c > 0$。

为与现实环境契合，市场对高管的努力付出能否取得正的绩效的认可程度用随机变量 ξ 表示。它的取值范围是 $[0, \infty)$。ξ 的概率密度函数(PDF)是 $f(\cdot)$，累积分布函数(CDF)是 $F(\cdot)$，互补累积分布函数(CCDF)表达式为 $\overline{F}(\cdot)$。假设 F 是可微和递增的函数，且 $F(\cdot) = 0$。令 $Z(\cdot) = f(\cdot)/\overline{F}(\cdot)$ 表示失效率。本章将集中关注递增失效率(IFR)的需求分布。也就是，对于任意的 $0 \leqslant \xi_1 < \xi_2 < \infty$，有 $Z(\xi_1) \leqslant Z(\xi_2)$。下标 i 和 o 表示高管在内部参股和

外资引进下的努力付出水平，上标 ∗ 表示相应的最优(或等价地转化为斯塔克伯格博弈均衡时)选择。$q_i(\omega,d_i)$ 表示高管在公司所有者给定的现金持有方案 (ω,d_i) 后的努力付出水平，q_i^* 是高管在均衡合约 (ω^*,d_i^*) 下的斯塔克伯格博弈均衡努力付出水平。

表 6.2　变量符号及其含义

符号	含义	符号	含义
x	高管奖金和福利	d_o	外部投资者要求的现金分红比例 $d_o \geqslant d_a$
y	高管基础薪酬	q	高管每单位投资项目努力付出水平
Ω	高管期末财富 $\Omega = x + y(1+d_o) > 0$	k	高管破产风险门槛努力付出水平
p	市场每单位投资项目收入水平	$f(\cdot)$	概率密度分布函数(PDF)
c	公司每单位投资项目营运资金预备量 $0 < c(1+d_a) \leqslant p$	$\overline{F}(\cdot)$	互补累积需求分布函数(CCDF)
ω	公司每单位投资项目预期收入水平 $0 < c(1+d_a) \leqslant \omega(1+d_o) \leqslant p$	$Z(\cdot)$	失效率 $Z(\cdot) = f(\cdot)/\overline{F}(\cdot)$
d_a	行业现金分红比例	π	高管期望的期末现金流量
d_i	高管所在公司的现金分红比例	Π	公司所有者期望的期末现金流量

本章建模的其他假设如下。

假设 1：高管、公司所有者和外部投资者都是风险中性者。

假设 2：信息对称，如对博弈各方而言，所有参数都是公共知识(这一假设是理论分析的需要，并遵循学者的主流做法。但在实践中，由于普遍存在信息的不对称，因此，很多博弈主体的行为没有达成最优化的结果。这也是理论分析和社会现实并不尽相同之处)。

假设 3：资本市场是完全竞争的(没有税收、交易成本和破产成本)，所有外部投资者都提供竞争定价投资资金(所在行业是完全竞争行业)。高管不受竞业禁止条款制约，可以对外投资。

假设 4：外部投资者没有破产风险；公司所有者和高管的流动资产小于债务时则面临破产风险(因为本章的经济分析的决策临界点选择的是流动资产和负债的比较，影响经济分析的只是公司资金流入部分的流动资产和外部引进或接受高管自有资金部分引发的流动负债，即本章要讨论的不是公司或高管的全部资产或者全部负债，只是与决策相关的流动资产和吸引投资部分的负债。因此，这个假设是合理的)。

假设 5：公司所有者和高管都是单一决策主体，他们的目标是最大化各自的短期期末财富。

假设 6：高管和公司所有者都会最大限度地去支付外部投资的初始资金和现金股利(如果有的话)。

6.4　高管策略：确定努力付出水平

为记数的方便，令 $(a)^+ = \max(a,0)$。高管为公司创造的价值(也可认为高管对公司所有者的义务)为公司每单位投资项目预期收入水平 ω 与高管每单位投资项目努力付出水平 q 的乘积。这一界定隐含着高管每单位投资项目努力付出水平 q 是单一投资项目的数量(如成功经营的店面数量)或单一投资项目的高效(如单店实现高效，超越预期收入)的替代。ωq 反映高管在基础薪酬水平下对公司的贡献。这一界定也建立起了高管努力付出水平和现金持有方案的关系，为分析外部引资还是内部参股奠定了基础。这一价值(或义务)对应着高管基础薪酬 y 努力付出服务的工作范围。在 $t=0$ 时刻，如果存在"高薪酬而低义务"，即当 $y-\omega q>0$ 时，高管可以对外工作或将剩余薪酬进行外部投资，以赚取行业现金股利收益 $(y-\omega q)^+(1+d_a)$，不妨称为外部投资私利，记为 P。如果存在"低薪酬而高义务"，即当 $\omega q-y>0$ 时，高管若需要外部引资，并在期末需要给予外部投资者初始投资资金和现金股利 $(\omega q-y)^+(1+d_o)$，不妨称为外部引资成本，记为 C。此处隐含着外部引资金额是一个给定高管努力水平的条件数值，它的计算是一个"倒挤"过程。对于高管而言，它是高管薪酬减去高管义务(即高管为公司创造的价值)的差额，即它等于 $q-\omega q|q$，注意，此处第二个 q 是指给定了高管努力水平条件。下文中隐含着内部参股资金金额的计算，逻辑与此处一致，不再表述。高管的努力付出水平受市场认可的程度为随机变量 ξ。在 $t=T$ 时刻，高管期末现金流表示为

$$\pi(q,\omega,d_o)=E\left[p\min(\xi,q)+x+(y-\omega q)^+(1+d_a)-(\omega q-y)^+(1+d_o)\right]^+ \tag{6.1}$$

此时，期望 E 取决于随机变量 ξ。假设高管努力付出水平 $k(q,\omega,d_o)$ 是衡量高管与公司所有者在博弈中选择内部参股还是外部引资的临界水平值。当 ξ 较小时，高管外部引资有可能导致破产。$k(q,\omega,d_o)$ 可以表示为

$$k(q,\omega,d_o)=\left[(\omega q-y)^+(1+d_o)-x-(y-\omega q)^+(1+d_a)\right]^+/p \tag{6.2}$$

如果 $y\geq\omega q$，则 $k(q,\omega,d_o)=0$，这表示高管基础薪酬较高，没有需要外部引资，因此不存在破产风险。同样，如果 $k(q,\omega,d_o)\geq q$，则 $\omega(1+d_o)\geq p$，这表示如果高管选择外部引资并且维持较高努力付出水平，即门槛努力付出水平高于高管每单位投资项目努力付出水平时，期末每单位投资项目支付给外部投资者的初始资金和股利的水平将大于市场每单位投资项目收入水平，此时高管开展投资项目则劳而无功，无利可图。因此有 $k(q,\omega,d_o)<q$。通过代数运算，方程(6.1)可以重写为

$$\pi(q,\omega,d_o)=pE\left[\min(\xi,q)-\min(\xi,k(q,\omega,d_o))\right]^+ +\left[x+(y-\omega q)^+(1+d_a)-(\omega q-y)^+(1+d_o)\right]^+ \tag{6.3}$$

对于任何 q 在 $k(q,\omega,d_o)>0$ 的情况下，方程(6.3)可以简化为

$$\pi(q,\omega,d_o) = pE\Big[\min(\xi,q) - \min\big(\xi,k(q,\omega,d_o)\big)\Big]^+$$

当 $k(q,\omega,d_o) < q$ 时，上式可以进一步简化为

$$\pi(q,\omega,d_o) = pE\big[\min(\xi,q)\big] - pE\big[\min\big(\xi,k(q,\omega,d_o)\big)\big]$$

在 $t = T$ 时刻，如果高管有足够资金，公司所有者或外部投资者可以取得收益为 $(\omega q - y)^+ (1 + d_o)$。如果高管破产，公司所有者或外部投资者将接收高管的全部剩余资金 $p\min(\xi,q) + x + (y - \omega q)^+ (1 + d_a)$。因此，公司所有者或外部投资者的期末现金流可以表示为

$$
\begin{aligned}
&E\Big[p\min(\xi,q) + x + (y - \omega q)^+(1 + d_a),(\omega q - y)^+(1 + d_o)\Big] \\
&= E\Big[p\min(\xi,q) + x + (y - \omega q)^+(1 + d_a)\Big] \\
&\quad - E\Big[p\min(\xi,q) + x + (y - \omega q)^+(1 + d_a) - (\omega q - y)^+(1 + d_o)\Big]^+ \qquad (6.4) \\
&= E\big[p\min(\xi,q)\big] + x + (y - \omega q)^+(1 + d_a) - \pi(q,\omega,d_o)
\end{aligned}
$$

6.4.1　外部引资条件下高管面临的问题

本章假设 3 意味着外部投资者相互之间具备市场竞争力且要求资本回报，这意味着现金分红比例 d_o 是给定的，并且 $d_a = d_o$。因此有

$$(\omega q - y)^+(1 + d_a) = E\Big\{\min\big[p\min(\xi,q) + x + (y - \omega q)^+(1 + d_a),(\omega q - y)^+(1 + d_a)\big]\Big\} \qquad (6.5)$$

方程左边是外部投资者投资同行业同类投资项目可以获得的期末现金流，右边是外部投资者投资高管所在公司可以获得的期末现金流。对于一个风险中性的外部投资者而言，两个现金流等价，这意味着外部投资者将永远不会设置 $d_o > d_a$。因此，方程(6.4)和方程(6.5)可以简化得到

$$
\begin{aligned}
\pi(q,\omega,d_o) &= E\big[p\min(\xi,q)\big] + x + (y - \omega q)^+(1 + d_a) - (\omega q - y)^+(1 + d_a) \\
&= E\big[p\min(\xi,q)\big] - \omega q(1 + d_a) + x + y(1 + d_a) \qquad (6.6)
\end{aligned}
$$

方程(6.6)意味着只要外部引资存在市场竞争的资本回报定价，高管的优化问题就不会受到外部引资的影响。通过变量 q 优化方程(6.6)可求得高管在外部引资条件下的最优解。遵循主流文献做法，投资资金资本回报价值列入无约束条件的报童模型中进行考虑。高管的最优努力付出水平 $q_o(\omega)$ 为

$$q_o(\omega) = \overline{F}^{-1}\big(\omega(1 + d_a)/p\big) \qquad (6.7)$$

方程(6.7)意味着高管的努力付出水平与外部引资无关。这与 Modigliani 和 Miller(1958)(M&M 理论)、Xu 和 Birge(2004)、Kouvelis 和 Zhao(2012)的研究结果一致。本章总结以上结果为命题 1。

命题 1：在完全竞争资本市场假设下，受资本约束的高管外部引资和其努力付出水平

无关。如方程(6.7)中无约束条件的报童模型所示，高管将选择自身努力付出水平$q_o(\omega)$，并从外部投资者中引入资金$(\omega q_o(\omega) - y)^+$，以满足投资项目的资金需要。

命题 1 的引申意义是外部投资者只是作为高管没有成本的无限容量投资资金缓冲器。对于给定的ω，一旦高管确定努力付出水平$q_o(\omega)$，通过方程(6.5)就可以相应找到外部引资对应的现金分红比例$d_o(\omega)$，这由完全竞争资本市场假设可以得到。通过方程(6.2)则可以找到和高管相应的外部引资条件下的破产风险门槛努力付出水平$k_o(\omega) = k(q_o(\omega), \omega, d_o(\omega))$。此时，$\pi_o(\omega) = \pi(q_o(\omega), \omega, d_o(\omega))$。因此，$k_o(\omega)$和$q_o(\omega)$可以建立起引理 1 阐述的关系。

引理 1：对于任何给定的ω，高管的努力付出水平将引致破产风险门槛努力付出水平为正。当$k_o(\omega) > 0$，$k_o(\omega) < q_o(\omega)$时。方程(6.3)可以重新改写为

$$\pi_o(\omega) = pE\left[\min(\xi, q_o(\omega))\right] - pE\left[\min(\xi, k_o(\omega))\right] \tag{6.8}$$

6.4.2　内部参股条件下高管面临的问题

如果高管选择内部参股，通常此时$d_i \geq d_a$，高管更愿意进行内部参股以获取更高的现金股利收益。此时，公司所有者会更倾向于认为高管对投资机会的信心更足，高管传递的市场投资机会的信息质量更高(Duchin and Sosyura, 2013)，因此，所有者对现金的配置体现了内部资金市场的"收集有利信息"假说。首先，本章计算高管的期末现金流，并寻找其努力付出水平。其次，本章在给定d_i的情况下讨论ω和$q_i(\omega, d_i)$之间的关系。由方程(6.3)可知，高管如果采用内部参股，变量d_o可以用d_i进行替代。此时有

$$\pi(q, \omega, d_i) =$$
$$\begin{cases} pE\left[\min(\xi, q)\right] - pE\left[\min(\xi, k(q, \omega, d_i))\right], & (\omega q \in (\chi/(1+d_i) + y, +\infty)) & (6.9a) \\ pE[\min(\xi, q)] - \omega q(1+d_i) + \chi + y(1+d_i), & (\omega q \in (y, \chi/(1+d_i) + y)) & (6.9b) \\ pE[\min(\xi, q)] + \chi, & (\omega q \in [y, y]) & (6.9c) \\ pE[\min(\xi, q)] - \omega q(1+d_1) + \chi + y(1+d_1), & (\omega q \in [0, y)) & (6.9d) \end{cases}$$

通过分析$\pi(q, \omega, d_i)$关于q的一阶导数，给定ω，d_i条件下，高管的努力付出水平$q_i(\omega, d_i)$为

$$q_i(\omega, d_i) =$$
$$\begin{cases} \overline{F}^{-1}\left\{\left[\omega(1+d_i)/p\right]\overline{F}(k(q_i(\omega, d_i), \omega, d_i))\right\}, & (\omega q_i(\omega, d_i) \in (\chi/(1+d_i) + y, +\infty)) & (6.10a) \\ \overline{F}^{-1}(\omega(1+d_i)/p), & (\omega q_i(\omega, d_i) \in (y, \chi/(1+d_i) + y)) & (6.10b) \\ y/\omega, & (\omega q_i(\omega, d_i) \in [y, y]) & (6.10c) \\ \overline{F}^{-1}(\omega(1+d_1)/p), & (\omega q_i(\omega, d_i) \in [0, y)) & (6.10d) \end{cases}$$

相关证明参见 Buzacott 和 Zhang (2004) 定理 3 的推导和 Kouvelis 和 Zhao (2012) 的引述。

注意到，给定 d_i，$\omega q_i(\omega, d_i)$ 是一个关于 ω 的函数，则函数 $q_i(\omega, d_i)$ 可以求解。$\omega q_i(\omega, d_i)$ 的取值区域可以转化成关于 $q_i(\omega, d_i)$ 的取值区域。因此，存在引理 2。

引理 2：设定 $\tilde{q}$ 是 $qz(q)=1$ 的解，给定 $d_i \geq d_a$，下面的方程(6.11)中，q 各有两个解。

$$\begin{cases} q\overline{F}(q) = \left[\chi + y(1+d_i)\right]/p & (6.11\text{a}) \\ q\overline{F}(q) = \left[y(1+d_i)\right]/p & (6.11\text{b}) \\ q\overline{F}(q) = \left[y(1+d_1)\right]/p & (6.11\text{c}) \end{cases}$$

不妨定义 $q_i^u(d_i) \geq q_i^l(d_i)$，$i = 1,2$ 且 $q_3^u \geq q_3^l$，且 $q_3^u \geq q_2^u(d_i) \geq q_1^u(d_i) \geq \overline{q} \geq q_1^l(d_i) \geq q_2^l(d_i) \geq q_3^l$，则方程(6.10a)~方程(6.11c)中 $\omega q_i(\omega, d_i)$ 的四个取值区域将和 $q_i(\omega, d_i)$ 的取值区域各自一一对应。

不妨将四个区域命名为破产风险区(A1)、无破产风险区(A2)、基础薪酬区(A3)和部分基础薪酬区(A4)。在 A1 区，$q_i(\omega, d_i)$ 可以从方程(6.10a)中得到，它是关于 ω 和 d_i 的函数。此时，高管的努力付出水平取决于 d_i 的设定。因为 d_i 是一个单独决策变量，而不和其他竞争公司参数相比较，这要求高管在考虑努力付出水平时也需要考虑公司的现金持有方案。因此，高管的决策与公司的现金持有方案相互依赖。在分散的资金供应链运营假设中，高管和公司所有者作为独立参与人，存在"代理问题"，显然，以上的结论会推翻 M&M 理论提及的"融资与资金结构无关"假设前提。因此，高管的努力付出水平将协调资金供应链的运营效率。

如图 6.1 所示，给定 d_i，高管的响应曲线 $q_i(\omega, d_i)$ 在图 6.1 中用实线表示。在 A4 区 $\left[0, q_3^l\right) \cup \left(q_3^u, +\infty\right)$，$\omega$ 或 $q_i(\omega, d_i)$ 其中之一相对较小时，高管在部分基础薪酬工作范围内，稍微努力付出就能满足公司要求。此时，增加每单位投资项目的边界成本是 $\omega(1+d_a)$，高管努力付出水平响应服从有约束条件的报童模型曲线 $q_i(\omega, d_i) = \overline{F}^{-1}\left(\omega(1+d_a)/p\right)$，这和方程(6.7)外部引资条件下高管响应曲线相同。在 A3 区 $\left[q_3^l, q_2^l(d_i)\right] \cup \left[q_2^u(d_i), q_3^u\right]$，高管努力付出水平响应曲线为 $q_i(\omega, d_i) = y/\omega$。在 A2 区 $\left(q_2^l(d_i), q_1^l(d_i)\right] \cup \left[q_1^u(d_i), q_2^u(d_i)\right)$，高管需要考虑外部引资，但引资不会导致高管破产，因为高管的这部分努力付出对应着奖金福利。此时，增加每单位投资项目的边界成本是 $\omega(1+d_i)$，高管努力付出水平响应曲线为 $q_i(\omega, d_i) = \overline{F}^{-1}\left(\omega(1+d_i)/p\right)$。在 A1 区 $\left(q_1^l(d_i), q_1^u(d_i)\right)$，高管采用外部引资，奖金福利已经不能覆盖潜在的支出，即外部引资的现金分红高于高管的奖金福利水平，高管会面临破产风险。此时，增加每单位投资项目的边界成本不低于 $\omega(1+d_i)$，高管会选择更高的努力付出水平，以降低破产风险，其努力付出水平响应曲线将高于报童模型曲线 $q_i(\omega, d_i) = \overline{F}^{-1}\left(\omega(1+d_i)/p\right)$。

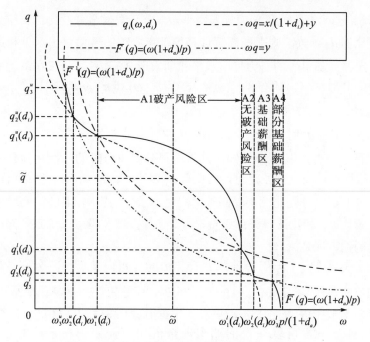

图 6.1　给定 d_i 条件下高管的响应曲线 $q_i(\omega, d_i)$

　　注意到，高管的响应曲线 $q_i(\omega, d_i)$ 是在给定 $d_i \geq d_a$ 条件下成立。令 $k_i(\omega, d_i) = k(q_i(\omega, d_i), \omega, d_i)$，$\pi_i(\omega, d_i) = \pi(q_i(\omega, d_i), \omega, d_i)$ 分别为高管破产风险门槛努力付出水平和对应的期末现金流，则在破产风险区 $q_i(\omega, d_i) \in (q_1^l(d_i), q_1^u(d_i))$，$k_i(\omega, d_i)$ 和 $q_i(\omega, d_i)$ 的关系可以用引理 3 阐释。

　　引理 3：在高管破产风险努力付出水平区 $q_i(\omega, d_i) \in (q_1^l(d_i), q_1^u(d_i))$，高管破产风险门槛努力付出水平 $k_i(\omega, d_i) > 0$，并且 $k_i(\omega, d_i) < q_i(\omega, d_i)$。这一关系保证了方程 (6.3) 可以简化为方程 (6.9a)。

　　图 6.1 的结果和分析也暗示着，给定 d_i、ω 和 $q_i(\omega, d_i)$ 存在一一匹配关系，存在着引理 4。

　　引理 4：对于任意 $d_i \geq d_a$，在公司所有者设置的投资项目预期收入水平 ω 取值范围内，即当 $\omega \in (0, p/(1+d_a)]$，高管努力付出水平 $q_i(\omega, d_i)$ 和期末现金流 $\pi_i(\omega, d_i)$ 随着 ω 的增加而递减。

6.4.3　内部参股还是外部引资？

　　ω 是高管决定内部参股还是外部引资的重要决策参数。对于 ω 的每个取值，首先考虑公司所有者设置的现金分红比例和外部投资者的现金分红比例一致，即固定高管选择内部参股或者外部引资的成本一致，高管选择内部参股还是外部引资存在以下引理 5。

引理 5：给定公司投资项目预期收入水平 ω，令公司现金分红比例 d_i 与外部投资者要求的现金分红比例 d_o 一致，则存在高管选择内部参股时的努力付出水平和期末现金流都会大于或等于选择外部引资的努力付出水平和期末现金流，且等号仅在高管破产风险门槛努力付出水平为 0 时成立，即存在 $q_i\big(\omega,d_o(\omega)\big)\geqslant q_o(\omega)$ 和 $\pi_i\big(\omega,d_o(\omega)\big)\geqslant\pi_o(\omega)$，等号仅在 $k_o(\omega)=0$ 时成立。

引理 5 隐含着 $d_i=d_o$ 时，高管会选择更高的努力付出水平并获得更大的期末现金流。一个直观的解释是，由方程 (6.5) 可知，高管选择外部引资时的最优化问题是受约束的报童模型，资本市场存在完全竞争定价，这使得 d_o 总趋向 d_a。然而，高管选择内部参股时，公司所有者选择的现金分红比例不受高管努力付出水平的影响。因此，高管的最优化问题是无约束的报童模型。相比选择外部引资，高管选择内部参股可以确定更高的努力付出水平并获得更高的期末现金流。

如图 6.2 所示，曲线 $q_i(\omega,d_i)$ 和曲线 $\overline{F}\big(q_o(\omega)\big)=\big(\omega(1+d_a)/p\big)$ 分别是高管内部参股和外部引资的响应曲线。给定 ω 的条件下，A 和 B 分别是高管内部参股和外部引资响应点，高管的努力付出水平在 B 点比在 A 点更高。根据方程 (6.8) 和方程 (6.9a)，在 A 点高管选择内部参股或外部引资可以获得的期末现金流相等，原因在于此时 $d_o(\omega)=d_i$ 并且 $k_o(\omega)=k\big(q_o(\omega),\omega,d_i\big)$。然而，高管选择内部参股，在 B 点的期末现金流比在 A 点的期末现金流更大，原因在于 B 点在高管最优努力付出水平曲线上。

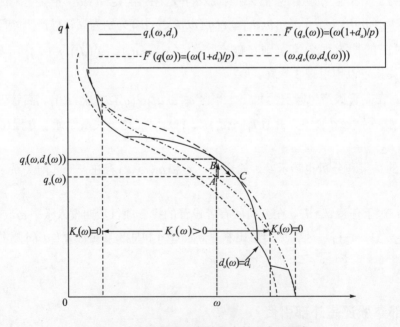

图 6.2　内部参股下高管努力付出水平更高

基于以上分析，公司所有者设置最优现金分红比例将会更具市场竞争力，后续部分将继续讨论 d_i^* 的设置。在现金持有方案 (ω,d_i) 条件下，如果 d_i 并不大，高管将选择内部参股，从而证明在最优的现金分红比例条件下，高管总倾向于内部参股而不是外部引资。因此，存在着下面的引理 6。

引理 6：给定公司投资项目预期收入水平 ω，高管的最大期末现金流在内部参股条件下得以实现，并且，期末现金流 $\pi_i(\omega, d_i)$ 随着 d_i 的增加而递减。因此，在 $d_i \in \left[d_a, \overline{d}(\omega)\right]$ 取值范围内，存在门槛现金股利分配率 $\overline{d}(\omega) \geqslant d_o(\omega)$，使得高管总会选择内部参股并获得不低于外部引资的期末现金流。在 $d_i \in \left(\overline{d}(\omega), +\infty\right)$，高管总会选择外部引资以获得更大期末现金流。

由图 6.2 和引理 6 可知，考虑内部参股时，现金持有方案 (ω, d_i) 主要参数 $d_i \leqslant \overline{d}(\omega)$ 或 $d_i > \overline{d}(\omega)$ 是高管选择内部参股（外部引资）的决策依据。考虑外部引资时，d_i 的大小取值不会影响公司所有者和高管的期末现金流，这意味着本章可以在现金持有方案 (ω, ∞) 范围内讨论高管的选择。

6.5　公司所有者策略：确定最优现金持有方案

6.5.1　外部引资条件下公司所有者面临的问题

由 6.4.3 节内容可知，外部引资条件下需要考虑现金持有方案 (ω, ∞) 的影响。如果公司所有者接受高管选择外部引资，为了锁定收益将会提前要求确认高管可以为公司带来的收益 $\omega q_o(\omega)$。同时，公司所有者为高管提供的投资项目运营资金的投入成本为 $cq_o(\omega)$。公司所有者会将提前确认的收益和成本之间的余额对外投资，以获得行业现金股利收益 $(\omega - c)q_o(\omega)(1 + d_a)$。因此，公司所有者期末的现金流为

$$\Pi_o(\omega) = (\omega - c)q_o(\omega)(1 + d_a) \tag{6.12}$$

由方程 (6.7) 可知，$q_o(\omega) = \overline{F}^{-1}\left(\omega(1 + d_a) / p\right)$。方程的均衡点 ω_o^* 和 q_o^* 可以由引理 7 加以阐述。不妨设均衡现金分红比例 $d_o^* = d_o(\omega)$，且 $\tilde{q}$ 为 $\tilde{q}z(\tilde{q}) = 1$ 的解，$\overline{q}$ 为以下方程 (6.13) 的解。

$$\overline{F}(\overline{q}) - \overline{q}f(\overline{q}) - c(1 + d_a) / p = 0 \tag{6.13}$$

引理 7：在现金持有方案 (ω_o^*, ∞) 范围内，外部引资条件下现金持有方案仅取决于参数 ω_o^*，此时有 $q_o^* = \overline{q} \leqslant \tilde{q}$，$\omega_o^* = p\overline{F}(q_o^*) / (1 + d_a)$。证明参见 Lariviere 和 Porteus (2001) 的定理 1 和 Kouvelis 和 Zhao (2012) 的引述。

6.5.2　内部参股条件下公司所有者面临的问题

在 6.4.3 节中，$d_i \leqslant \overline{d}(\omega)$ 是高管选择内部参股的决策依据，本章将揭示公司所有者接受高

管内部参股的最优现金分红比例是 $d^{*}=d_{a}$。当 $d_{i} \geq d_{a}$ 时，引理 4 隐含着 ω 和 $q_{i}(\omega, d_{i})$ 之间存在一一匹配关系。令 $\omega(q_{i}, d_{i})$ 为 $q_{i}(\omega, d_{i})$ 的反函数，则本章可以使用现金持有方案的基本参数 (q_{i}, d_{i}) 替代 (ω, d_{i})（相同的处理方式可以参见 Lariviere 和 Porteus（2001）的做法）。在 6.4.2 节有 $k_{i}(\omega, d_{i})=k(q_{i}(\omega, d_{i}), \omega, d_{i})$ 和 $\pi_{i}(\omega, d_{i})=\pi(q_{i}(\omega, d_{i}), \omega, d_{i})$，相应地，本章可以转化为 $k_{i}(q_{i}, d_{i})=k(q_{i}, \omega(q_{i}, d_{i}), d_{i})$ 和 $\pi_{i}(q_{i}, d_{i})=\pi(q_{i}, \omega(q_{i}, d_{i}), d_{i})$。

公司所有者在市场中同样受资本约束。定义 M 为公司所有者的全部现金资产，它包含可提前确认的收益 ωq_{o}。面对市场机会，公司所有者可以接受外部投资 $(cq_{o}-M)^{+}$ 并以现金分红比例 D 给予外部投资者分红回报。此处同样地隐含着外部引资金额是一个给定高管努力水平的条件数值，它的计算是一个"倒挤"过程。对于公司所有者而言，它是公司全部现金资产（相当于投资项目现有价值）减去"项目营运资金预备量 c 创造的价值（即 c 和高管努力付出水平 q 的乘积）"的差额，即它等于 $M-cq|q$，注意，此处第二个 q 是指给定了高管努力水平条件。下文中隐含着内部参股资金金额的计算，逻辑和此处一致，不再表述。此时，公司所有者也对外投资 $(M-cq_{o})^{+}$ 以获取行业平均现金股利收益 $(M-cq_{o})^{+}(1+d_{a})$。定义 $N(\xi)$ 为公司所有者的可用现金资产，它包含公司自身的营运现金资产和可以从高管运营投资项目取得的收入，这一收入具有随机性，因为市场对高管努力付出水平的认可程度是随机的。因此，公司所有者的期末现金流为

$$\Pi_{i}(q_{i}, d_{i})=E\left[N(\xi)+(M-cq_{i})^{+}(1+d_{a})-(cq_{i}-M)^{+}(1+D)\right]^{+} \tag{6.14}$$

公司所有者受资本约束且面临破产风险，因此，外部投资者的收益取决于公司所有者期末财富水平，即收益为 $\min\left[N(\xi)+(M-cq_{i})^{+}(1+d_{a}), (cq_{i}-M)^{+}(1+D)\right]$。由本章假设 3 可知资本市场存在完全竞争定价，因此有

$$(cq_{i}-M)^{+}(1+d_{a})=E\left\{\min\left[N(\xi)+(M-cq_{i})^{+}(1+d_{a}), (cq_{i}-M)^{+}(1+D)\right]\right\}$$

$$=E\left[N(\xi)\right]+(M-cq_{i})^{+}(1+d_{a})-E\left[N(\xi)+(M-cq_{i})^{+}(1+d_{a})-(cq_{i}-M)^{+}(1+D)\right]^{+}$$

$$=E\left[N(\xi)\right]+(M-cq_{i})^{+}(1+d_{a})-\Pi_{i}(q_{i}, d_{i}) \tag{6.15}$$

方程（6.15）的最后一个等号由方程（6.14）替代得到。方程（6.15）可改写为

$$\Pi_{i}(q_{i}, d_{i})=E\left[N(\xi)\right]+(M-cq_{i})^{+}(1+d_{a})-(cq_{i}-M)^{+}(1+d_{a})$$

$$=E\left[N(\xi)\right]-cq_{i}(1+d_{a})+M(1+d_{a}) \tag{6.16}$$

由方程（6.16）可知，尽管使用 M 和 $N(\xi)$ 分别表示公司所有者的全部现金资产和可用现金资产，但它们并不影响公司所有者最优化问题的求解。因此，公司所有者最优化解时可以忽略这两个变量，在 6.4.1 节已经做同样的处理。这种情况本章正式以命题 2 加以归纳。

命题 2：公司所有者制定最优现金持有方案并不受其现金资产水平（包含全部现金资产和可用现金资产）的影响。

由方程（6.4）可知，$E\left[N(\xi)\right]=E\left[p\min(\xi, q_{i})\right]+x+(y-\omega(q_{i}, d_{i})q_{i})^{+}(1+d_{a})-\pi_{i}(q_{i}, d_{i})$。

将 $E\big[N(\xi)\big]$、$\pi_i(q_i,d_i)$ 和 $M=\min\big[\omega(q_i,d_i)q_i,y\big]$ 代入方程(6.16)，简化后有

$$\Pi_i(q_i,d_i)=$$

$$\begin{cases} pE\big[\min\big(\xi,\mathrm{k}_i(q_i,d_i)\big)\big]-cq_i(1+d_a)+\chi+y(1+d_a), & \big(q_i\in\big(q_1^l(d_i),q_1^u(d_i)\big)\big) & (6.17a) \\ \omega(q_i,d_i)q_i(1+d_i)-cq_i(1+d_a)-y(d_i-d_a), & \big(q_i\in\big(q_2^l(d_i),q_1^l(d_i)\big]\cup\big[q_1^u(d_i),q_2^u(d_i)\big)\big) & (6.17b) \\ \omega(q_i,d_i)q_i(1+d_i)-cq_i(1+d_a), & \big(q_i\in\big[q_3^l,q_2^l(d_i)\big]\cup\big[q_2^u(d_i),q_3^u\big]\big) & (6.17c) \\ \omega(q_i,d_i)q_i(1+d_i)-cq_i(1+d_a), & \big(q_i\in\big[0,q_3^l\big)\cup\big(q_3^u,+\infty\big)\big) & (6.17d) \end{cases}$$

回忆前文，q_i 在 A1-A 区域的取值分别对应着 $\omega(q_i,d_i)q_i$ 的四个取值 $\big(x/(1+d_i)+y,+\infty\big)$、$\big(y,x/(1+d_i)+y\big]$、$[y,y]$ 和 $[0,y)$。值得注意的是，在收益无差别的条件下，高管总会选择较低的努力付出水平而不是较高的努力付出水平。因此，任意给定 d_i，公司所有者更感兴趣的是高管努力付出水平区域为 $0\leqslant q_i<\tilde{q}$，$\tilde{q}$ 为 $\tilde{q}z(\tilde{q})=1$ 的解。显然，$\tilde{q}$ 存在于高管破产风险努力付出水平区域，即 $q_1^l(d_i)\leqslant\tilde{q}\leqslant q_1^u(d_i)$。后文的分析将聚焦的区域为 $[0,\tilde{q})=\big[0,q_3^l\big)\cup\big[q_3^l,q_2^l(d_i)\big]\cup\big(q_2^l(d_i),q_1^l(d_i)\big)\cup\big(q_1^l(d_i),\tilde{q}\big)$。本章用引理8归纳以上的分析。

引理8：任意给定 $d_i\geqslant d_a$，对公司所有者有利的高管最优努力付出水平存在于 $[0,\tilde{q})$ 范围内。

6.5.3　现金持有方案参数：最优现金分红比例

本章的分析基于市场对高管的努力付出的认可程度是随机变量 ξ，即市场需求和高管努力的匹配是随机的。ξ 的概率密度函数(PDF)是 $f(\cdot)$，累积分布函数(CDF)是 $F(\cdot)$，$Z(\cdot)=f(\cdot)/\overline{F}(\cdot)$ 表示失效率。不失一般性，本章假设市场的随机需求分布具有严格的失效率递增(increasing failure rate, IFR)性质，即对于任意的 $0\leqslant\xi_1<\xi_2<\infty$，有 $Z(\xi_1)\leqslant Z(\xi_2)$，很多函数都被验证具有 IFR 性质，如正态分布、指数分布、Gamma 分布和 Weibull 分布等(Zhou and Groenevelt，2008)。在这一假设下，下面的方程(6.18)的左侧部分随着 q_i 的增加而单调递减。

$$\big(\overline{F}(q_i)-q_if(q_i)\big)/\big(1-(\omega(q_i,d_i)(1+d_i)/p)q_iz(k_i(q_i,d_i))\big)-c(1+d_a)/p=0 \quad (6.18)$$

令 $\hat{q}(d_i)$ 为方程(6.18)的解，回忆 $\overline{q}$ 为方程(6.13)的解，本章在命题3归纳结论，d_a 是公司所有者选择的最优现金分红比例。

命题3：在 $d_i\geqslant d_a$ 条件下，假设市场的随机需求分布具有严格的失效率递增性质，存在以下结论。

①当 $\overline{q}\in\big(q_2^l(d_i),q_1^l(d_i)\big]$ 时，$\Pi_i(\overline{q},d_i)$ 和 $\omega_i(\overline{q},d_i)$ 随 d_i 的增加而递减，但在 $\overline{q}\in\big[0,q_3^l\big)$ 时没有变化；

②$\Pi_i(\hat{q}(d_i),d_i)$，$\hat{q}(d_i)$，$\omega_i(\hat{q}(d_i),d_i)$ 和 $k_i(\hat{q}(d_i),d_i)$ 随 d_i 的增加而递减，$\pi_i(\hat{q}(d_i),d_i)$

随 d_i 的增加而递增；

③公司所有者的斯塔克伯格博弈均衡现金分红比例为 $d_i^* = d_a$。

本章直观地分析为什么 $d_i^* = d_a$ 是公司所有者的最优选择。对公司所有者而言，如果投资项目的预期收入 ω 不能覆盖其运营投入成本 c，则公司所有者无利可图；如果投资项目的预期收入 ω 趋向于 $p/(1+d_a)$，高管的次优选择是维持较低的努力付出水平。ω 的取值范围为 $[c, p/(1+d_a)]$。同样的分析，如果是公司所有者选择外部引资，则 $p/(1+d_a)$ 以 $W/(1+d_a)$ 替代，此时 $W = \omega(1+d_i)$。一个极端情况是如果 $d_i = p/c - 1$，当且仅当 $\omega = c$ 和 $W = \omega(1+d_i) = p$ 时成立，此时公司所有者的收益为零。因此，公司所有者设置尽量小的 d_i 以有更大空间可以调整 ω 的设置，进而提升收益。所以，在 $[d_a, +\infty)$ 中，公司所有者的最优选择是 $d_i^* = d_a$。

图 6.3 说明了命题 3 的内涵。从图 6.3 可知，在破产风险区域，ω 和 q 都随着 d_i 的减小而增大，因此，高管的破产风险门槛努力付出水平也相应提高。风险中性的高管愿意承受有限的外部引资风险，以获得更大收益。另一方面，风险中性的公司所有者也愿意接受高管的投资参股，以鼓励高管用更高的努力付出水平更好地运营投资项目。这种现金持有方案安排有利于高管在一定风险水平下，拥有更大的资金使用灵活度，且不用过多分红给公司所有者，因而更利于投资项目的运营。同时，它也有利于公司所有者在高管的同样努力付出水平时，获得更高的单位投资项目预期收入。从这一点而言，它也有利于资金供应链效率的提升。

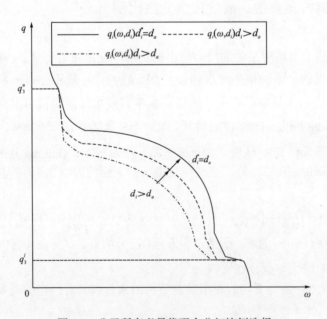

图 6.3　公司所有者最优现金分红比例选择

本章的分析揭示，当 $d_i^* = d_a$ 时，高管选择内部参股比外部引资更有利。但实践中由于信息不对称及资本市场完全竞争假设难以满足，也限于高管的财富水平，情况更加复杂。

显然，方程(6.10b)和方程(6.10d)在 $d_i^*=d_a$ 时结果相同。破产区域以外的三个区域可以合并为非破产区域。高管的响应曲线在这一区域选择内部参股或者外部引资的结果相同。高管的破产风险努力付出水平边界在区域 $[0,\tilde{q})$ 内是 $q_1^l(d_i^*)$。因此，最优化解 $\overline{q}$ 的取值当且仅当 $\overline{q}\in\left[0,q_1^l(d_i^*)\right]$，最优化解 $\hat{q}$ 的取值当且仅当 $\hat{q}\in\left[q_1^l(d_i^*),\tilde{q}\right]$。

6.5.4　现金持有方案参数：最优每单位投资项目预期收入水平

固定 $d_i^*=d_a$ 时，本章可以得到 q_i^*，显然，它对应着高管期末财富水平为 $\Omega=x+y(1+d_a)$。相应地，均衡点每单位投资项目预期收入水平为 $\omega_i^*=\omega(q_i^*,d_i^*)$ 且取决于 q_i^* 的大小。本章将结论以命题4陈述如下。

命题4：令 $d_i=d_i^*=d_a$，假设市场的随机需求分布具有严格的失效率递增性质，并且存在高管的期末财富水平 $0<\underline{\Omega}\leqslant\overline{\Omega}$，斯塔克伯格博弈均衡条件下的 q_i^* 和 ω_i^* 存在以下结论。

①如果 $\Omega<\underline{\Omega}$，则有 $q_i^*=\hat{q}(d_i^*)$，并且从方程(6.10a)可得到 $\omega_i^*=\omega(\hat{q}(d_i^*),d_i^*)$；

②如果 $\overline{\Omega}\geqslant\Omega\geqslant\underline{\Omega}$，则有 $q_i^*=\arg\max\left\{\Pi_i(\overline{q},d_i^*),\Pi_i(\hat{q}(d_i^*),d_i^*)\right\}$，从方程(6.10a)或方程(6.10b)可得到 ω_i^*；

③如果 $\Omega>\overline{\Omega}$，则有 $q_i^*=\overline{q}$，并且从方程(6.10b)可得到 $\omega_i^*=\omega(\overline{q},d_i^*)=p\overline{F}(\overline{q})/(1+d_i^*)$。

命题4中，$\Omega<\underline{\Omega}$ 表示高管的财富水平较低，属于经济拮据型。此时，$\overline{q}>q_1^l(d_i^*)$ 并不是最优解，公司所有者的最优解存在于高管的破产风险区。同样地，$\overline{\Omega}\geqslant\Omega\geqslant\underline{\Omega}$ 表示高管属于中等富裕型，此时，$\hat{q}(d_i^*)\geqslant q_1^l(d_i^*)\geqslant\overline{q}$，公司所有者的最优解既可以存在于高管的破产风险区域，也可以存在于高管的非破产风险区域。最后，$\Omega>\overline{\Omega}$ 表示高管属于富裕型，此时高管并不需要外部引资，$\hat{q}(d_i^*)<q_1^l(d_i^*)$ 并不是最优解，公司所有者的最优解存在于高管的非破产风险区域，而高管则不受资本约束。图6.4说明了在高管三种财富水平下的均衡点努力付出水平选择和对公司所有者投资预期收入水平的影响。

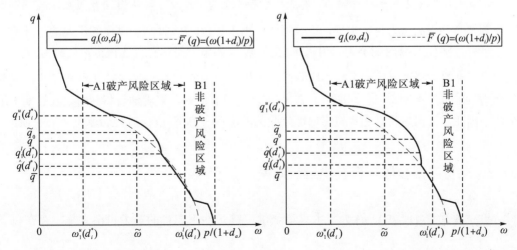

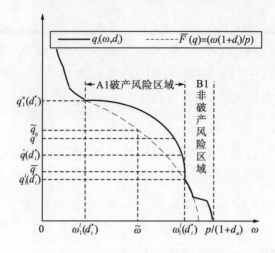

图 6.4　不同财富水平高管的均衡努力付出水平

6.6　内部资金市场供应链与公司价值

6.6.1　高管内部参股与公司所有者收益

本章 6.5 节分析公司所有者可以设计外部引资现金持有方案$(\omega_o^*, +\infty)$或内部参股现金持有方案(ω_i^*, d_i^*)以供高管选择。然而，作为博弈双方的先行者，公司所有者选择高管内部参股方案对自身更有利。命题 5 给出了这个结论。

命题 5：假设市场的随机需求分布具有严格的失效率递增性质，存在$\Pi_i(q_i^*, d_i^*) \geq \Pi_o(\omega_o^*)$，当且仅当$q_i^* = \bar{q}$时等号成立。也就是说，公司所有者提供内部参股现金持有方案(ω_i^*, d_i^*)可以获得不低于提供外部引资现金持有方案$(\omega_o^*, +\infty)$的收益。因此，公司所有者总倾向于高管内部参股并提供给现金持有方案(ω_i^*, d_i^*)。

本章使用图 6.2 来解释命题 5。考虑现金持有方案(ω_o^*, d_o^*)，从引理 6 可知，高管将选择内部参股并提高努力付出水平，这一努力付出水平(在 B 点)高于引理 5 提及的外部引资现金持有方案(ω_o^*, ∞)时的努力付出水平(在 A 点)。如果公司所有者选择将 ω 从 ω_o^* 水平上继续提高，高管的努力付出水平将相应降低，即从 B 点下降到 C 点。比较 A 点和 C 点，高管的努力付出水平不变，但公司所有者在 C 点获得更高的 ω，直观地看将获得更好的期末现金流。因此，公司所有者选择提供内部参股的现金持有方案(ω_i^*, d_i^*)能带来更大的收益。

6.6.2　高管内部参股与资金供应链效率

设$q^0 = \bar{F}^{-1}\left(c(1+d_a)/p\right)$为集中式资金供应链条件下高管的努力付出水平，存在以下命题 6。

命题 6：相比于外部引资现金持有方案，内部参股现金持有方案更能提升资金供应链效率，但不能提供资金供应链的协调水平。即有 $q_o^* = \overline{q} \leqslant \hat{q}(d_i^*) < q^0$， $q_o^* = q_i^* < q^0$。

本章可从 6.5 节提及的内容解释命题 6。显然，富裕型高管的期末收益不受外部引资或内部参股的现金持有方案影响。但如果高管是中等富裕型，可以损失的财富更少，其追逐投资项目收益的决定将更不保守。正如 6.5 节所解释的，公司所有者会更倾向于设置最优的现金分红比例，以激励并部分分担起高管承受的风险，以应对市场的随机需求。因此，这种风险分担机制提高了资金供应链效率，也诱导高管更高的努力付出水平，但高管未必能从中获益，这种风险分担机制也未能全面协调供应链的效率。

6.6.3　高管内部参股与高管收益

命题 6 隐含着在 $q_o^* = \hat{q}(d_i^*)$ 时，内部参股方案的资金供应链效率更高。命题 5 意味着公司所有者也倾向于提升资金供应链效率而获得更大收益。然而，高管是否也能从资金供应链效率提升中获益呢？本章以引理 9 给出回答。

引理 9：假设市场的随机需求分布具有严格的失效率递增性质，存在以下结论。

①如果高管是中等富裕型，即当 $\overline{\Omega} \geqslant \Omega \geqslant \underline{\Omega}$ 时，则有 $\omega_i^* \leqslant \omega_o^*$，$\pi_i(q_i^*, d_i^*) \geqslant \pi_o(\omega_o^*)$；

②如果高管是经济拮据型，即当 $\underline{\Omega} \geqslant \Omega \geqslant 0$ 时，存在 $\underline{\Omega} \geqslant \Omega \geqslant \underline{\Omega} \geqslant 0$，则有 $\omega_i^* \leqslant \omega_o^*$，$\pi_i(q_i^*, d_i^*) \geqslant \pi_o(\omega_o^*)$，且当 $\Omega \to 0$ 时，有 $\omega_i^* \to p/(1+d_i^*)$，$\pi_i(q_i^*, d_i^*) \to 0$。

引理 9 表明，中等富裕型的高管选择内部参股的期末现金流不低于选择外部引资的期末现金流，因为此时高管需要给公司所有者的回报是较低的投资项目预期收入水平 ω_i^*。如果高管是经济拮据型而并不是非常贫穷型的话，即当 $\underline{\Omega} \geqslant \Omega \geqslant \underline{\Omega}$ 时，同样的结果依然存在。然而，对于非常贫穷型的高管，选择内部参股的收益将更糟。具体而言，高管的期末现金流与其自身的财富水平紧密关联，当高管的财富水平趋近于零时，公司所有者将提高内部参股的均衡点投资项目预期收入水平 ω_i^* 至 $p/(1+d_i^*)$，在这种情形下，高管可获得的期末现金流趋向于零。

值得注意的是，上述讨论并不构成矛盾的结果。本章的结论是高管总会倾向内部参股而不是外部引资。即使非常贫穷型的高管，只要面对公司所有者提供最优现金持有方案 (ω_i^*, d_i^*)，他也总会愿意参股而不选择外部引资。因为从引理 6 可知，外部引资时 $d_o(\omega_i^*) \geqslant d_i^*$，而高管可获得的期末现金流更少。事实上，非常贫穷型的高管的首选是现金持有方案 $(\omega_o^*, +\infty)$，但公司所有者是斯塔克伯格博弈的领导者，更倾向于提供方案 (ω_o^*, d_i^*) 而不是方案 $(\omega_o^*, +\infty)$，因此，非常贫穷型的高管只能将内部参股作为次优选择。

以上的分析表明，高管财富水平会影响其努力付出水平和公司所有者的收益。进一步而言，排除非常贫穷型和非常富裕型的高管，公司所有者选择与财富水平越低的高管合作，其期末的收益越高。这也预示着公司所有者给予高管以相对较低的薪酬待遇水平，更能激发其对公司所有者和资金供应链效率的贡献。引理 10 归纳了以上的结论。

引理 10：在高管的努力付出水平一样的条件下，对于不是非常贫穷型和富裕型的高管而言，即当 $q_i^* = \hat{q}(d_i^*)$，$\overline{\Omega} \geqslant \Omega \geqslant \underline{\Omega}$ 时，高管的财富水平越高，资金供应链的效率越低，公司所有者的期末收益越低。

6.7　本章小结

本章提出一个现金持有方案来研究公司所有者和高管之间的内部资金供应链关系和影响，研究结果支持了内部资金市场的"收集有利信息"假说，并从学理上，通过逻辑推导和严密论证，回答了公司股利平稳性如何缓解代理冲突的学术问题。假设资本市场中上市公司的所有者和高管都受资金约束，如果投资项目需要，则可以吸收投资，并在市场环境中面临破产风险。本章建立斯塔克伯格博弈策略模型以分析最优现金持有方案对公司所有者、高管和资金供应链的影响。结论表明：公司所有者的最优策略是提供包含行业现金分红比例的现金持有方案给予高管，以激励高管更高的努力付出水平。高管面对最优现金持有方案，总会倾向于选择内部参股而不选择外部投资或离职。进一步而言，在最优现金持有方案下，公司所有者的收益和资金供应链的效率都会提高，而高管选择外部引资是否能提高收益则取决于已有的薪酬合同水平（基础薪酬和奖金福利）。

本章的研究首次运用报童模型研究公司所有者和高管之间的斯塔克伯格博弈关系，并以预期投资收入和现金分红比例的组合作为决策变量，分析现金持有方案的最优化及其对公司价值的影响，这拓展了经典代理理论文献，并支持了内部资金市场的"收集有利信息"假说。本章也解释了最优现金持有方案对公司所有者、高管和公司价值的影响，丰富了资金供应链和高管薪酬设计关系的研究文献。本章研究发现，在资本约束和完全竞争定价假设下，最优现金持有方案有助于风险中性的高管选择内部参股而不是外部引资。基于本章的研究视角重新分析国美电器案例，公司所有者重新夺回控制权有着积极意义。研究结论对于我国家族企业、民营上市公司的实践有着重要的借鉴价值，这主要体现在以下三方面：一是公司所有者做好现金持有方案安排有助于提升自身收益和资金使用效率，并且，优化的现金持有方案有助于激发高管的努力付出水平，减轻高管和所有者之间的信息不对称问题，并进一步制约了高管的控制权私利行为。二是公司业务战略（如店面扩张和单店效率战略）的选择和水平反映的仅仅是高管努力付出水平的高低，本身并未影响到公司所有者和高管的收益。因此，如果考虑到市场对于高管努力付出水平的认可程度是随机反应，那么，现金持有方案安排比业务战略选择更加重要。三是公司所有者主导外部引资的选择和股权分红政策的确定比起高管主导这两项决策更能为公司带来价值。

第 7 章　我国上市公司现金股利不平稳的动因与现金股利监管政策再审视

本章分析和检验了我国上市公司股利不平稳的影响因素，重新审视制度变迁下股利监管政策的必要性和有效性。首先，提出了研究我国上市公司股利不平稳这一问题的理论重要性和现实重要性；其次，介绍了基于我国证券市场的相关文献，与前文呼应，并通过理论分析，构建分析框架，提出了寻租效应、信息效应可能对股利不平稳产生影响的传导路径；再次，介绍了实证检验的研究设计；最后，采用一系列的分析方法，报告了检验结果，回应本章提出的研究假设，得出本章的研究结论。

7.1　引　　言

中国上市公司长期存在着现金股利支付水平波动性过高的问题，并引起了监管部门的持续关注和政策干预。然而，证监会是否有必要进行现金股利监管？这一直是学术界争论的焦点问题之一。不少研究发现这种"半强制分红"政策影响了上市公司的股利支付倾向和支付水平，但其实施效果值得质疑，存在着"股利监管悖论"，即导致发放"门槛"股利和"微股利"的公司明显增加(魏志华等，2014)；"钓鱼式"分红现象此起彼伏(余琰和王春飞，2014；陈云玲，2014)。"半强制分红"政策不仅影响了上市公司分红水平，也改变了企业的信息环境，但现有文献较少从信息披露监管的视角分析股利监管的必要性、有效性问题。

值得注意的是，中国的现金股利监管实质上采取的是中性监管措施，既不过分要求上市公司过度分红以防止掉入庞氏分红陷阱，也不过分纵容上市公司一直担当"铁公鸡"而刻意保留现金流，并且对于所有上市公司一视同仁加以监管。法理平等是市场经济持续发展的重要基础。在我国资本市场不断深化改革的进程中，政府监管自始至终贯穿于上市公司的重大经营管理活动中。然而，立足于公司法理平等的基础，政府如何制定和实施符合主流经济发展理论并结合我国市场经济现实的法规监管措施，也一直是国内学术界关注的热点与难点。姚洋(2009)认为，中国经济的成功依赖于改革初期较为平等的社会结构以及在此基础上产生的中性政府(disinterested government)。贺大兴和姚洋(2011)进一步强调"中性政府指的是不长期偏向某个(些)社会群体的政府。中性政府不是对社会群体毫无兴趣，也不是在制定政策的时候不掺杂自己的利益诉求。相反，中性政府是自利的，也可能对社会群体采取掠夺性行为,只不过它的经济政策和群体的非生产性特性无关。"基于此,本章认为,为了保持公司法理平等,中性政府经过策略选择,更会倾向于采取中性监管以规范上市公司行为,而证监会的现金股利监管恰好满足上述特征。

中国资本市场为何需要实施现金股利监管?这一问题与上市公司现金股利不平稳现象密切相关。但是,现有研究更多关注的是股利监管对于上市公司分不分红、分红多少及分红是否连续的影响(魏志华等,2014)。然而,如果证监会的股利监管只重视是否分红、分红大小及分红连续的问题,而不关注股利决策透明性和股利平稳性问题,则只需要直接强制要求上市公司实施分红、持续分红即可。作为应对措施,上市公司仅仅需要每年持续分红 1 分钱,就足以满足监管要求。显然,单纯考虑现金股利监管对于是否分红、分红水平和分红连续的问题并不足够。不仅如此,由于分红连续性的问题较容易识别且过于宽放,通常也并非学术研究的主体对象。故此,本章有必要从股利平稳性影响因素的视角来重新审视现金股利中性监管的作用。因此,证监会的中性监管更应该关注公司的分红决策透明性和分红可预期性(股利平稳性)是本章隐含的重要假设。而本章的核心就是从现金股利不平稳现象产生动因这一视角上来探究股利监管的必要性、有效性问题。

7.2　理论分析与研究假设

7.2.1　基于我国证券市场的相关文献

现金股利平稳性通常是指公司的现金股利支付水平在一定时期内保持在较小的区间内波动的情形。现金股利不平稳则是指现金股利支付水平起伏变化较大的状态。在横截面(cross-sectional)分析中,现金股利支付水平通常以某一年的支付值为度量依据,现金股利平稳性则通常以某几年的支付波动性为度量依据。也即,前者是"时点"的概念,后者是"时段"的概念,两者既有联系,又有重要的区别。Lintner(1956)首次提出了股利平稳性的概念,认为公司倾向于通过动态的局部调整,以平滑股利支付水平向目标股利支付水平趋近,避免降低股利支付水平而影响投资者对公司的估值。然而,由于资本市场发展成熟程度的不同,许多学者则观察到了中国上市公司普遍存在着股利不平稳现象。

诚如第 3 章文献回顾所述,吕长江和王克敏(1999)在国内较早地运用 Lintner 模型研究中国上市公司的股利行为。他们的研究发现,上市公司的现金股利支付水平主要取决于公司前期股利支付额和当期盈利水平,平均股利调整速度系数为 125%(远大于 0),目标每股股利为 0.29 元,股利不平稳程度较高。但该研究由于单个公司的年度数据比较少,因此在股利不平稳的度量上存在着较大的偏差(Leary and Michaely,2011)。李茂良等(2014)运用动态面板模型,分析现金股利政策的稳定程度及其动因。他们的研究发现,从"市场组合"看,现金股利具有一定的稳定性;但从单个公司看,现金股利变动较大。他们认为,"半强制分红"政策和在外资股市上市有效地提高了现金股利的稳定性,但新会计准则的实施加快了现金股利的调整速度。余琰和王春飞(2014)检验了 2008 年 10 月 9日我国证监会颁布的《关于修改上市公司现金分红若干规定的决定》对公司现金股利支付行为的影响，发现该政策促进了有融资动机的公司增加现金股利支付；但是，有融资动机的公司更可能会仅支付满足监管要求的最低现金股利支付率，且会导致提出融资方案的公司现金股利波动性较大。然而，该研究在度量股利平稳性上所采用的指标也不够精确，并且，研究中侧重考察提出融资公司的股利波动性，未能提供整体上市公司股利波动性的经验证据。我们认为，现有文献在探究现金股利不平稳的影响因素上仍然不够系统；在探究基于中国情境的股利不平稳形成机理上仍不深入；在研究现金股利监管政策因素对股利不平稳的影响上也缺少更充分的经验证据。本章的研究有助于弥补上述的缺失。

自 2010 年以来，国内研究股利政策的文献主要集中于从新的视角研究现金股利支付倾向和(或)支付水平的影响因素(刘星和陈名芹，2016)。诚如第 3 章文献回顾所述，这一类研究探究了基于中国情境的影响股利行为的新因素，例如公司成长生命周期特征、内部人终极控制、定向增发、家族控制、股权激励、企业信贷约束程度、外资股东持股、金融危机、私募股权投资、管理层权力、交叉上市、货币政策、政治不确定性、超募资金投向、地域因素、社保基金持股等。由于早期的一些研究较多地仅从公司盈余的角度讨论股利行为的影响因素，而近期的研究中，较多文献只关注了公司股利的支付倾向和支付水平("时点"观测值)，但却忽略了公司股利支付的不平稳现象("时段"观测值)，也未能够从分析研究股利不平稳现象的视角来探讨现金股利监管政策的作用，这使得国内股利分配领域的研究体系尚不完整(刘星和陈名芹，2016)。不仅如此，现金股利平稳性问题是中小投资者、政府监管层高度关注的内容，也亟待学者们深入探讨以提供更多有益的研究支持。基于中国的现实情境，本章首次从分析中国上市公司股利不平稳现象动因的视角，探讨现金股利监管政策的必要性和有效性，具有明显的理论价值和实践意义。

7.2.2　机会主义的信息效应：信息不对称与股利不平稳

现金股利中性监管政策的主要内容之一是提高上市公司信息披露质量，改善上市公司与投资者之间的信息不对称问题。现有文献关于信息不对称与现金股利平稳性关系的经验证据并不多见，且研究结论并不一致。经典信息不对称理论认为，公司通常会采取高水平且持续的股利支付策略作为信号，传递公司当前和未来的现金流信息，降低公司内部与外部的信息不对称(Bhattacharya，1979；John and Williams，1985；Miller and Rock，1985)。此时，降低信息不对称是股利平稳性的结果。而更多的研究则从公司管理层逆向选择的角度出发，认为面临更高信息不对称的公司，通过股利平滑行为，传递虚假信号，隐藏有助于投资者判断公司价值的信息(Guttman et al.，2010)。此时，维持股利平稳性是公司信息不对称的结果。Guttman 等(2010)认为，公司高管团队会有保留地传递信息，采用混同策略来处理信息；公司需要保留的信息范围越大，越可能采取股利平滑行为。Allen 和Michaely(2003)、DeAngelo 等(2008)同样认为，面临更高信息不对称的公司会减少股利支付水平，并且保持股利政策平稳，即公司信息不对称程度越高，股利平稳性越强。

然而，Leary 和 Michaely（2011）基于美国证券市场上的多项经验证据则表明，信息不对称与股利平稳性存在负相关关系。并且，基于公司通过平滑股利而传递信息的信号假说分析模型并不能解释美国上市公司的股利平稳性较高的现象。他们的研究表明，信息透明度越高的美国上市公司更愿意维持高水平的股利支付和股利平稳性，从而迫使管理层引入外部资金，接受债务人、机构投资者等利益相关方更强的监督，提升公司价值，也即代理冲突假说更适合解释以上现象。

基于中国情境，由于中国的证券市场整体的投资者法律保护制度较弱，信息环境透明度较差，股票回报波动性过高。与此同时，上市公司面临大股东和管理层窃取控制权私利、成长期需要较高运营和投资资金、融资条件受到严格监管干预、内幕交易盛行等不利因素的影响。因此，公司大股东和管理层可能采用平滑自利行为以获取租金收益的动力也更小，并且更不需要刻意利用股利平滑行为隐蔽当前和未来现金流的信息。不仅如此，在大股东和管理层的机会主义动机下，股利支付水平也可能构成公司不透明信息环境的组成成分，从而共同影响了公司的股利平稳性（注意到，股利支付水平，例如每股股利，虽是构成股利平稳性的关键计算过程变量，但两者是相互独立的变量。Leary 和 Michaely（2011）的文章也通常要将股利支付水平作为解释变量加以讨论）。故此，信息透明度越低的公司，股利支付水平波动性更高，即现金股利不平稳程度可能更强。本章将这种机制界定为大股东和管理层的机会主义信息效应。

理论上，信息不对称既存在于上市公司委托人和代理人之间，又存在于不同个体的投资者之间以及知情投资者和不知情投资者之间。本章以财务分析师预测偏差和股票回报波动性作为信息不对称的代理变量，分别考察其对中国上市公司现金股利不平稳的影响（即考察机会主义信息效应），一方面拓展股利不平稳影响因素的研究，探究现金股利监管的必要性，另一方面补充信息透明度经济后果的现有研究，探究现金股利监管的有效性。

从投资者之间的信息不对称角度分析，股票回报率波动性越高，表明公司面临的市场风险越大，投资者之间的信息不对称程度越高（Brennan and Subrahmanyam，1996）。从财务分析师预测的角度分析，分析师预测情况会改变知情和不知情投资者之间的信息带宽，从而影响公司的信息披露质量，进一步可能会影响公司的股利不平稳程度。由于较弱的信息透明度能为上市公司大股东和管理层窃取控制权私利创造有利条件，故可能成为影响股利不平稳程度的前置因素。从上述层面分析，大股东和管理层的机会主义动机，可能导致公司股利不平稳现象成为信息透明度较差的延伸和结果。由此，本章提出如下研究假设。

假设 1a：上市公司的股票回报率波动性越高，现金股利不平稳程度越强。

假设 1b：上市公司的财务分析师预测偏差越大，现金股利不平稳程度越强。

7.2.3　寻租促进效应：不同代理冲突情境下的信息不对称与股利不平稳

经典代理冲突假说认为，较高的股利支付水平和更多的股利平滑行为（即维持高股利支付水平)会减少公司内源资金,促使公司对外筹集资金以满足经营和投资需要,引进外部监督者,从而降低公司的代理成本(Jensen,1986)。Fudenberg 和 Tirole(1995)、Allen 等(2000)同样认为,公司股利平稳性有助于缓解管理层与股东之间的代理冲突,因此,代理冲突更大的公司更会开展股利平滑行为,股利平稳性更强。这一经典理论预测了代理冲突与股利不平稳存在负相关关系。Leary 和 Michaely(2011)基于美国证券市场上的经验证据表明,代理冲突较大的公司股利平稳性更强,即基于代理冲突假说的分析模型适合解释美国上市公司的股利平稳性现象。

从管理层窃取控制权私利的角度看,Lambrecht 和 Myers(2012)的模型分析认为,管理层的寻租行为会导致公司的股利平滑行为,间接支持了代理冲突越大,股利平稳性更高的观点。他们认为,由于股东通常要求常规的股利支付政策,以减少公司的自由现金流而限制代理成本;而支付现金股利,管理层可以从中抽取租金(因为通过支付现金股利,公司后续能够更容易筹资,管理层更容易通过建立"经理人帝国"来获取控制权私利)。风险厌恶的管理层渴望租金的平滑,这反过来会产生股利平滑行为,当股利增加的幅度恰好能导致股东权益削弱时,相应的股利平稳性水平就是管理层所偏好的最优水平。

我们认为,面临不同代理冲突情境的上市公司,其信息不对称与现金股利不平稳的相关关系可能存在差异,这主要是大股东和管理层操纵公司信息的便利性不同所引致。代理冲突小的公司,大股东和管理层操纵公司信息的便利性越强,决策更容易得到执行,这可能导致公司信息不对称程度更高,现金股利不平稳程度更强。本章称其为寻租促进效应。不少国内的研究表明,不恰当的现金股利政策更可能成为大股东掏空上市公司的工具。陈信元等(2003)发现高额现金股利并没有提高公司的价值,主要原因在于现金股利可能是大股东转移资金的工具,并没有反映中小投资者的利益与愿望。吕长江和周县华(2005)的研究发现,不恰当的现金股利政策是控股股东转移上市公司资源、侵害小股东利益的一种手段。李心丹等(2014)的研究发现,管理层及大股东更愿意通过"高送转"股票股利,迎合投资者非理性需求,使得股价短期高估以实现其自身利益。因此,保持稳定的现金股利并不是公司大股东和管理层的首选。引申而言,我国上市公司普遍存在股利不平稳现象,更可能是因为存在寻租促进效应,即代理冲突小的公司,大股东和管理层均更加希望操纵公司信息,增加现金灵活性,以便于开展自利行为。故此,窃取控制权私利才是公司大股东和管理层的共同目标,这导致股利政策的持续性较差,现金股利不平稳程度增强。拓展而言,证监部门实施现金股利监管,本质上有助于降低大股东和管理层的自利行为。

上市公司多数由国有控股,这是我国和成熟资本市场国家显著不同的特征之一。国有上市公司管理层的代理身份相对更加复杂。我们认为,由于我国上市公司中,国有上市公司普遍存在着所有者"缺位"的制度劣势,其管理层的第一类代理冲突问题(所有者与管理层的代理冲突)可能更为严重。非国有上市公司则面临职业经理人市场相对不成熟的困境,其管理层的第二类代理冲突问题(大股东与中小股东之间的代理冲突)可能更为严重。然而,两类公司管理层自利寻租(即获取控制权私利)的动机和行为均广泛存在。相比非国有上市公司,国有上市公司的管理层可能有较大的基于政治方面考虑的晋升需求,公司信息透明度相对较高,其在自利寻租活动中更有规避风险的需要。因此,这种风险厌恶的需要会促使管理层寻求租金的平滑，采取更隐蔽的手段获取控制权私利，从而导致公司开展股利平滑行为(Lambrecht and Myers，2012)。非国有上市公司管理层则要应对公司所有者相对严格的监督，也即，国有上市公司管理层面对的是所有者的"缺位"监督，而非国有上市公司管理层则面对的所有者相对严格的"在位"监督。然而，非国有上市公司面临的第一类代理冲突相对较小，管理层面对公司所有者的相对严格的监督，更加难以隐蔽从事窃取控制权私利的活动，因此更愿意配合实际控制人(或者大股东)的需要，操纵公司信息，增加现金的使用灵活度，从而加重了第二类代理冲突问题。非国有上市公司所有者更愿意相信管理层的能力，从而可能更关注公司业绩表现而不太关注现金持有水平变化，这导致该类型的公司信息环境更加不透明，股利政策更不稳定，增加了现金股利不平稳程度。由此，本章提出如下研究假设。

假设 2a：相比国有上市公司，非国有上市公司信息不对称越高，现金股利不平稳程度越强。

考虑第二类代理冲突(大股东与中小股东之间的代理冲突)的情形，大股东通过金字塔结构和交叉持股控制公司，导致公司现金流权与控制权分离程度加大，使得大股东与中小股东之间产生严重的利益冲突(La Portal et al.，2000；Faccio et al.，2001)。本章预期在代理冲突较小，即现金流权与控制权分离程度较小的上市公司中，信息不对称与现金股利不平稳的相关关系更加明显。由此，本章提出如下研究假设。

假设 2b：相比现金流权与控制权分离程度较大的上市公司，现金流权与控制权分离程度较小的上市公司信息不对称越高，现金股利不平稳程度越强。

综上分析，本章的分析逻辑沿着"信息不对称→股利不平稳→在不同代理冲突情境下两者关系存在不同"的理论框架而展开。如图 7.1 所示，首先，考察上市公司在一定的机会主义动机下，是否通过操控信息不对称程度，并使用现金股利信息传递信号，导致现金股利平稳性存在明显差异；其次，在不同代理冲突情境下，考察上述关系的显著程度是否存在明显不同；最后，考虑外部信息不对称环境或影响信息环境的制度外生情境发生变化，进一步检验信息不对称对现金股利不平稳程度的影响。

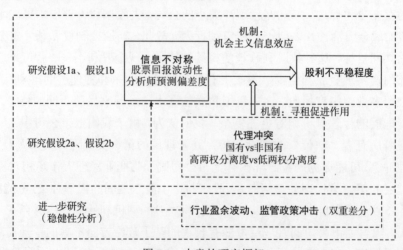

图 7.1　本章的研究框架

7.3　研　究　设　计

7.3.1　样本选择

本章的初始研究样本来自 1999～2014 年沪深两市 A 股 1344 个上市公司(剔除金融类和不满足股利平稳性计算条件的上市公司)的 20405 个观测值。回归分析使用的研究时期从 2003 年开始,是因为本章测量股利不平稳程度的代理变量和相关变量,需要使用公司前五年的数据,而我国 1998 年之后才披露现金流量表和分析师预测、机构持股等数据。考虑到证监会于 2013 年 11 月 30 日、2014 年 10 月 20 日分别发布了政策文件《上市公司监管指引第 3 号——上市公司现金分红》和《上市公司章程指引(2014 年修订)》,而上市公司 2015 年及以后的股利政策受此宏观"强制性"政策文件的影响较大,从而影响本书讨论股利不平稳的公司层面动因因素。因此,本章研究样本的时间截止到 2014 年。本研究所采用的数据来源主要是国泰安研究数据库(CSMAR),机构持股数据则来自锐思金融研究数据库(RESSET)。依照计算股利不平稳的需要,参照 Leary 和 Michaely(2011)、Larkin 等(2016)的处理方法,本章剔除每股股利第一次出现正值之前的"公司-年度"样本和每股股利最后一次出现正值之后的"公司-年度"样本;剔除了每股股利连续数据不足五年的样本;剔除了经计算后,新修正的股利调整速度系数为负值的样本,因为这类样本的经济意义与股利平稳性的内涵不符;在回归分析中剔除了控制变量连续数据不足三年的样本,并对连续变量在 1%和 99%分位数上的数据进行 Winsorize 处理。最终获得 1240 个有效的公司样本。

7.3.2　股利不平稳的度量

经典度量公司股利平稳性的方法主要是基于 Lintner(1956)局部调整模型及 Fama 和 Babiak(1968)修正的局部调整模型,计算股利支付水平向目标股利支付水平趋近的调整速度方法(speed of adjustment,SOA)。其回归模型为

$$\Delta D_{it} = D_{it} - D_{it-1} = a + \gamma \left(D_{it}^{*} - D_{it-1} \right) + e_{it} \tag{7.1}$$

式中,D_{it} 是公司在 t 年的现金股利总额或每股现金股利;ΔD_{it} 是现金股利总额或每股股利在 t 年的变化值;D_{it}^{*} 是目标股利派息率与公司在 t 年的 E_{it}(即净利润或每股收益)的乘积。将 D_{it}^{*} 替代进方程(7.1),即有

$$\Delta D_{it} = a + \beta_1 D_{it-1} + \beta_2 E_{it} + \varepsilon_{it} \tag{7.2}$$

通过方程(7.2)的系数估计得出调整速度系数。然而,Leary 和 Michaely(2011)的研究发现,当采用调整速度模型时,需要注意测算调整速度系数所采用的一阶自回归估计模型

(auto-regression，AR)存在单个公司的小样本偏误问题(即单个公司的年度数据偏少，容易导致估计误差较大)。此外，截面数据之间的差异也可能影响结果的可靠性。他们指出，这种经典度量股利调整速度系数的方法存在较大偏误。他们通过仿真模拟计算了这一偏误，同时改进了局部调整模型中股利(目标股利)支付水平的算法，重新计算了调整速度系数。计算方法分两步进行：首先，采用公司近十年(或近五年)中股利支付水平(股利派息率)的中位数，计算目标股利支付水平的偏差；其次，计算调整速度系数，以当期每股股利变化值和目标股利支付水平偏差值的回归系数作为调整速度系数。该系数越大，表明公司每股股利的变动越大于目标股利支付水平偏差值，股利不平稳现象越明显，反之亦然。测量方法的突破是学术上推进股利平稳性研究的重要工具(刘星和陈名芹，2016)。故此，Leary 和 Michaely(2011)的文章促进了这一领域的研究重新处于活跃期。新修正的计算方法回归模型为

$$\Delta D_{it} = a + \beta \times \mathrm{dev}_{it} + \varepsilon_{it} \tag{7.3}$$

此时，目标股利支付水平偏差值的计算公式为

$$\mathrm{dev}_{it} = \mathrm{TPR}_i \times E_{it} - D_{it-1} \tag{7.4}$$

在方程(7.3)、方程(7.4)中，dev_{it} 是目标股利支付水平偏差值。TPR_i 是目标股利支付水平，即前十年或前五年的股利派息率。本章的研究采用了上述基于 Leary 和 Michaely(2011)研究的新修正调整模型来度量股利不平稳程度，先采用公司近五年中股利派息率的中位数，计算股利支付水平偏差值，再计算股利调整速度系数。该系数越大，表明股利不平稳程度越强。由于我国上市公司的上市时间较短，采用近五年的数据来计算股利平稳性更加合理。这是因为：一方面，Leary 和 Michaely(2011)的数值模拟测试结果表明，采用近五年或近十年的数据计算股利平稳性的方法均能更好地降低 Lintner(1956)模型的计算误差；另一方面，若仅采用近三年的数据(在我国的"半强制分红"监管中，较为强调上市公司三年分红总额在可分配利润总额中的占比这一指标，因此有的学者认为采用近三年的数据可能更好)，由于计算中涉及模型变量的一阶自回归问题，而时间段窗口太短，也容易导致计算误差偏大。经上述公式计算得到的系数越大，表明现金股利不平稳程度越强。

7.3.3　信息不对称及市场摩擦代理变量的度量

结合我国上市公司的实践并参考 Leary 和 Michaely(2011)的研究和相关文献，本章以财务分析师预测偏差度、股票回报波动性度量公司信息不对称程度。财务分析师预测偏差度可以考察公司内部投资者与外部投资者、知情投资者和不知情投资者之间的信息不对称(Brennan and Thakor，1990)，通常也反映了公司大股东和管理层对公司治理和经营信息的扭曲程度。股票回报率波动性越高，通常表明公司面临的市场风险越大，投资者之间的信息不对称程度越高(Brennan and Subrahmanyam，1996)。

本章也引入多个可能影响现金股利不平稳的市场摩擦代理变量，具体包括：公司规模、

资产负债率、上市年数、市值账面比例、每股经营性现金流量、股利派息率、机构持股比例、盈余波动性。本章以产权性质和现金流权与控制权分离度度量公司的代理冲突。大股东通过金字塔结构和交叉持股控制公司，导致公司现金流权与控制权分离程度加大，使得大股东与中小股东之间产生严重的利益冲突（La Porta et al.，2000a，2000b；Faccio et al.，2001）。参考相关文献，本章选择公司实际控制人现金流权与控制权两权分离度度量委托人与代理人之间的冲突程度（Claessens et al.，2000；姜国华等，2006）。现金流权与控制权的分离程度采用控制权除以现金流权度量，如果该值越大，说明代理冲突越大。在回归分析中本章控制了行业固定效应。变量定义如表 7.1 所示。

表 7.1　变量定义

	变量名称	符号	定义
被解释变量	股利不平稳程度	Soa	目标股利支付水平偏差值与每股股利变化值的回归系数 β ［方程(7.3)］
公司特征变量	市值账面比例	Mb	市场价值除以总资产
	每股经营性现金流量	Cfops	经营性现金流量净额除以总股数
	股利派息率	Pr	现金股利除以净利润
	现金流权与控制权分离度	Vc	实际控制人控制权（投票权）除以现金流权
	机构持股比例	Inst	机构投资者持有流通股数量除以总股数
	上市年数	Age	公司上市年数
	公司规模	Size	总资产取对数
	有形资产比例	Tangible	有形资产总值除以总资产
	盈余波动性	Sdeditda	样本期内息税折旧摊销前利润除以总资产的标准差
	股票回报波动性	Retvol	12 个月股票回报率的标准差
	股票换手率	Turnover	股票平均月交易总数除以总股数
	分析师跟踪人数	Analysts	分析师跟踪人数
	分析师预测波动性	Fcstdispersion	分析师每股收益预测的标准差
	分析师预测偏差度	Fcstdeviation	分析师每股收益预测中位数与实际值之差的绝对值
	产权性质	State	国有企业取 1；非国有企业取 0
其他	行业虚拟变量	Ind	第 j 行业取值为 1；其他为 0

上市公司多数是由国有控股是我国和成熟资本市场国家显著不同的特征之一。考虑到公司的产权性质，我们认为，由于我国上市公司中，国有上市公司普遍存在着所有者"缺位"的制度劣势，非国有上市公司则面临职业经理人市场相对不成熟的困境，因此，公司管理层自利寻租（即获取控制权私利）的动机和行为广泛存在。国有上市公司的管理层可能有较大的基于政治方面考虑的晋升需求，在自利寻租活动中有规避风险的需要。这种风险厌恶的需要会促使管理层会寻求租金的平滑，采取更隐蔽的手段获取控制权私利，从而导致公司开展股利平滑行为（Lambrecht and Myers，2012）。相对而言，国有上市公司的代理冲突高于非国有上市公司，管理层窃取控制权私利的愿望和行动可能更为明显，因此，国有上市公司的股利平稳性可能更高。非国有上市公司管理层则要应对公司所有者的相对严

格的监督。也即，国有上市公司管理层面对的是所有者的"缺位"监督，而非国有上市公司管理层则面对的所有者相对严格的"在位"监督。然而，非国有上市公司面临的第一类代理冲突相对较小，管理层面对公司所有者的相对严格的监督，更加难以隐蔽从事窃取控制权私利的活动，因此更愿意配合实际控制人（或者大股东）的需要，操纵现金的使用灵活度。非国有上市公司所有者更愿意相信管理层的能力，从而可能更关注公司业绩表现而不太关注现金持有水平变化，这导致公司的股利政策更不稳定，增加了股利不平稳。

7.3.4　检验模型

本章使用以下的回归方法模型，各项检验根据需要相应调整：

$$
\text{Soa} = \alpha + \beta_1 \text{Fdev} + \beta_2 \text{Size} + \beta_3 \text{Lev} + \beta_4 \text{Age} + \beta_5 \text{Mb} + \beta_6 \text{Cfops} + \beta_7 \text{Payout}
$$
$$
+ \beta_8 \text{Inst} + \beta_9 \text{Seditda} + \sum \beta_j \text{Ind} + \varepsilon \tag{7.5}
$$

$$
\text{Soa} = \alpha + \beta_1 \text{Retvol} + \beta_2 \text{Size} + \beta_3 \text{Lev} + \beta_4 \text{Age} + \beta_5 \text{Mb}
$$
$$
+ \beta_6 \text{Cfops} + \beta_7 \text{Payout} + \beta_8 \text{Inst} + \beta_9 \text{Seditda} + \sum \beta_j \text{Ind} + \varepsilon \tag{7.6}
$$

本章对模型中变量定义如表 7.1 所述。在稳健性检验中本章运用到的次序 Logit、Tobit 回归模型，其解释变量和控制变量与上述模型保持一致。

股利不平稳程度进行描述性统计。图 7.2 展示了全样本及按照产权性质、盈余波动性、股利派息率高低分类的上市公司股利不平稳情况的统计结果。

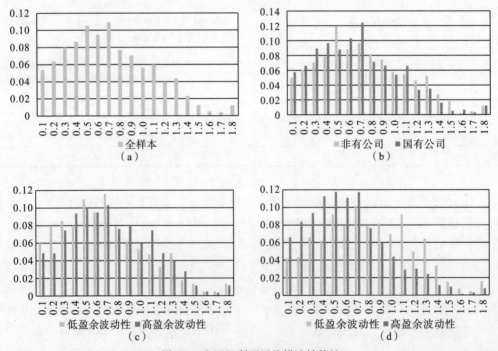

图 7.2　公司股利不平稳描述性统计

横坐标为股利调整速度系数值；纵坐标为公司比例

图 7.2 各个子图的横坐标是股利调整速度系数值,纵坐标是相应的公司比例。图 7.2(a)显示,我国上市公司全样本的股利调整速度系数均值(中位数)是 0.65(0.62),远大于 0,仅有 11.7% 的公司调整速度系数低于 0.20,且有 20.1% 的公司调整速度系数高于 1。参照 Leary 和 Michaely(2011)的研究,美国上市公司的相应系数均值(中位数)是 0.14(0.11),接近于 0。从图 7.2(a)可以看到,我国上市公司普遍存在股利不平稳现象。

上市公司的股利不平稳程度可能不纯粹是盈余波动性和股利派息率的直接函数(Leary and Michaely,2011),也可能不纯粹是公司产权性质的直接函数。即并不一定是非国有上市公司股利更不平稳,国有上市公司股利更平稳;或者,高盈余波动性的公司股利不平稳,而低盈余波动性的公司更平稳;又或者,低股利派息率的公司股利不平稳,高股利派息率的公司则不平稳。为此,本章通过分组统计进行考察。

以公司产权性质分组,图 7.2(b)显示,横坐标左边(例如,调整系数 0.4 左边),股利平稳的情况既存在于国有公司之中,也存在于非国有上市公司之中。相对而言,非国有上市公司比例更少,国有上市公司更多。横坐标右边(例如,调整系数值 0.8 右边,股利更加不平稳)的情况则基本相反,但横坐标中间部分情况有所重叠。样本中非国有上市公司数量为 671 个,国有上市公司数量为 569 个。本章的 t 检验表明,股利调整速度系数均值分别是 0.67 和 0.63,且在 5% 水平上存在显著差异。结果初步显示,非国有上市公司的股利不平稳更加明显。以盈余波动性中位数上下进行样本区分,图 7.2(c)显示,横坐标左边(例如,调整系数 0.3 左边),股利平稳的情况存在于不同收益波动水平的公司之中。相对而言,高盈余波动性的公司数量更少,低盈余波动性的公司数量更多。横坐标右边(例如,调整系数 0.9 右边)的情况则基本相反,但横坐标中间部分的情况有重叠。这表明,即使公司面临相似的盈余波动性,也仍然可能选择不同的股利平稳政策。以股利派息率中位数上下进行样本区分,图 7.2(d)清晰显示,横坐标左边(以调整系数 0.7 区分),更多的高股利派息率的公司,选择相对平稳的股利政策。反之,股利不平稳的情况更多地出现在低股利派息率的公司中。这表明,我国上市公司股利不平稳更多地出现在低股利派息率的公司之中,即这类公司更可能突击“分红”,从而导致股利水平不平稳。

7.4　实证结果与分析

7.4.1　公司特征变量与股利不平稳的分位数统计

表 7.2 报告了公司股利不平稳程度与代理冲突、信息不对称变量之间的单一变量间关系。本章发现,股利调整速度系数与代理冲突的代理变量之间存在不显著或者负相关关系,即和市值账面比例、现金流权与控制权分离度的单一变量间关联度并不明显,而与每股经营性现金流量、股利派息率显著负相关。股利调整速度系数与信息不对称程度正向相关联,即公司的信息不对称程度越高,股利越不平稳。这与经典的信号传递假说认为的公司信息

越不对称，越需要以平稳的股利政策传递当前和未来现金流信息的理论并不一致。具体而言，股利不平稳越高的情况主要出现在规模更小、盈余波动性更强、分析师跟踪人数更少、分析师预测波动性更高、分析师预测偏差度更高、股票换手率更高、股利派息率更低的公司中。本章在相关分析、多变量回归分析中继续讨论这些关系。

表 7.2　分位数统计结果

公司特征变量	Soa 分位数					
	1	2	3	4	5	$t(5-1)$
Mb	1.588	1.733	1.693	1.754	1.565	−0.248
Cfops	−0.156	−0.231	−0.139	−0.185	−0.276	−2.803***
Pr	0.315	0.288	0.311	0.251	0.194	−7.665***
Inst	0.114	0.127	0.135	0.128	0.114	0.031
Vc	1.321	1.236	1.317	1.259	1.228	−1.257
Size	9.506	9.484	9.476	9.414	9.388	−2.745***
Age	10.65	10.70	10.33	10.52	10.40	−0.426
Tangible	0.960	0.956	0.957	0.963	0.959	−0.482
Sdeditda	0.234	0.476	0.229	0.658	0.615	1.461
Retvol	0.110	0.115	0.113	0.117	0.118	4.482***
Turnove	0.224	0.237	0.234	0.249	0.254	3.136***
Analysts	47.43	49.69	51.15	47.21	40.52	−2.134***
Fcstdispersion	0.113	0.135	0.127	0.140	0.132	1.812*
Fcstdeviation	0.255	0.309	0.296	0.304	0.294	2.208**

注：***、**和*分别表示在 1%、5%、10%的水平上显著。

7.4.2　相关性分析

表 7.3 报告了股利不平稳程度与公司特征变量的相关关系。由表 7.3 可知，股利调整速度系数与现金流权与控制权分离度、产权性质为国有公司负向相关联，与盈余波动性、分析师预测偏差度的大多数变量正向相关联。这初步支持本章在理论分析中提出的研究假设。

表 7.3　相关性分析结果

	Soa	Pr	Size	Age	Tangible	Mb	Sdeditda	Retvol	Analysts	Fcstdispersion	Fcstdeviation	Cfops	Vc	Inst	Turnover	State
Soa	1															
Pr	-0.221***	1														
Size	-0.083***	-0.023	1													
Age	-0.017	-0.032	0.235***	1												
Tangible	0.005	-0.010	0.098***	0.109***	1											
Mb	-0.010	0.181***	-0.489***	-0.369***	-0.165***	1										
Sdeditda	0.070**	-0.044	0.082***	0.098***	0.065**	-0.053*	1									
Retvol	0.128***	-0.248***	-0.248***	0.068***	0.059***	0.139***	0.023	1								
Analysts	-0.049*	0.069*	0.300***	-0.224***	-0.066***	0.289***	-0.016	-0.115***	1							
Fcstdispersion	0.064**	-0.062**	0.218***	-0.023	0.027	0.044	0.010	0.126***	0.226***	1						
Fcstdeviation	0.065***	0.121***	0.152***	-0.195***	0.037	0.114***	0.001	0.061*	0.268***	0.493***	1					
Cfops	-0.092***	0.080***	-0.029	0.326***	0.033	0.116***	0.055**	-0.046*	-0.055*	-0.084***	-0.163***	1				
Vc	-0.053*	0.005	0.015	0.100***	-0.036	-0.076***	0.002	-0.038	-0.025	0.024	0.010	0.064**	1			
Inst	-0.008	0.020	0.079***	-0.110***	-0.056***	0.189***	0.042	-0.092***	0.333***	0.109***	0.106***	-0.025	0.048*	1		
Turnover	0.088***	-0.113***	-0.506***	-0.050*	0.015	0.099***	0.014	0.420***	-0.310***	-0.099***	-0.108***	-0.067***	0	-0.247***	1	
State	-0.058*	-0.074**	0.375***	0.420***	0.114***	-0.308***	0.057	-0.070**	-0.074***	-0.063	-0.121***	0.244***	-0.166***	-0.021	-0.162***	1

注：*** 表示 P<0.01，** 表示 P<0.05，* 表示 P<0.1。

7.4.3　横截面回归分析

表 7.4 报告了公司现金股利不平稳的横截面回归分析结果。表 7.4 的模型（1）、模型（2）结果显示，Fdev 的回归系数为 0.205 且在 1%的水平上显著，Retvol 的回归系数为 1.335（大于 1）且在 1%的水平上显著，这表明盈利预测偏差度较大、股票回报波动性较大的公司，股利不平稳程度更高，即现金股利不平稳程度与信息不对称水平正相关。考虑回归模型可能存在遗漏变量的问题，表 7.4 的模型（3）对信息不对称度量变量进行相互控制。从结果看，Fdev、Retvol 的回归系数分别在 1%、10%的水平上显著，研究结论没有发生实质性变化。信号传递假说认为公司信息越不对称，更需要借助平稳的股利政策来传递未来向好的信息。但这一假说并不适合解释中国上市公司"信息越不透明，股利不平稳程度越高"的现象。反而，代理冲突假说可能更适合解释这一现象。当上市公司面临的信息环境越差，大股东与管理层越愿意通过影响或扭曲公司信息环境，一方面降低财务分析师的预测水平，另一方面破坏公司股票回报的稳定性，从而利用高灵活性的股利政策，操纵现金持有水平，窃取控制权私利。也即，大股东与管理层通过机会主义操纵信息环境，进而影响股利政策。表 7.4 的结果支持了本章假设 1a 和假设 1b，也表明实施现金股利监管具有必要性。

表 7.4　横截面回归分析结果

变量	模型（1）Soa	模型（2）Soa	模型（3）Soa
Fdev	0.205^{***}	—	0.194^{***}
	(0.001)	—	(0.002)
Retvol	—	1.335^{**}	1.106^{*}
	—	(0.032)	(0.076)
Size	-0.040^{***}	-0.023^{*}	-0.035^{**}
	(0.003)	(0.086)	(0.013)
Lev	0.016	-0.044	-0.011
	(0.847)	(0.605)	(0.893)
Age	-0.002	-0.002	-0.002
	(0.454)	(0.327)	(0.359)
Mb	-0.008	-0.010	-0.014
	(0.633)	(0.558)	(0.417)
Cfops	-0.043	-0.053^{*}	-0.041
	(0.147)	(0.072)	(0.166)
Payout	-0.535^{***}	-0.498^{***}	-0.517^{***}
	(0.000)	(0.000)	(0.000)
Inst	0.032	0.065	0.052
	(0.760)	(0.539)	(0.625)

续表

变量	模型 (1) Soa	模型 (2) Soa	模型 (3) Soa
Sdeditda	0.076	0.091	0.061
	(0.504)	(0.424)	(0.590)
Ind	控制	控制	控制
Constant	1.675***	1.223***	1.456***
	(0.0000)	(0.000)	(0.000)
Observations	1236	1240	1236
Adjusted R^2	0.082	0.075	0.083

注：括号内为经过异方差调整的回归 p 值。***表示 $P<0.01$，**表示 $P<0.05$，*表示 $P<0.1$。

表 7.5 报告了以产权性质分组的上市公司现金股利不平稳横截面多变量回归分析结果。表中的模型(1)、模型(3)为非国有上市公司组，模型(2)、模型(4)为国有上市公司组。研究结果显示，在非国有上市公司组，Fdev 的回归系数为 0.269 且在 1%的水平上显著；Retvol 的回归系数为 2.023（大于 1）且在 1%的水平上显著，国有上市公司组的相应系数则均不显著。这表明在非国有上市公司中，盈利预测偏差度较大、股票回报波动性较大的公司，现金股利不平稳程度更高，本章假设 2a 得到了验证。

非国有上市公司管理层面对公司所有者的相对严格的监督，更愿意配合实际控制人（或者大股东）的需要，操纵公司的信息披露质量，一方面影响财务分析师预测准确度，另一方面影响投资者获取投资回报的稳定性，从而增加公司现金使用的灵活度，导致公司股利政策更不稳定，增加了现金股利不平稳程度。因此，提升上市公司尤其是非国有上市公司的信息披露质量监管具有一定的必要性。

表 7.5　以产权性质分组的横截面回归分析结果

变量	模型 (1) Soa	模型 (2) Soa	模型 (3) Soa	模型 (4) Soa
	State=0	State=1	State=0	State=1
Fdev	0.269***	0.086	—	—
	(0.001)	(0.371)	—	—
Retvol	—	—	2.023**	0.136
	—	—	(0.019)	(0.883)
Size	-0.052**	-0.019	-0.027	-0.013
	(0.023)	(0.303)	(0.229)	(0.462)
Lev	0.035	0.103	-0.077	0.113
	(0.769)	(0.422)	(0.516)	(0.387)
Age	-0.002	-0.002	-0.003	-0.001
	(0.540)	(0.534)	(0.478)	(0.636)
Mb	-0.026	0.041	-0.035	0.047
	(0.235)	(0.158)	(0.124)	(0.108)
Cfops	-0.039	-0.036	-0.056	-0.040
	(0.359)	(0.412)	(0.193)	(0.362)

变量	模型 (1) Soa	模型 (2) Soa	模型 (3) Soa	模型 (4) Soa
	State=0	State=1	State=0	State=1
Payout	−0.565***	−0.500***	−0.518***	−0.487***
	(0.000)	(0.000)	(0.000)	(0.000)
Inst	−0.023	0.023	0.009	0.034
	(0.876)	(0.881)	(0.952)	(0.827)
Sdeditda	−0.321*	0.285*	−0.264	0.280*
	(0.083)	(0.052)	(0.151)	(0.057)
Ind	控制	控制	控制	控制
Constant	1.661***	1.155***	1.025	1.012**
	(0.008)	(0.007)	(0.109)	(0.023)
Observations	669	567	671	569
Adjusted R^2	0.094	0.082	0.083	0.079

注：括号内为经过异方差调整的回归 p 值。*** 表示 $P<0.01$，**表示 $P<0.05$，*表示 $P<0.1$。

表 7.6 报告了以现金流权与控制权分离度分组的上市公司现金股利不平稳横截面多变量回归分析。现金流权与控制权分离度采用虚拟变量（DumVc），以控制权与现金流权的比值大于 1 者取值为 1，其他为 0。表 7.6 的模型（1）、模型（3）为低现金流权与控制权分离度组，模型（2）、模型（4）为高现金流权与控制权分离度组。研究结果显示，在低现金流权与控制权分离度组，Fdev 的回归系数为 0.242 且在 1%的水平上显著，Retvol 的回归系数为 1.762（大于 1）且在 1%的水平上显著，高现金流权与控制权分离度组的相应系数则均不显著。这表明在低现金流权与控制权分离度公司中，盈利预测偏差度较大、股票回报波动性较大的公司，现金股利不平稳程度更高，本章假设 2a 得到了验证。同样地，考虑回归模型可能存在遗漏变量的问题，表 7.6 的模型（5）、模型（6）对信息不对称度量变量进行相互控制。从结果看，低现金流权与控制权分离度组 Fdev、Retvol 的回归系数分别在 1%、10%的水平上显著，高现金流权与控制权分离度组相应的回归系数则不显著，上述结论没有实质性变化。

由于大股东和管理层寻租效应的普遍存在，代理冲突小的公司，大股东和管理层均更加希望操纵上市公司信息披露质量，增加现金使用的灵活性，以便于开展自利行为。本章的实证结果支持了这一理论预期。这也表明，相比于经典信息不对称假说，机会主义信息假说在一定程度上能更能够较好地解释上市公司普遍存在的现金股利不平稳现象。

整体而言，本章发现，信息不对称程度越高，上市公司现金股利不平稳程度越强，并且，这一关系在代理冲突较小的非国有上市公司、低现金流权与控制权分离度的上市公司中更加明显。这表明，公司大股东和管理层主要通过信息途径影响现金股利不平稳。大股东和管理层通过刻意隐藏或扭曲有助于投资者判断公司当前情况和未来发展的信息，一方面增加财务分析师预测难度，造成投资者对公司价值判断不一致性增加，一方面促使股票回报率波动增加，进一步导致了现金股利不平稳现象的普遍出现。故此，本章假设 1a、假设 1b、假设 2a 和假设 2b 得到了实证结果的支持。这些研究结果也表明，证监部门实施现金股利监管，具有一定的必要性。

表 7.6　以现金流权与控制权分离度分组的横截面回归分析结果

变量	模型 (1) Soa	模型 (2) Soa	模型 (3) Soa	模型 (4) Soa	模型 (5) Soa	模型 (6) Soa
	DumVc=0	DumVc=1	DumVc=0	DumVc=1	DumVc=0	DumVc=1
Fdev	0.242***	0.163*	—	—	0.227***	0.156
	(0.003)	(0.091)	—	—	(0.006)	(0.106)
Retvol	—	—	1.762**	0.819	1.497*	0.676
	—	—	(0.031)	(0.404)	(0.067)	(0.492)
Size	-0.040**	-0.048**	-0.019	-0.034	-0.033*	-0.045*
	(0.020)	(0.038)	(0.269)	(0.120)	(0.067)	(0.056)
Lev	0.191*	-0.229*	0.122	-0.283**	0.156	-0.248*
	(0.073)	(0.092)	(0.257)	(0.041)	(0.147)	(0.074)
Age	-0.004	0.002	-0.005*	0.001	-0.005*	0.002
	(0.128)	(0.566)	(0.100)	(0.691)	(0.085)	(0.602)
Mb	-0.002	-0.022	-0.005	-0.024	-0.011	-0.025
	(0.914)	(0.423)	(0.812)	(0.395)	(0.622)	(0.360)
Cfops	-0.004	-0.095**	-0.020	-0.098**	-0.001	-0.095**
	(0.907)	(0.047)	(0.601)	(0.041)	(0.992)	(0.047)
Payout	-0.573***	-0.478***	-0.530***	-0.452***	-0.549***	-0.467***
	(0.000)	(0.000)	(0.000)	(0.000)	(0.000)	(0.000)
Inst	0.061	-0.018	0.107	-0.003	0.088	-0.005
	(0.665)	(0.911)	(0.449)	(0.983)	(0.536)	(0.976)
Sdeditda	0.368**	-0.213	0.339**	-0.154	0.345**	-0.219
	(0.018)	(0.218)	(0.030)	(0.371)	(0.026)	(0.205)
Ind	控制	控制	控制	控制	控制	控制
Constant	1.815***	1.847***	1.215***	1.532***	1.476***	1.731***
	(0.000)	(0.000)	(0.008)	(0.003)	(0.001)	(0.001)
Observations	687	549	689	551	687	549
Adjusted R^2	0.113	0.054	0.107	0.048	0.116	0.053

注：括号内为经过异方差调整的回归 p 值。*** 表示 $P<0.01$，**表示 $P<0.05$，*表示 $P<0.1$。

7.4.4　行业层面分析

行业层面的收益波动性是度量公司外部信息不对称环境的重要指标。选择考察行业层面的收益波动性与上市公司现金股利不平稳的关系，可以进一步检验信息环境是否影响上市公司现金股利不平稳程度。以行业数据来构建公司层面信息环境的度量工具变量，是缓解信息环境与股利平稳性内生性问题的一种有效方式，也是国际主流文献的一种处理方法

（Leary and Michaely，2011）。如果经典信息不对称假说适合解释上市公司的股利行为，则公司所处行业环境的不确定性越强，投资者对公司估值波动性（收益波动性）越强，上市公司的股利平稳性越强（Leary and Michaely，2011）。反之，如果信息不对称程度越高的公司，股利不平稳越强，则表明信息不对称假说不能解释中国上市公司的股利不平稳现象。本书以行业层面的平均收益率波动性（return volatility）度量信息环境。依照证监会 2012 版行业分类，采用制造业两位代码、其他行业一位代码进行分类，计算行业近五年的收益波动性的中位数，考察其和股利调整速度系数的关系。图 7.3 的结果显示，公共服务类公司（D、G）收益波动性较小，股利不平稳程度较弱；信息技术类、综合类公司（I、S）收益波动性较大，股利不平稳程度较强。这进一步验证了公司"信息不对称程度越高，股利不平稳程度越强"的结论，这表明机会主义信息假说比经典信息不对称假说更适合解释中国上市公司现金股利不平稳现象。

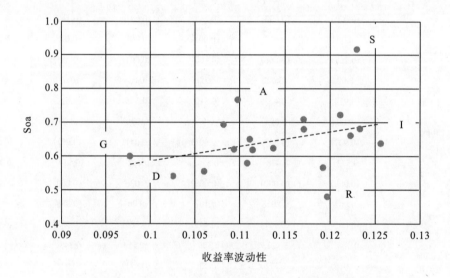

图 7.3　股利不平稳与行业收益率波动性分析

A 为农、林、牧、渔业；D 为电力、热力、燃气及水生产供应业；G 为交通运输、仓储和邮政业；

I 为信息传输、软件和信息技术服务业；R 为文化、体育和娱乐业；S 为综合类

7.4.5　时间趋势分析

本章进一步检验了现金股利不平稳现象是否随时间而发生显著的动态变化，考察了公司外部的政策冲击是否促进公司股利不平稳程度变化。这项检验也有助于缓解对信息环境与股利平稳性内生性问题的顾虑。由于我国实行"半强制分红"监管政策，要旨是增加上市公司股利决策程序透明度和分红稳定性。如果政策有效，则预期整体的上市公司股利不平稳程度减弱，反之，则整体的上市公司股利不平稳程度可能进一步增强。余琰和王春飞（2014）检验了 2008 年我国证监会颁布的《关于修改上市公司现金分红若干规定的决定》

对公司现金股利支付行为的影响，发现该政策导致提出融资方案的公司股利波动性较大，存在"突击"分红的可能性，即增加了股利不平稳程度。但该研究的考察对象更强调的是提出融资方案的公司，并且未能详细依照"再融资资格条件"识别满足条件的上市公司。本章同样采用 2008 年为划分年份，考察了所有样本公司股利不平稳程度的动态变化，这将有助于进一步客观地评价"半强制分红"政策的实施价值。

从"公司-区间"样本（"时段"观测值）看，表 7.7 的单变量分析结果显示，2008 年以后公司分红的数量显著增加。单变量分析结果显示，两个区间内，不同"公司-区间"样本的现金股利不平稳程度均值不存在显著差异，然而，相同"公司-区间"样本的现金股利不平稳程度均值在 10% 的水平上显著增强。这说明 2008 年的"半强制分红"监管政策虽然有利于提高分红公司的数量，但在降低整体上市公司股利不平稳方面失效（或至少达不到预期效果），支持了"股利监管悖论"。

从两个区间内不同的"公司-区间"样本看，表 7.8 的多变量分析结果显示，无论是否控制公司基本面特征变量或（和）行业变量（控制变量的取值与表 7.1 的变量定义一致，Tangible 表示有形资产占比，以总资产减去无形资产再除以总资产计算），解释变量 After2008（2008 年以后的取值为 1，2008 年及以前的取值为 0）的系数均在 5% 水平上显著为正。这表明，上市公司整体的股利不平稳现象在 2008 年以后不但没有减弱，反而在进一步加剧。由于本章度量股利不平稳程度的精确度更高，且从更大样本和更长时间段捕捉了"半强制分红"的政策影响，故进一步支持了"股利监管悖论"这一结论的稳健性。这表明，进一步促进现金股利监管机制的动态演进具有统计意义和经济意义上的重要性。从股利监管的制度演进看，促进上市公司更加自主地制订股利政策，并强化其披露分红决策程序和分红信息的质量，更加具有实质性意义。

表 7.7　现金股利不平稳的时间趋势分析结果（单变量分析）

年份	同一区间内不同公司数量	中位数	均值	t 检验值
2003～2008 年	711	0.692	0.828	0.4857
2009～2014 年	931	0.698	0.848	
年份	两个区间内相同公司数量	中位数	均值	t 检验值
2003～2008 年	465	0.718	0.828	1.787*
2009～2014 年	465	0.736	0.923	

注：*表示 $P<0.1$。

表 7.8　现金股利不平稳的时间稳势分析结果（多变量分析）

变量	模型(1) Soa	模型(2) Soa	模型(3) Soa
After2008	0.094**	0.116**	0.115**
	(0.043)	(0.032)	(0.038)
Size	—	-0.081	-0.071
	—	(0.130)	(0.205)

续表

变量	模型(1) Soa	模型(2) Soa	模型(3) Soa
Sdeditda	—	0.001	0.001
	—	(0.723)	(0.769)
Mb	—	0.006	−0.006
	—	(0.842)	(0.857)
Tangible	—	−0.637	−0.377
	—	(0.199)	(0.481)
Payout	—	−0.435***	−0.378***
	—	(0.000)	(0.002)
Ind	—	—	控制
Constant	0.777***	2.257***	1.870**
	(0.000)	(0.001)	(0.022)
Observations	875	831	831
Adjusted R^2	0.004	0.021	0.031

注：括号内为经过异方差调整的回归 p 值。***表示 $P<0.01$，**表示 $P<0.05$，*表示 $P<0.1$。样本观测值 Observations 是"公司-区间"样本数。

7.4.6　稳健性检验

为进一步缓解信息不对称与现金股利不平稳之间可能存在的内生性问题，本章使用 2008 年的"半强制分红"监管政策规定的"再融资资格条件"来选取实验组和控制组。这有助于本章更深入地探讨现金股利监管的有效性问题。相对于未能满足"再融资资格条件"的上市公司而言，满足了"再融资资格条件"的上市公司，其会计指标的信息含量更高，公司信息透明度更强。本章构建了以下 DID 估计模型：

$$
\begin{aligned}
\mathrm{Soa} = &\ \alpha + \beta_1 \mathrm{Treat} \times \mathrm{Year} + \beta_2 \mathrm{Treat} + \beta_3 \mathrm{Year} + \beta_4 \mathrm{Size} \\
&\ + \beta_5 \mathrm{Sdeditda} + \beta_6 \mathrm{Mb} + \beta_7 \mathrm{Tangible} + \beta_8 \mathrm{Payout} + \varepsilon
\end{aligned} \tag{7.7}
$$

其中，Treat 等于 1 为实验组，代表满足了 2008 年的"半强制分红"监管政策规定的"再融资资格条件"的公司。本章借鉴刘星等(2015)的做法，采用了"满足近三年连续盈利、加权(以扣除非经常性损益后的净利润与扣除前的净利润相比低者作为加权依据)平均净资产收益率不低于 6%、且近三年以现金方式累计分配的利润不少于近三年实现的年均可分配利润 30%"的标准，其中，第三个标准以 2009~2014 年间有 4 次以上(含 4 次)满足当年现金股利占可分配利润 10%的比例加以确认。Treat 等于 0 为控制组，代表未满足"再融资资格条件"的公司。事件冲击的时间为证监会首次明确将现金股利比例作为"再融资资格条件"的年度，即 2008 年(实践中，2006 年的监管政策包含了对股票股利和现金股利的混合监管，故未能精确细化针对现金股利的监管比例)。因此，方程中 Year 等于 1 代表 2009~2014 年，等于 0 代表 2003~2008 年。本章主要关注系数 β_1，它度量了信息透明度对现金股利不平稳的影响。其他变量为控制变量，与表 7.7 和表 7.8 的内涵一致。

表 7.9 报告了信息透明度与现金股利不平稳的双重差分估计结果和经 PSM 后的双重差分检验结果。采用 PSM 方法的核心目的是寻找一组"反事实"的控制组来缓解样本自选择问题的困扰(Rosenbaum and Rubin，1985)。按照 Becker 和 Ichino(2002)建议的方法，本章采用表 7.9 的特征变量对实验组和控制组进行 Probit 回归，以预测值作为得分，然后采用最近邻的方法进行一对一匹配，检验不同组别信息透明度对现金股利不平稳的平均处理效应，即 ATT(average treatment effect on the treated)，并以方程(7.7)的模型进行回归。主要结果在表 7.9 的模型(4)、模型(5)、模型(6)中报告。研究结果发现，在全样本模型(1)、模型(4)中，Treat 和 Year 交互项系数均显著为负，这表明信息透明度的增加显著减弱了上市公司的现金股利不平稳程度。区分产权性质，模型(2)、模型(3)、模型(6)依然支持上述结论。这些结果进一步支持了假设 1a 和假设 1b 提出的"上市公司信息不对称程度越高，现金股利不平稳程度越强"的研究立论。

结合表 7.7～表 7.9 的研究结果，可以发现，尽管 2008 年的"半强制分红"监管政策未能整体上降低上市公司的现金股利不平稳程度，但对于满足了"再融资资格条件"的上市公司而言，其公司信息透明度得到提升，现金股利不平稳程度也得到了显著改善。这表明"半强制分红"监管具有改善机会主义信息效应的作用，支持了以信息披露监管替代强制分红比例监管的政策建议。

表 7.9　双重差分检验结果

变量	双重差分检验			PSM 后双重差分检验		
	模型(1)Soa (All)	模型(2)Soa (State=0)	模型(3)Soa (State=1)	模型(4)Soa (All)	模型(5)Soa (State=0)	模型(6)Soa (State=1)
Treat×Year	-0.216^{***}	-0.225^{*}	-0.246^{**}	-0.278^{***}	-0.248	-0.338^{***}
	(0.003)	(0.057)	(0.010)	(0.002)	(0.123)	(0.003)
Treat	0.143^{**}	0.203^{*}	0.110	0.212^{***}	0.228	0.216^{**}
	(0.021)	(0.055)	(0.155)	(0.009)	(0.131)	(0.028)
Year	0.114^{***}	0.161^{**}	0.091^{*}	0.108^{**}	0.149^{*}	0.096
	(0.003)	(0.012)	(0.068)	(0.024)	(0.084)	(0.109)
Size	-0.004	-0.024	0.005	-0.004	-0.014	0.004
	(0.787)	(0.401)	(0.798)	(0.827)	(0.664)	(0.859)
Sdeditda	0.003^{*}	0.008^{**}	0.002	0.015	-0.435	0.283
	(0.056)	(0.015)	(0.357)	(0.965)	(0.425)	(0.523)
Mb	-0.032^{*}	-0.037	-0.030	0.003^{*}	0.008^{**}	0.002
	(0.089)	(0.163)	(0.296)	(0.065)	(0.025)	(0.369)
Tangible	-0.039	-0.573	0.287	-0.152^{*}	-0.147	-0.179
	(0.904)	(0.265)	(0.494)	(0.074)	(0.222)	(0.161)
Payout	-0.225^{***}	-0.200^{*}	-0.276^{***}	-0.043^{**}	-0.043	-0.047
	(0.002)	(0.063)	(0.006)	(0.038)	(0.132)	(0.147)

续表

变量	双重差分检验			PSM 后双重差分检验		
	模型(1) Soa (All)	模型(2) Soa (State=0)	模型(3) Soa (State=1)	模型(4) Soa (All)	模型(5) Soa (State=0)	模型(6) Soa (State=1)
Ind	控制	控制	控制	控制	控制	控制
Constant	0.552	1.650[*]	0.024	0.537	1.282	0.098
	(0.253)	(0.076)	(0.968)	(0.309)	(0.204)	(0.884)
Observations	2048	959	1089	1687	824	863
Adjusted R^2	0.012	0.006	0.015	0.009	0.001	0.007

注: 括号内为经过异方差调整的回归 p 值。*** 表示 $P<0.01$，**表示 $P<0.05$，*表示 $P<0.1$。样本观测值 Observations 是"公司-区间"样本数。

本章也参考 Leary 和 Michaely(2011)的做法，对研究结果做了一系列的稳健性检验。第一种是对被解释变量进行分位数归类，采用了次序 Logit 回归模型进行检验。第二种是考虑到股利调整速度系数在内涵上应该收敛于(0, 1)区间，采用了 Tobit 回归模型进行检验。第三种是剔除了规模变动较大、账面市值比例变动较大的样本，采用公司组内中位数数据重新对结果做了检验[参考 Leary 和 Michaely(2011)的做法，表 7.2 采用的是公司组间中位数数据，以缓解采用均值数据易受极值影响的担忧。本章以均值数据做稳健性检验时结果亦未发现明显变化]。这主要是考虑到本章的横截面数据采用的是公司特征变量的中位数数据，如果相关变量在年份之间的变动较大，可能会影响研究结果。并且，采用中位数数据可能无法完全捕捉公司特征变量与股利不平稳的关系。因此，本章使用子样本进行检验。本章剔除了样本期间内公司规模、账面市值比例变动较大的公司样本。第一步，将样本分别依照上述变量的中位数进行分组；第二步，对组内数据分别计算中位数，同时计算该变量数值与组内中位数的差异的绝对值；第三步，剔除了两组数据中绝对值最大的前10%的样本(未报告的表格中，本章剔除了差异在前 20%的样本)。以上检验得到的结果与原有结论没有实质性变化。稳健性检验结果详见附录表 A-9～表 A-12。

7.5　本章小结

本章使用沪深两市 A 股上市公司数据，首次研究信息不对称对我国上市公司现金股利不平稳的影响，探讨了证监部门实施现金股利监管的必要性、有效性问题。从分析师预测偏差度、股票回报波动性的角度，本章提供了信息透明度弱是上市公司现金股利不平稳驱动因素的经验证据。这表明证监部门采取现金股利监管政策，尤其是重视上市公司的信息披露质量监管，具有一定的必要性。此外，"半强制分红"监管政策提高了分红上市公司的数量，提高了满足"再融资资格条件"上市公司的信息透明度，降低了其现金股利不平稳程度，但在整体上，并未缓解上市公司现金股利不平稳程度，即存在着"股利监管悖论"。这表明，对于改善上市公司的信息披露质量而言，现金股利监管是有效的方案，但对于整体持续提升上市公司现金分红比例而言，现金股利监管则难以达到预期目标。

本章的研究具有重要的理论价值和现实意义。在理论上，本章拓展了以现金股利监管政策研究股利不平稳现象的新视角。迄今为止，大多数研究是基于美国或全球市场考察了上市公司的股利平滑行为(Leary and Michaely, 2011；Javakhadze et al., 2014；Larkin et al., 2016)，本研究则提供了新兴经济体国家(我国)上市公司现金股利不平稳影响因素的经验证据，丰富了这一领域的研究。本章的研究结果表明：机会主义信息假说比经典信息不对称信息假说更能解释我国上市公司的现金股利不平稳现象。同时，我国监管部门实施的现金股利监管通过提升上市公司信息透明度，影响了上市公司现金股利平稳性，具有重要的现实意义。

在现实意义上，本研究针对我国的证券制度建设和资本市场发展有两方面的政策启示：首先，监管层应进一步强化现金股利稳定性在保护投资者利益中的作用。证监会 2012 年 5 月发布的《关于进一步落实上市公司现金分红有关事项的通知》中，提出将为满足"再融资资格条件"的公司提供"绿色通道"、优先评奖，并将高分红公司列入专项指数编制等。但在实践上，这一措施的执行力度和执行成效尚未能较好地显现出来。证监会 2013 年 11 月发布的《上市公司监管指引第 3 号——上市公司现金分红》、2014 年 10 月发布的《上市公司章程指引(2014 年修订)》修订政策文件，也充分强调了公司现金分红稳定性的作用。但仍未能较好地(尚未有证据表明)将其纳入公司内部控制的监管体系当中。本章的实证研究结果表明，机会主义信息假说更能解释我国上市公司的股利不平稳现象，因此，强化现金分红监管对于推动资本市场的健康发展有着重要的现实意义。考虑到我国的股利监管制度设计，在很大程度上，已经充分体现出了监管部门在此问题上的深刻认知和共识，因此，下一步股利监管制度设计的动态演进，有必要将其与监管公司内部控制、评估上市公司的公司章程执行情况相结合起来，从而进一步形成监管合力，保护中小投资者的合法利益。

其次，监管层应进一步加强信息披露质量监管，促进财务分析师等专业人才及市场中介机构的发展，从而更好地改善公司的外部信息环境。本章的研究结果表明，在 2008 年以后，我国上市公司整体上的现金股利不平稳现象还在进一步加剧。这较大程度上意味着 2008 年以及其后连续颁布的股利监管政策失效。现有的一些研究也与本章得到的结论一致，即认为这一政策对上市公司的持续发展构成了制约，并对政策的有效性产生了质疑。本章的实证研究结果表明，信息不对称程度越高，公司的股利不平稳现象越突出。故此，未来的现金股利监管应继续强化以信息披露监管替代现金分红比例监管，从而持续改善上市公司的信息环境。只有不断加强信息披露质量的内部和外部监管，帮助中小投资者更公开、公平、公正地获取和理解公司的现状和未来发展信息，才能有效提升中小投资者保护力度。

此外，不同于以机构投资者占主导的西方成熟资本市场，一些以散户为主的新兴资本市场实施的强制性股利监管的实施情况差强人意(Martins and Novaes, 2012；Adaoglu, 2008；魏志华等, 2014)。本书的研究表明，在"放任自流"(如中国资本市场 2004 年以前的情形)的监管政策无法保护投资者利益时，中性股利监管政策以"强化信息披露监管替代现金分红比例监管"的经验实践填补了投资者保护不利的制度空缺，且其实施效果在一定的范围具有一定的意义，这对于新兴资本市场的中性股利监管演进具有启示意义。

第8章 我国上市公司股利不平稳的非财务性经济后果研究

本章基于投资者估值的视角,分析和检验了我国上市公司股利不平稳的经济后果。首先,提出了研究我国上市公司股利不平稳经济后果这一问题的理论重要性和现实重要性;其次,概括和分析了股利平稳性和投资者行为偏好相互关系的现有理论和文献,构建了本章的实证检验分析框架;再次,介绍了实证检验的研究设计,重点阐述本章采用的各个研究模型;最后,采用一系列的分析方法,报告了检验结果,回应本章提出的研究假设,得出本章的研究结论。

8.1 引　　言

众多的研究及资本市场实践者均发现,我国股市长期存在着现金股利支付水平波动性过高的现象。然而,迄今仍鲜有研究讨论这一现象的经济后果(刘星和陈名芹,2016)。成熟资本市场的上市公司普遍实施稳定性较强的现金股利政策(Allen and Michaely,2003)。并且,实施稳定的股利政策几乎已经成为上市公司高层管理者的不可违背的信条(Larkin et al.,2016)。但是,投资者是否偏好公司股利平稳性呢?这仍需要学者深入分析并进行实证检验。

本章基于投资者估值的视角,研究公司现金股利不平稳程度对投资者行为偏好的影响。从理论上分析,更平稳的现金股利可以向资本市场传递公司当前和未来现金流的信息作用,降低投资者的投资风险,提高投资者获取回报的可预测性,也推动和丰富股票的市场资源配置功能。按此逻辑推演,公司股利发放的水平、变化和波动性的差异将可能导致投资者市场反应的不同,并且,投资者选择股利不平稳程度不同的股票或投资组合也可能产生不同的投资收益。进一步地,机构投资者可能也会对股利不平稳程度不同的公司产生不同的行为偏好。

本章采用 Leary 和 Michaely(2011)研究的基于 Lintner(1956)局部调整模型而发展的新修正局部调整模型来度量股利不平稳程度。采用事件研究法,计算公司股利发放公告日附近的投资者市场反应。采用 Fama 和 French(1993)三因素模型分析投资者选择不同股票投资组合的预期投资收益,并且,采用股东户数(取自然对数)、整体机构投资者持有 A 股数量(取自然对数)和基金及合格境外机构投资者(qualified foreign institutional investors,

QFII）；本章界定为独立机构投资者）、券商、保险公司、社保基金、企业年金、信托公司及财务公司（本章界定为非独立机构投资者）持有 A 股数量（均取自然对数）来考察个人投资者、整体机构投资者及两种类型机构投资者对公司股利不平稳程度的行为偏好。

采用 A 股主板市场 2003～2014 年 1240 个公司的 9079 个"公司-年度"观测值，本章检验了股利不平稳是否对投资者具有客户"驱逐效应"。不少文献指出，上市公司愿意实行平稳股利政策的一个重要原因是为了持续吸引投资者。例如，Modigliani 和 Miller（1961）、Black 和 Scholes（1974）、Larkin 等（2016）认为，股利政策具有吸引投资者的"客户效应"，大量的公司愿意持续发放合适的股利以满足投资者的需求，从而形成股票的价格均衡。反之，当公司股利不平稳程度越高，投资者的稳定需求可能得不到满足，从而可能选择降低持股数量或"用脚投票"。然而，由于投资者群体存在较大的异质性，个体投资者可能对股利不平稳程度的感知度较低而不受影响。不同类型的机构投资者在投资理念上不尽相同（Brickley et al.，1988；Hartzell and Starks，2003），从而导致各类机构投资者的行为选择迥然不同。Brickley 等（1988）将机构投资者划分为压力敏感型机构投资者、压力抵制型机构投资者和压力不确定型机构投资者。李争光等（2015）的研究将机构投资者分为"稳定型机构投资者"和"交易型机构投资者"。Chen 等（2007）、Cornett 等（2007）、吴先聪和刘星（2012）、佟岩等（2015）、吴先聪（2015）等则参考 Brickley 等（1988）的做法，将机构投资者划分为独立机构投资者和非独立机构投资者。本章借鉴了吴先聪和刘星（2012）、吴先聪（2015）在机构投资者上的划分方法，将证券投资基金和 QFII 作为独立机构投资者，将社保基金、券商、保险公司、企业年金、信托投资公司及财务公司投资者作为非独立机构投资者。研究结果表明，公司股利不平稳程度的增加与个人投资者持股户数并没有显著相关关系，但与整体机构投资者持股数量的减少、与非独立机构投资者的持股数量的减少显著相关联，且该相关性在股权改革分置完成前（2003～2008 年）更加明显，支持股利不平稳具有客户"驱逐效应"的结论。

本章进一步实证检验了公司股利发放公告日附近三天的投资者市场反应，发现样本期内上市公司的平均每股股利水平变化值为-0.0075；与分市场（沪市 A 股、深市 A 股）内股票的市值加权计算收益率相比较，投资者选择样本公司股票的三天累积超额收益率平均值为 0.54%（参见 8.4.3 节）。这一结果表明，整体而言，投资者更青睐符合股利不平稳计算条件的股票，而不是青睐零股利发放（"铁公鸡"）和股利发放水平杂乱无章（"无规律"）的股票，也即，投资符合股利不平稳计算条件的股票比投资包含后两类股票在内的市场综合股票组合收益更高。并且，投资股利发放水平提高组可获得的平均累积超额收益率最高（0.71%），投资股利发放水平降低组收益次之（0.54%），投资股利发放水平维持不变组收益最小（0.38%）。这一结果表明，股利发放水平的变化能够传递公司未来前景信息，具有较为重要的实践意义。

此外，本章分析了股利不平稳和股票预期收益之间的关系。前期的一些文献认为，在成熟资本市场上，投资者愿意为股利平稳性较高的公司支付溢价。例如，Baker 等（2016）基于期望理论认为，个人投资者更倾向于偏好股利平稳性较高的公司股票；Allen 等（2000）、DeAngelo 等（2007）、Lambrecht 和 Myers（2012）认为，公司股利平稳性能缓解公司内部管理层与外部投资者之间的代理冲突。因此，公司实行平稳股利政策更能够降低融资的资本成本，获取投资者的支持。反之，如果投资者不愿意为股利平稳性更高的公司支付溢价，则可预测投资高股利不平稳公司股票组合的预期收益将更高。本章的研究发现，在我国资本市场，投资者选择股利不平稳度较高（前 20%）的股票比选择股利不平稳度较低的股票（后 20%）可能会多遭受近 10%（0.0081×12）的年度化投资收益率损失，而选择持有股利不平稳程度较低的股票投资组合（前 30%）一年则需要多支付 4.2%的股利平稳性溢价，并且，公司股利不平稳程度显著影响了投资者的预期投资收益。这些影响量级均具有明显的经济意义。

8.2　理论分析与研究假设

8.2.1　股利平稳性和投资者行为偏好的现有理论和文献

股利不平稳是指现金股利发放水平起伏变动程度。理论上讲，决定股利平稳性的主要因素是公司的盈利状况、代理冲突和信息不对称（Leary and Michaely，2011）。股利平稳性对投资者行为偏好的影响主要体现为三种效应，即股利平稳性吸引投资者的客户效应、股利变化公告日附近的不对称市场反应效应和股利平稳性溢价效应。

股利平稳性吸引投资者的客户效应是指，投资者愿意长期持有更多股利平稳性较高的公司股票，即该类型股票吸引了更多投资者的买入和持有。Modigliani 和 Miller（1958）、Black 和 Scholes（1974））认为，股利政策具有吸引投资者的"客户效应"，即大量的公司愿意持续发放合适的股利以满足投资者的需求，从而形成股票的价格均衡。Larkin 等（2016）的研究发现，美国上市公司维持股利平稳性的一个重要原因正是吸引投资者，尤其是吸引共同基金等机构投资者。Crane 等（2012）也认为，公司通常会采用平稳股利政策来吸引共同基金客户的持股，而共同基金持股人也通常利用这一点来影响公司股利决策。也有文献认为，机构投资者并不偏好这一类公司股票，例如，Grinstein 和 Michaely（2005）发现股利平稳性较高的股票往往与股利发放比例较高正向相关联，而机构投资者并不偏好这类高股利发放比例的股票。来自实践的访问调查报告也指出，公司高管相信个人投资者比起机构投资者更偏好股利平稳性较高的股票并依此进行股利决策（Brav et al.，2005）。

值得注意的是，研究公司股利平稳性和机构投资者持股量级的关系不可避免地会受到内生性问题的困扰。也即，学者很难区分到底是公司采用平稳股利政策吸引机构投资者，还是机构投资者的影响促使上市公司供应平的现金股利。结合我国的现实实践分析，由于我国资本市场上，上市公司普遍存在股利不平稳现象，而机构投资者则短期投资倾向较高，监督功能发挥情况差强人意（曹丰等，2015；Jiang and Kim，2015），因此，上市公司的股利决策可能更多地受到证券监管部门的影响而不是受到投资者的影响。一些文献也认为，我国上市公司的股利决策更可能是"迎合监管"而不是要惠及投资者利益（刘星等，

2015)。故此,从现实实践分析,我国的机构投资者影响公司股利决策的可能性可能更少,而投资者的行为偏好受到股利不平稳程度的影响可能更大。从研究设计上考虑,本章也将运用 PSM 模型来尝试解决内生性问题。

由于机构投资者存在异质性,证券投资基金是我国规模最大而且与上市公司没有潜在业务联系的机构投资者,QFII 亦与上市公司无业务联系而且其投资决策又免受政府的干扰,借鉴吴先聪和刘星(2012)的做法,本章将其界定为独立机构投资者。券商、保险公司、企业年金、信托公司及财务公司与上市公司存在着已有的或者潜在的业务关系,本章将其界定为非独立机构投资者。社保基金具有明显的公有产权属性,由国务院直属的全国社保基金理事会统一管理,所有权和经营权同构的制度安排束缚了社保基金的积极性,限制了他们对内部控制人行为实施监督的能力(吴先聪和刘星,2012)。由于社保基金本身具有目标多元性的特点,其投资营运容易出现政企不分、行政干预等问题,本章同样界定为非独立机构投资者。上述投资者以外的主要是持有公司股份小于 5% 的非金融公司和一般法人股东,由于这一类投资者在专业技术以及信息挖掘能力等方面迥异于上述机构投资者,它们更多是以普通股东的身份持有公司股票(曹丰等,2015),故此,本研究未列入主检验中,而仅在稳健性检验中进行考察。

本章预测在机构投资者当中,非独立机构投资者更容易受到股利不平稳的影响,即这一类投资者更容易出现客户"驱逐效应"。这主要是因为非独立机构投资者对上市公司有着现有的或者潜在的业务联系,对上市公司的依赖性更大且摆脱其控制的难度更大,而股利不平稳程度较高的公司往往公司治理水平更低,因此,非独立机构投资者更需要保持谨慎态度持股该类公司,以减少受其不良影响。在股权分置改革完成之前(2003~2008 年),非独立投资者受上市公司影响的程度更强,因此,可能更会出现客户"驱逐效应"。反之,独立机构投资者短期投资倾向较高且缺乏参与公司治理的能力和激励(曹丰等,2015;Jiang and Kim,2015),故可能不会太在意上市公司的股利不平稳程度,从而不受其影响。

综上所述,本章提出以下研究假设:

假设 1a:公司股利不平稳程度越高,机构投资者持股数量越少。

假设 1b:公司股利不平稳程度越高,非独立机构投资者持股数量越少。

不对称市场反应效应是指,在成熟资本市场上的股利发放公告日附近,平均而言,投资者对公司维持或提升股利发放水平给予正向市场反应的量级,明显低于给予削减股利发放水平负向市场反应的量级(Grullon et al.,2004;Larkin et al.,2016)。也即,投资者厌恶公司股利削减的程度远高于偏好公司股利增加的程度。然而,考虑到资本市场自身的异质性,新兴经济体国家(如我国)的上市公司普遍存在零股利发放("铁公鸡"现象)和股利发放水平杂乱无章("无规律"现象)的情况。因此,相比"铁公鸡"现象、"无规律"现象的公司股票,股利变化尚有规律可循的公司股票可能仍然会得到投资者的青睐。也即,投资者可能会对股利不平稳的公司股票给予单向的正向市场反应。同时,投资者偏好股利增加公司股票的程度也可能高于偏好股利维持或股利削减公司股票的程度。因此,我国资本市场投资者更可能在股利发放公告日附近出现单向的不对称市场反应(正向市场反应量级高低有差异)而不是双向的不对称市场反应(负向市场反应量级高于正向市场反应量级)。由于股利发放事件日窗口较短,投资者可能较难感知上市公司的股利不平稳程度,本章预测股利不平稳与短期的累积超额收益率无关。

综上所述,本章提出以下研究假设:

假设 2a:相比市场组合股票,市场投资者更愿意给予股利不平稳股票以单向的正向市场反应。

假设 2b:股利不平稳与短期的累积超额收益率无关。

股利平稳性溢价效应是指,投资者愿意为股利平稳性较高的公司支付溢价,从而愿意降低持股的预期收益。Baker 等(2016)认为,个人投资者更偏好股利平稳性较高的公司股票,因为这类股票更能带给个人消费者获得稳定收益的期望效应。同样的,持续和稳定的分红,也有利于个人投资者的消费规划(Shefrin and Statman,1984;Baker et al.,2007)和节税安排(Miller and Scholes,1978)。更多的文献也指出,公司股利平稳性有利于缓解公司内部管理层与外部投资者之间的代理冲突,从而提升公司的治理水平和公司价值(Allen et al.,2000;DeAngelo et al.,2007;Lambrecht and Myers,2012)。更进一步地,Knyazeva 和 Knyazeva(2014)、John 等(2015)认为,保持现金股利平稳通常被视为公司的隐形义务(implicit obligation)和潜在的事前股利承诺(dividend pre-commitment),并扮演着公司治理的重要作用,是一种传统的公司治理机制。由于存在上述诸多好处,股利平稳性可能会给公司带来溢价效应。然而,Larkin 等(2016)基于美国资本市场的实证研究却没有发现上述效应的存在。

Aivazian 等(2003)的研究发现,由于市场化程度不同和融资环境的差异,新兴经济体国家资本市场的上市公司现金股利的稳定性普遍较差。尽管该研究并没有覆盖到我国资本市场,但仍然意味着,在考虑我国上市公司是否存在股利平稳性溢价效应时,需要注意资本市场异质性的特征。由于我国上市公司面临的外源融资渠道相对较为单一,减少股利支出而保留内源资金的灵活性长期以来一直是公司财务决策中的重要选项。然而,为鼓励上市公司更加透明及持续地回报投资者,我国证券监管部门又出台了一系列将分红比例和再融资资格相挂钩的"半强制分红"政策,引导上市公司提升现金股利发放比例。因此,"半强制分红"监管标准的演化也可能会改变上市公司现金股利不平稳程度,从而使投资者能够获得更多的公司当前和未来现金流信息,更好地通过股利平稳性去判断上市公司价值[相关背景:2004 年,证监会强化对中小投资者利益保护,明确规定近三年未进行现金利润分配的上市公司不具备再融资资格。2006 年,证监会以现金股利及股票股利占可分配利润的"二八开"(投资者不低于 20%,上市公司不高于 80%,下同)比例确认再融资资格。2008 年,证监会加强为以现金股利占可分配利润的"三七开"比例确认再融资资格。2012 年,证监会进一步对满足"三七开"比例的上市公司设置优待]。故此,公司如果能够在复杂市场变化和外源融资限制较为严格的环境中,仍然保持较高的股利稳定性,投资者可能会认为此类公司的治理水平更高,且更有希望能够满足再融资资格而缓解融资约束。因此,本章预测投资者可能会为股利平稳性较高的公司支付溢价,即愿意接受较低的预期投资收益,反之亦然。

综上所述,本章提出以下研究假设:

假设 3：公司股利不平稳程度越高，投资者接受更高的预期投资收益。

8.2.2　基于我国证券市场的相关文献

股利政策是公司财务政策最为重要的内容之一，长期吸引着国内学者的关注。但是，在我国情境下已有的相关研究中，涉及股利平稳性这一议题的并不多见，仅有的一些文献也更集中于研究股利平稳性在公司层面动因，而较少探讨其经济后果。刘星等(1997)最早对我国上市公司股利政策的影响因素进行了实证分析，以 1992~1993 年的 30 家上市公司的周数据样本进行检验，结果表明股票市盈率、资产流动性以及企业的盈利能力对于公司现金股利具有显著影响(蔡祥等，2003)。吕长江和王克敏(1999)在运用 Lintner(1956)模型来研究我国上市公司的股利平稳性议题。他们以我国上市公司 1997~1998 年的 316个样本为考察对象，发现上市公司的现金股利支付水平主要取决于公司的前期股利支付额和当期盈利水平。任有泉(2006)运用 1994~2001 年 55 家上市公司的 365 个样本观察值，重新检验了 Lintner(1956)模型，其结果发现，我国上市公司的股利支付水平仅取决于当年盈余，而与上年的股利支付水平无关。李茂良等(2014)以 1994~2012 年沪深两地 A 股市场的上市公司为研究样本，运用动态面板模型来检验现金股利政策的稳定程度及其动因。他们的研究发现，从"市场组合"看，现金股利具有一定的稳定性；从单个公司看，现金股利变动较大。余琰和王春飞(2014)直接检验了 2008 年 10 月 9 日我国证监会颁布的《关于修改上市公司现金分红若干规定的决定》对于公司现金股利支付行为的影响，发现该政策导致了提出融资方案的公司的股利波动性较大，存在"突击"分红的可能性。本章将从投资者估值的视角来考察上市公司股利不平稳的经济后果，由此将丰富和拓展这一领域的现有研究。

机构投资者对资本市场发展的影响也是历久弥新的研究问题。机构投资者通常被认为更具有信息优势，也有动机投入更多精力和资源去追踪和收集公司信息，监督公司管理活动，能够提高证券市场定价效率或降低股票价格的波动(王亚平等，2009；蔡庆丰和杨侃，2013)。但一些文献也认为，机构投资者也可能成为噪音交易者(Allen and Gorton，1993；Jiang，2010)，加剧市场的波动(陈国进等，2010；史永东和王谨乐，2014)，提高公司股价崩盘风险(许年行等，2013)。而且，我国机构投资者的短期投机倾向明显(杨海燕等，2012；Jiang and Kim，2015)，其发挥监督功能而遏制管理层代理行为的能力和激励不足，容易与管理层合谋而加剧公司信息不对称程度，提高公司股价崩盘风险(曹丰等，2015)。然而，这些研究更多的是考察机构投资者参与资本市场的经济后果，而较少考察影响机构投资者关注和持股数量变化的驱动因素。本章研究股利不平稳对投资者，尤其是对机构投资者的影响有助于丰富这一方面的文献。

8.3　研究设计

8.3.1　样本选择

本章的样本选择程序与上一章的程序保持一致。初始研究样本来自 1999~2014 年沪深两市 A 股主板上市公司(剔除金融类和不满足股利平稳性计算条件的上市公司)的 20405 个"公司-年度"观测值。回归分析使用的研究期间从 2003 年开始，这是因为本章测量股利不平稳程度的代理变量和相关变量，需要使用公司前五年的数据，而我国在 1998 年之后才陆续开始披露现金流量表和分析师预测、机构持股等数据。

本研究所采用的数据来源主要是国泰安研究数据库(CSMAR)，机构持股数据来自锐思金融研究数据库(RESSET)。依照计算股利不平稳的需要，参照 Leary 和 Michaely(2011)、Larkin 等(2016)的处理方法，本章剔除每股股利第一次出现正值之前的"公司-年度"样本和每股股利最后一次出现正值之后的"公司-年度"样本；剔除了每股股利连续数据不足五年的样本；剔除了经计算后，新修正的股利调整速度系数为负值的样本，因为这类样本的经济意义与股利平稳性的内涵不符；在回归分析中剔除了控制变量连续数据不足三年的样本，并对连续变量在 1%和 99%分位数上的数据进行 Winsorize 处理。最终获得 1240 个有效的公司样本。

8.3.2　变量和模型

1. 股利不平稳的度量

经典度量公司股利平稳性的方法主要是基于 Lintner(1956)局部调整模型及 Fama 和 Babiak(1968)修正的局部调整模型计算股利支付水平向目标股利支付水平趋近的调整速度方法。其回归模型为

$$\Delta D_{it} = D_{it} - D_{it-1} = \alpha + \gamma\left(D_{it}^* - D_{it-1}\right) + \varepsilon_{it} \tag{8.1}$$

其中，D_{it} 是公司在 t 年的现金股利总额或每股现金股利；ΔD_{it} 是现金股利总额或每股股利在 t 年的变化值；D_{it}^* 是目标股利派息率与公司在 t 年的 E_{it} (即净利润或每股收益)的乘积。将 D_{it}^* 替代进方程(8.1)，即有

$$\Delta D_{it} = \alpha + \beta_1 D_{it-1} + \beta_2 E_{it} + \varepsilon_{it} \tag{8.2}$$

通过方程(8.2)的系数估计得出调整速度系数。然而，Leary 和 Michaely(2011)的研究发现，当采用调整速度模型时，需要注意测算调整速度系数所采用的一阶自回归估计模型存在单个公司的小样本偏误问题(即单个公司的年度数据偏少，容易导致估计误差较大)。

此外，截面数据之间的差异也可能影响结果的可靠性。他们指出，这种经典度量股利调整速度系数的方法存在较大偏误。他们通过仿真模拟计算了这一偏误，同时改进了局部调整模型中股利（目标股利）支付水平的算法，重新计算了调整速度系数。计算方法分两步进行：首先，采用公司前十年（或前五年）中股利支付水平（股利派息率）的中位数，计算目标股利支付水平的偏差；其次，计算调整速度系数，以当期每股股利变化值和目标股利支付水平偏差值的回归系数作为调整速度系数。该系数越大，表明公司每股股利的变动越大于目标股利支付水平偏差值，股利不平稳现象越明显，反之亦然。其计算的回归模型为

$$\Delta D_{it} = \alpha + \beta \times \mathrm{dev}_{it} + \varepsilon_{it} \tag{8.3}$$

此时，目标股利支付水平偏差值的计算公式为

$$\mathrm{dev}_{it} = \mathrm{TPR}_i \times E_{it} - D_{it-1} \tag{8.4}$$

在方程（8.3）、方程（8.4）中，dev_{it} 是目标股利支付水平偏差值。TPR_i 是目标股利支付水平，即前十年或前五年的股利派息率。本章的研究采用了上述基于 Leary 和 Michaely（2011）研究的新修正调整模型来度量股利不平稳程度，先采用公司前五年中股利派息率的中位数，计算股利支付水平偏差值，再计算股利调整速度系数。该系数越大，表明股利不平稳程度越高，本章以 Soa 表示股利不平稳程度。

2. 股利不平稳的客户"驱逐"效应度量和回归模型

结合我国资本市场的特点并参考 Larkin 等（2016）的研究，本章采用股东户数的自然对数作为个人投资者持股数量的代理变量（尽管股东户数包含了机构投资者开户数，但样本中其所占比例不足 1%）；采用机构投资者持有 A 股总数量的自然对数和机构投资者持有 A 股股数总数量的自然对数作为机构持股数量的代理变量；合并了基金持有和 QFII 持有 A 股总数量的自然对数为独立机构投资者持股数量的代理变量；合并了券商持有、保险公司持有、社保基金持有、企业年金、信托公司和财务公司持有的 A 股总数量的自然对数作为非独立机构投资者持股数量的代理变量（以上在计算时均加上 1 再取自然对数，以避免 0 值无法取自然对数而影响分析）。本章采用的回归模型为

$$\begin{aligned}\mathrm{Lnhold}_{it} = a &+ \beta_1 \times \mathrm{Soa}_i + \beta_2 \times \mathrm{Lta}_{it} + \beta_3 \times \mathrm{Lnage}_{it} + \beta_4 \times \mathrm{Mtob}_{it} + \beta_5 \times \mathrm{Editda}_{it} \\ &+ \beta_6 \times \mathrm{Tanasset}_{it} + \beta_7 \times \mathrm{Lev}_{it} + \beta_8 \times \mathrm{Retvol}_{it} + \beta_9 \times \mathrm{Sdeditda} \\ &+ \beta_{10} \times \mathrm{Stkturnover}_{it} + \beta_{11} \times \mathrm{Payoutratio}_{it} + \beta_{13} \times \mathrm{Price}_{it} + \beta_{14} \times \mathrm{Soe} + \varepsilon_t \end{aligned} \tag{8.5}$$

$$\begin{aligned}\mathrm{TobitTYPE}_{it} = a &+ \beta_1 \times \mathrm{Soa}_i + \beta_2 \times \mathrm{Lta}_{it} + \beta_3 \times \mathrm{Lnage}_{it} + \beta_4 \times \mathrm{Mtob}_{it} + \beta_5 \times \mathrm{Editda}_{it} \\ &+ \beta_6 \times \mathrm{Tanasset}_{it} + \beta_7 \times \mathrm{Lev}_{it} + \beta_8 \times \mathrm{Retvol}_{it} + \beta_9 \times \mathrm{Sdeditda} \\ &+ \beta_{10} \times \mathrm{Stkturnover}_{it} + \beta_{11} \times \mathrm{Payoutratio}_{it} + \beta_{13} \times \mathrm{Price}_{it} + \beta_{14} \times \mathrm{Soe} + \varepsilon_t \end{aligned} \tag{8.6}$$

其中，Lnhold_{it} 将分别以 $\mathrm{Lninvest}_{it}$、$\mathrm{Lninsnum}_{it}$ 替代，分别表示个人持股数量、机构持股数量；$\mathrm{TobitTYPE}_{it}$ 以 $\mathrm{Type1}_{it}$、$\mathrm{Type2}_{it}$ 替代，分别表示独立机构投资者持股数量和非独立机构投资者持股数量。除前面已经定义的变量外，Lnage_{it} 表示公司上市年数，等于当年上市年数的自然对数；Editda_{it} 表示公司盈余，等于当年的息税折旧摊销前利润除以总资产；$\mathrm{Tanasset}_{it}$ 表示有形资产比例，等于当年有形资产总值除以总资产；Lev_{it} 表示资产负

债率，等于当年总负债除以总资产；$Retvol_{it}$ 表示股票回报波动性，等于当年 12 个月股票回报率的标准差；$Stkturnover_{it}$ 表示股票换手率，等于当年股票平均月交易总数除以总股数；$Price_{it}$ 表示每股股价，等于当年年末收盘价。

3. 投资者市场反应的度量和回归模型

本章将上市公司股利发放公告日（如果当天为实际交易日，则以当天为 $T=0$，如果当天不是实际交易日，则以后续第一个实际交易日为 $T=0$）附近 3 个实际交易日[-1，+1]的股票累积超额收益率作为投资者市场反应的度量。本章采用市场风险调整模型计算累积超额收益率，选择的事件估计窗口期为[-155，-6]时间段，对于不足 150 个实际交易日的观测样本，则要求至少需要 60 个实际交易日的数据。本章也剔除了事件日之后连续 5 个交易日内没有任何交易数据的样本。市场风险调整模型为

$$R_{it} = a_i + \beta_i \times R_{mt} + \varepsilon_{it} \tag{8.7}$$

其中，R_{it} 和 R_{mt} 分别是股票 i 和市场证券投资组合在 t 期的市场收益率（均考虑现金股利再投资的情况）。市场证券投资组合收益率采用各分市场（沪市 A 股、深市 A 股）内股票的总市值加权收益率。

参考 Leary 和 Michaely（2011）、Larkin 等（2016）的研究，本章采用下面的主要回归模型考察横截面上投资者对上市公司股利发放情况的市场反应。

$$\begin{aligned} CAR_i = a_i &+ \beta_1 \times Dps_i + \beta_2 \times Changedps_i + \beta_3 \times Soa_i + \beta_4 \times Lta_i \\ &+ \beta_5 \times Mtob_i + \beta_6 \times Roa_i + \beta_7 \times Sdeditda_i + \beta_8 \times Cfops_i \\ &+ \beta_9 \times Price_i + \beta_{10} \times Soe_i + \varepsilon_i \end{aligned} \tag{8.8}$$

其中，CAR_i 是指横截面样本中公司 i 在股利发放公告日附近三天的累积超额收益率的中位数；Dps_i 是公司 i 的每股股利，等于公告日的每股股利取中位数；$Changedps_i$ 是公司 i 的每股股利变化值，等于公告日的每股股利减去上一年的每股股利再取中位数，仅考虑每家公司当年第一次公告股利发放时的情况；Soa_i 是公司 i 的股利不平稳程度，通过方程(8.3)、方程(8.4)计算之后取中位数；控制变量 Lta_i 是公司 i 的规模，等于上一年年末总资产的自然对数取中位数；$Mtob_i$ 是公司 i 的市值账面比，等于上一年年末市值账面比值取中位数；Roa_i 是公司 i 的总资产收益率，等于上一年年末净利润除以总资产取中位数；$Sdeditda_i$ 度量公司 i 的盈余波动性，等于样本期内的年末息税折旧摊销前利润除以总资产的标准差；$Cfops_i$ 是公司 i 的每股经营性现金流量，等于上一年年末的经营性现金流量净额除以总股数取中位数；$Price_i$ 是公司 i 的股价，等于上一年年末的收盘价取中位数；Soe_i 是公司 i 在 2014 年的产权性质，1 表示产权性质是国有企业，0 表示产权性质是非国有企业。相关变量采用中位数数据可以缓解由于每一家公司的年度数据较少，容易受到极值的影响的困扰(Leary and Michaely, 2011)。本章也采用均值数据进行稳健性检验，发现结果并没有显著变化。

4. 股利平稳性溢价效应的度量和回归模型

本章采用 Fama 和 French(1993)三因素分析法和 Fama 和 MacBeth(1973)回归分析法来考察股利平稳性溢价效应。首先，本章依照股利不平稳程度Soa_i对公司进行排序分组以构建投资组合，取前 30%分位为低股利不平稳组，中间 40%分位为中股利不平稳组，后面30%分位为高股利不平稳组。然后采用下面的回归模型捕捉相关估计系数。

$$R_{pt} - R_{ft} = a + \beta_1 \times [R_{mt} - R_{ft}] + \beta_2 \times \text{SMB}_t + \beta_3 \times \text{HML}_t + \varepsilon_t \tag{8.9}$$

其中，R_{pt}是各个投资组合内样本公司的月度股票回报率，等于当年 5 月到下一年 4 月各个月度股票回报率；R_{ft}是无风险利率，等于月度化计算的一年期定期利率减去整存整取利率的基准无风险利率；R_{mt}是市场回报率，等于基于总市值加权平均法计算的综合 A 股月市场回报率；SMB_t是买入小规模公司股票而卖出大规模公司股票的回报率；HML_t是买入高账面市值比公司股票而卖出低账面市值比公司股票的回报率。本章采用当年 4 月底公司总市值中位数上下划分公司规模为 Big和Small，采用上一年年末账面市值比前面30%、中间 40%和后面 30%划分为 High、Medium 和 Low，投资组合的回报率计算采用下面的公式：

$$\text{SMB} = \frac{1}{3} \times \text{SmallHigh} + \text{SmallMedium} + \text{SmallLow}$$
$$- \frac{1}{3} \times \text{BigHigh} + \text{BigMedium} + \text{BigLow} \tag{8.10}$$

$$\text{HML} = \frac{1}{2} \times \text{SmallHigh} + \text{BigHigh} - \frac{1}{2} \times (\text{SmallLow} + \text{BigLow}) \tag{8.11}$$

其次，本章依照 Fama 和 MacBeth(1973)方法进一步检验溢价效应。回归模型为

$$R_{it} = \gamma + \gamma_1 \beta_{it} + \gamma_2 \times \text{LnME}_{it} + \gamma_3 \times \text{LnBEME}_{it} + \gamma_4 \times \text{Soa}_{it} + \gamma_5 \times \text{DivYield}_{it} + \varepsilon_i \tag{8.12}$$

其中，R 是样本公司的月度股票回报率；β 是基于上述方程(8.9)的市场风险估计系数；LnME 是当年 4 月度公司总市值的自然对数；LnBEME 是上一年年末公司账面市值比值的自然对数；DivYield 是股利发放水平，等于上一年年末股利总额除以总市值加上 0.01 的自然对数(加上 0.01 是为了避免 0 值无法取自然对数而影响本章的分析)。

8.4　实证结果与分析

8.4.1　描述性统计

图 8.1 展示了全样本及按照产权性质、盈余波动性、股利派息率高低分类的上市公司股利不平稳情况的描述性统计。描述性统计的结果与上一章的保持一致，为便于阅读，此处重新展现描述性统计结果。

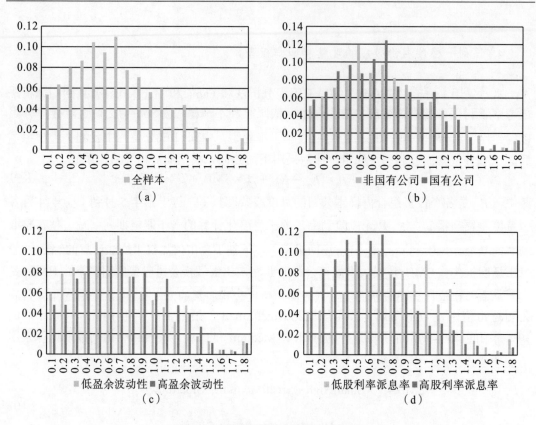

图 8.1　公司股利不平稳描述性统计

横坐标为股利调整速度系数值；纵坐标为公司比例

图 8.1 各个子图的横坐标是股利调整速度系数值，纵坐标是相应的公司比例。图 8.1(a) 显示，我国上市公司全样本的股利调整速度系数均值(中位数)是 0.65(0.62)，远大于 0，仅有 11.7% 的公司调整速度系数低于 0.20，且有 20.1% 的公司调整速度系数高于 1。参照 Leary 和 Michaely(2011) 的研究，美国上市公司的相应系数均值(中位数)是 0.14(0.11)，接近于 0。从图 8.1(a) 可以看到，我国上市公司普遍存在股利不平稳现象。

以公司产权性质分组，图 8.1(b) 显示，横坐标左边(例如，调整系数 0.4 左边)，股利平稳的情况既存在国有公司之中，也存在于非国有上市公司之中。相对而言，非国有上市公司比例更少，国有上市公司更多。横坐标右边(例如，调整系数 0.8 右边，股利更加不平稳)的情况则基本相反，但横坐标中间部分情况有所重叠。样本中非国有上市公司数量为 671 个，国有上市公司数量为 569 个。本章的 t 检验表明，股利调整速度系数均值分别是 0.67 和 0.63，且在 5% 水平上存在显著差异。结果初步显示，非国有上市公司的股利不平稳更加明显。以盈余波动性(样本期内的年末息税折旧摊销前利润除以总资产的标准差)中位数上下进行样本区分，图 8.1(c) 显示，横坐标左边(例如，调整系数 0.3 左边)，股利平稳的情况存在于不同收益波动水平的公司之中。相对而言，高盈余波动性的公司数量更少，低盈余波动性的公司数量更多。横坐标右边(例如，调整系数 0.9 右边)的情况则基本相反，但横坐标中间部分的情况有重叠。这表明，即使公司面临相似的盈余波动性，也仍然可能选择不同的股利平稳政策。以股利派息率(等于样本期间内公司上一年年末现金股利总额除以净利润的中位数)的中位数上下进行样本区分，图 8.1(d)清晰显示，横坐标左边(以调整系数 0.7 区分)，更多的高股利派息率的公司，选择相对平稳的股利政策。反之，股利不平稳的情况更多地出现在低股利派息率的公司中。这表明，我国上市公司股利不平稳更多地出现在低股利派息率的公司之中。

8.4.2　股利不平稳的客户"驱逐效应"检验结果

表 8.1 报告了股权分置改革完成前后股利不平稳程度分析结果。以 2009 年为分界点，表 8.1 的结果显示，股权分置改革完成前后，不同公司股利不平稳程度的均值不存在显著差异，但是，相同公司股利不平稳程度的均值显著增强。这并不意味着(也不否定着)上市公司的股利不平稳受到了股权分置改革的影响。考虑到 2008 年 10 月 9 日我国证监会颁布的《关于修改上市公司现金分红若干规定的决定》文件对上市公司股利政策具有重要的影响且得到了学者的普遍认同(余琰和王春飞，2014)，因此，股权分置改革完成前后上市公司股利不平稳程度的变化更可能是受到了"半强制分红"监管政策的影响。

表 8.1　股权分置改革前后股利不平稳程度分析结果

年份	不同公司数量	中位数	均值	t 检验值
2003～2008 年	711	0.692	0.828	0.486
2009～2014 年	931	0.698	0.848	
年份	相同公司数量	中位数	均值	t 检验值
2003～2008 年	465	0.718	0.828	1.787[*]
2009～2014 年	465	0.736	0.923	

注：*表示 10%的显著性水平。

表 8.2 报告了上市公司股利不平稳对个人投资者、机构投资者的客户"驱逐效应"检验结果。模型(1)全样本的结果显示，股利不平稳程度的回归系数并不显著，表明个人投资者对于股利不平稳程度并不敏感。模型(2)全样本的结果显示，股利不平稳程度的回归系数为-0.439，且在 5%的显著性水平上显著，表明上市公司股利不平稳程度越高，机构投资者的持股数量越低，客观上反映了股利不平稳对机构投资者具有一定的客户"驱逐效应"。模型(3)、模型(4)股权分置改革完成前(2003～2008 年)子样本的结果同样显示，股利不平稳对个体投资者没有明显的客户"驱逐效应"，而对机构投资者具有显著的客户"驱逐效应"。模型(5)、模型(6)股权分置改革完成后(2009～2014 年)子样本的结果则显示，股利不平稳对个体投资者和机构投资者均没有明显的影响作用。这表明股权分置改革对股市全流通性问题制度性缺陷的解决，有助于提高资本市场参与者的决策独立性，但未能提高机构投资者参与公司治理，监督和提升上市公司股利稳定性的作用。上述结果表

明本章研究假设 3a 得到了验证。

表 8.2　个人投资者、机构投资者的客户"驱逐效应"检验结果

变量	(1) All	(2) All	(3) 2003~2008 年	(4) 2003~2008 年	(5) 2009~2014 年	(6) 2009~2014 年
	Lninvest	Lninsnum	Lninvest	Lninsnum	Lninvest	Lninsnum
Soa	0.004	-0.439***	0.024	-0.824***	-0.007	-0.068
	(0.810)	(0.006)	(0.319)	(0.001)	(0.694)	(0.652)
Lta	0.494***	4.112***	0.526***	5.600***	0.608***	2.307***
	(0.000)	(0.000)	(0.000)	(0.000)	(0.000)	(0.000)
Lnage	0.120***	-0.455***	0.061**	-0.385	0.115***	-0.041
	(0.000)	(0.000)	(0.036)	(0.242)	(0.000)	(0.645)
Mtob	0.036***	0.342***	0.025***	0.489***	0.057***	0.209***
	(0.000)	(0.000)	(0.008)	(0.002)	(0.000)	(0.004)
Editda	0.000**	-0.000	-0.000	-0.001*	0.000	0.000
	(0.037)	(0.726)	(0.306)	(0.068)	(0.110)	(0.229)
Tanasset	-0.063	-1.286**	-0.189*	-0.253	-0.011	-0.998*
	(0.432)	(0.036)	(0.075)	(0.829)	(0.897)	(0.081)
Lev	-0.008	-0.178**	-0.001	-0.128**	-0.289***	-0.348
	(0.268)	(0.042)	(0.728)	(0.022)	(0.000)	(0.155)
Retvol	-0.032	0.336	-0.138*	1.394	-0.056	-0.192*
	(0.168)	(0.323)	(0.073)	(0.210)	(0.290)	(0.074)
Sdeditda	0.000	0.000	0.000***	0.001	0.000*	0.000
	(0.219)	(0.102)	(0.000)	(0.125)	(0.069)	(0.312)
Stkturnover	0.400***	2.861***	0.419***	6.481***	0.552***	-1.236***
	(0.000)	(0.000)	(0.000)	(0.000)	(0.000)	(0.000)
Payoutratio	0.000	0.005	0.000	0.007	-0.000	0.001
	(0.898)	(0.413)	(0.698)	(0.780)	(0.581)	(0.733)
Price	-0.012***	0.019*	-0.012***	0.013	-0.013***	0.006
	(0.000)	(0.085)	(0.000)	(0.434)	(0.000)	(0.445)
Soe	0.071***	-0.667***	0.068***	-0.863***	0.053***	-0.220*
	(0.000)	(0.000)	(0.000)	(0.000)	(0.001)	(0.064)
Constant	-0.460***	-21.223***	-1.546***	-3.455*	-0.419*	-37.408***
	(0.010)	(0.000)	(0.000)	(0.057)	(0.085)	(0.000)
Num. of Clusters	1240	1240	1240	1240	1240	1240
Observations	8040	8972	5079	5517	2961	3455
R^2	0.518	0.292	0.617	0.240	0.443	0.309

注: ***、**、*分别表示 1%、5%和 10%的显著性水平。括号内为稳健回归 p 值。

表 8.3 报告了独立机构投资者、非独立机构持股者的持股数量对股利不平稳程度的回归结果。由于机构投资者本身存在较大的异质性,本章将证券投资基金和 QFII 作为独立机构投资者,将社保基金、券商、保险公司、企业年金、信托投资公司及财务公司投资者作为非独立机构投资者。由于两种类型机构投资者持股数量的自然对数具有左归并的分布特征,故本章采用了 Tobit 归并回归模型进行参数估计。模型(1)全样本的结果显示,独立机构投资者持股数量 Type1 对股利不平稳的回归系数并不显著,表明独立机构投资者对于股利不平稳程度并不敏感。模型(2)全样本的结果显示,非独立机构投资者持股数量 Type2 对股利不平稳程度的回归系数为-0.689 且在 5%的显著性水平上显著,表明上市公司股利不平稳程度越高,非独立机构投资者的持股数量越低,客观上反映了股利不平稳对非独立机构投资者具有客户"驱逐效应"。模型(3)、模型(4)、模型(5)和模型(6)的结果显示,股利不平稳对非独立机构投资者具有客户"驱逐效应"主要体现在股权分置改革完成前(2003~2008 年)子样本当中,其他期间的结果则均不显著。这与本章预测一致,也即,股改完成前,股利不平稳的客户"驱逐效应"更加明显,且该效应主要在非独立机构投资者身上体现。上述结果表明研究假设 3b 得到了验证。

我们认为,独立机构投资者短期投资倾向较高且缺乏参与公司治理的能力和激励(曹丰等,2015;Jiang and Kim,2015),故不会太在意上市公司的股利不平稳程度,从而不受其影响。反之,非独立机构投资者对上市公司有着现有的或者潜在的业务联系,故更需要保持谨慎态度,评估和调整对股利不平稳公司的持股数量,以避免遭受不必要的损失,因此受到了上市公司股利政策的影响。在股权分置改革完成之前(2003~2008 年),非独立投资者与上市公司的依赖性更强,突破其控制的条件更加不成熟,因此受其影响的程度更强,更会出现客户"驱逐效应"。这些结果也表明,股权分置改革有助于改善非独立机构投资者因为过度依赖上市公司而必须更加审慎抉择持股数量的非独立性地位,从而在推动资本市场的健康发展中发挥了重要的作用。

表 8.3　不同类型机构投资者的客户"驱逐效应"检验结果

变量	(1) All	(2) All	(3) 2003~2008 年	(4) 2003~2008 年	(5) 2009~2014 年	(6) 2009~2014 年
	Type1	Type2	Type1	Type2	Type1	Type2
Soa	-0.222	-0.689**	-0.600	-1.533***	0.056	-0.047
	(0.383)	(0.017)	(0.162)	(0.001)	(0.810)	(0.880)
Lta	7.267***	4.468***	9.635***	6.577***	5.172***	1.773***
	(0.000)	(0.000)	(0.000)	(0.000)	(0.000)	(0.000)
Lnage	-0.958***	-0.672***	-0.767	-0.122	-0.530***	-0.139
	(0.000)	(0.003)	(0.206)	(0.825)	(0.001)	(0.538)
Mtob	0.262**	0.332***	0.293	0.712***	0.163	0.086*
	(0.046)	(0.000)	(0.126)	(0.001)	(0.231)	(0.074)
Editda	0.001**	0.000	0.005	-0.001	0.001**	0.000
	(0.015)	(0.787)	(0.218)	(0.137)	(0.047)	(0.158)

续表

变量	(1) All	(2) All	(3) 2003~2008 年	(4) 2003~2008 年	(5) 2009~2014 年	(6) 2009~2014 年
	Type1	Type2	Type1	Type2	Type1	Type2
Tanasset	0.695	-2.739**	2.703	0.843	-0.583	-2.771**
	(0.517)	(0.019)	(0.260)	(0.738)	(0.515)	(0.021)
Lev	-6.459***	-0.177*	-6.805***	-0.206**	-4.555***	-0.130
	(0.000)	(0.078)	(0.000)	(0.018)	(0.000)	(0.418)
Retvol	-1.863	-0.056	-1.605	-1.827	-0.321	-0.115
	(0.186)	(0.883)	(0.554)	(0.240)	(0.544)	(0.713)
Sdeditda	-0.001	0.000	-0.009	0.002**	-0.000	-0.000
	(0.442)	(0.687)	(0.297)	(0.013)	(0.542)	(0.915)
Stkturnover	0.780*	3.731***	-4.678***	11.434***	0.144	-2.927***
	(0.075)	(0.000)	(0.000)	(0.000)	(0.741)	(0.000)
Payoutratio	0.014	-0.002	0.039	0.004	-0.002	-0.006
	(0.533)	(0.851)	(0.630)	(0.925)	(0.703)	(0.153)
Price	0.069***	-0.015	0.085**	-0.034	0.055***	-0.031***
	(0.005)	(0.165)	(0.013)	(0.120)	(0.008)	(0.006)
Soe	-0.813***	-0.470*	-0.879**	-1.086***	-0.455**	0.358
	(0.000)	(0.061)	(0.033)	(0.005)	(0.024)	(0.191)
Constant	-0.222	-0.689**	-75.882***	-51.562***	-31.600***	1.932
	(0.383)	(0.017)	(0.000)	(0.000)	(0.000)	(0.481)
Num. of Clusters	1240	1240	1240	1240	1240	1240
Prob > F	0.0000	0.0000	0.0000	0.0000	0.0000	0.0000
Pseudo R^2	0.0723	0.0155	0.0666	0.0260	0.0603	0.0082
Observations	8972	8972	3455	3455	5517	5517

注：***、**、* 分别表示 1%、5% 和 10%的显著性水平。括号内为稳健回归 p 值。

8.4.3　短期市场反应的检验结果

表 8.4 报告了股利发放公告附近 3 天的投资者市场反应情况。

表 8.4　股利发放公告附近 3 天的市场反应

组别	观测数量	变化幅度均值	3 天累积超额收益率均值	Patell Z 检验值	每股股利变化均值	股利派息率均值
A 栏：按股利变化类型分组						
全样本	9079	-0.008	0.005***	5.284	-0.011	0.156
股利不变组	2446	0.000	0.004***	6.308	0.000	0.134
股利降低组	3630	-0.470	0.005***	4.632	-0.097	0.104
股利提高组	3003	0.894	0.007***	4.913	0.083	0.207

续表

组别	观测数量	变化幅度均值	3 天累积超额收益率均值	Patell Z 检验值	每股股利变化均值	股利派息率均值
B 栏：按每股股利变化幅度分组						
(−5，−0.8]	331	−0.853	0.003***	2.211	−0.216	0.036
(−0.8，−0.6]	728	−0.676	0.007***	5.933	−0.139	0.066
(−0.6，−0.4]	1194	−0.482	0.004***	4.937	−0.091	0.097
(−0.4，−0.2]	1078	−0.287	0.008***	7.261	−0.058	0.142
(−0.2，0)	299	−0.159	0.005***	2.817	−0.032	0.168
0	2446	0.000	0.004***	6.308	0.000	0.134
(0，0.2]	419	0.178	0.006***	3.991	0.028	0.188
(0.2，0.4]	674	0.303	0.005***	5.083	0.049	0.209
(0.4，0.6]	526	0.507	0.008***	5.201	0.065	0.193
(0.6，0.8]	265	0.691	0.005***	2.585	0.097	0.239
(0.8，1.0]	450	0.982	0.010***	6.168	0.093	0.188
(1，5]	669	2.263	0.008***	6.452	0.154	0.230

注：***、**和*分别表示 1%、5% 和 10%的显著性水平。

　　表 8.4 的 A 栏是按股利变化类型进行分组，B 栏是按每股股利变化幅度进行分组。本章剔除了股利变化程度达到大于正负 500%的极端样本观测值，采用 Patell Z 值检验三天累积超额收益率的显著程度。相比于一般的 t 检验，Patell Z 检验值改善了方差估计，针对实际交易日差异产生的异方差进行了加权处理并获得更精确的统计检验结果 (Patell，1976)。全样本包含 9079 个观测值，每股股利变化均值为−0.0075，投资者三天累积超额收益率均值为 0.54%，达到 1%的显著性水平。股利发放水平提高组的累积超额收益率最高(0.71%)，股利发放水平降低组次之(0.54%)，股利发放水平维持不变组最小(0.38%)，均达到 1%的显著性水平。由于本章采用基准市场证券投资组合收益率是各分市场(沪市 A 股、深市 A 股)内股票的总市值加权收益率。这表明投资者更青睐样本内的公司股票，而不是青睐零股利发放或股利发放不规律而达不到本章计算股利平稳性条件的"铁公鸡"和"无规律"股票。表 8.4 的 B 栏的结果显示，不同的每股股利变化幅度组的三天累积超额收益率均值均为正数且均达到 1%水平的显著性水平。因此，本章假设 1a 得到了验证。

　　基于美国等成熟资本市场的研究认为，平均而言，投资者对公司维持或提升股利发放水平给予正向市场反应的量级，明显低于给予削减股利发放水平负向市场反应的量级 (Grullon et al.，2002；Larkin et al.，2016)，即存在负向市场反应量级高于正向市场反应量级的双向市场不对称反应。本章的证据表明，我国资本市场投资者只存在单向的不对称市场反应，股利提高组的正向市场反应略高于股利降低组的正向市场反应。

　　表 8.5 报告了投资者短期市场反应对公司股利发放情况(发放水平、变化值、不平稳程度)的回归结果。从表 8.5 的模型(1)、模型(2)和模型(3)可以看到，每股股利、每股股

利变化值的回归系数显著为正，但股利不平稳程度的回归系数则不显著。这表明投资者的短期市场反应仅与股利发放水平和变化值相关。投资者可能短期内较难感知公司的股利不平稳程度，故此股利不平稳与短期的累积超额收益率无关。从控制变量回归结果看，规模越大，累积超额收益率越大；产权性质为非国有上市公司，累积超额收益率越大；其他变量则不显著。由于股利发放公告日窗口期较短且通常伴随多项公司决策的发布，故较难捕捉到显著影响这一事件的因素和模式。表 8.5 的结果与 8.2 节中的预测一致，也即，本章假设 1b 得到了验证。

表 8.5　投资者市场反应与股利不平稳程度的回归结果

变量	(1) CAR	(2) CAR	(3) CAR
Dps	0.008***	0.009***	0.009***
	(0.008)	(0.006)	(0.007)
Changedps	—	0.038*	0.038*
	—	(0.075)	(0.075)
Soa	—	—	0.001
	—	—	(0.911)
Lta	0.003*	0.003*	0.003*
	(0.098)	(0.084)	(0.084)
Mtob	0.001	0.001	0.001
	(0.147)	(0.224)	(0.227)
Roa	−0.014	−0.006	−0.006
	(0.592)	(0.821)	(0.835)
Sdeditda	−0.000	−0.000	−0.000
	(0.787)	(0.772)	(0.767)
Cfops	0.001	0.002	0.002
	(0.331)	(0.229)	(0.228)
Price	0.000	0.000	0.000
	(0.476)	(0.385)	(0.385)
Soe	−0.003*	−0.003**	−0.003*
	(0.052)	(0.050)	(0.051)
Constant	−0.031*	−0.032**	−0.032**
	(0.052)	(0.048)	(0.048)
Ind	控制	控制	控制
Observations	1208	1208	1208
Adjusted R^2	0.0365	0.0391	0.0391

注：***、**、*分别表示 1%、5% 和 10%的显著性水平。括号内为稳健回归 p 值。

8.4.4　股利平稳性溢价效应的检验结果

表 8.6 报告了股利不平稳程度和月度股票回报率的分位数统计结果。月度股票回报率采用的是 2004 年 5 月至 2015 年 4 月的考虑现金红利再投资的月个股回报率。从均值分析，股利不平稳性 1~4 分位的月度股票回报率均大于 0，且第 1 分位、第 4 分位的数值较大，但第 5 分位的月度股票回报率为负数。由 8.4.1 节的描述性统计可知，20.1%的公司股利调整速度系数高于 1，即这类公司股利不平稳程度极高。由此可发现，股利不平稳程度与月度股票回报率并非简单的线性关系。投资样本内的公司可以获得可观的投资收益，除了投资股利极不平稳的后 20%分位的股票以外。t 检验结果也表明，投资股利不平稳程度后 20%的股票比前 20%的股票要遭受近 10%(0.008×12)的年度化预期投资回报率的损失，且该结果达到 1%的显著性水平。从中位数分析，股利不平稳程度前 20%的月度股票回报率仍然最高，且最高分位与最低分位回报率的差异的 Mann-Whitney U 检验结果显著，支持上面的结论。

表 8.6　股利不平稳性程度与月度股票回报率统计结果

股利不平稳程度分位数	均值	中位数
1	0.004	0.002
2	0.005	−0.001
3	0.002	−0.007
4	0.005	−0.002
5	−0.004	−0.010
5-1	−0.008	−0.012
t 检验	−1.886[**](0.030)	
Wilcoxon 秩和检验(Mann-Whitney U 检验)		−2.43[**](0.015)

注：[***]、[**]、[*]分别表示 1%、5% 和 10%的显著性水平。括号内为 p 值。

表 8.7 报告了采用 Fama 和 French(1993)三因素分析考察股利平稳性溢价效应的结果。本章依照股利不平稳程度构建投资组合，取前 30%分位为低股利不平稳投资组合，中间 40%分位为中股利不平稳投资组合，后面 30%分位为高股利不平稳投资组合，然后采用回归模型(8.9)捕捉相关估计系数。Alpha 参数估计值捕捉了控制市场风险、公司规模、账面市值比值三大因素后投资组合的预期投资收益。从结果看，低股利不平稳组的 Alpha 参数估计值最小(0.076)，中股利不平稳组稍大(0.108)，高股利不平稳组最大(0.117)。高低组之间的差异为 0.042，且在 1%水平上显著。这表明投资者采用同样的投资组合策略时，选择股利不平稳程度前 30%的股票投资组合要比选择后 30%的投资组合多支付 4.2%的股利平稳性溢价。这一发现与本章的预测相一致，即投资者认为股利平稳性较高的公司的治理水平更高，且更有希望满足我国资本市场的再融资资格而缓解融资约束，从而愿意接受较低

的预期投资收益。这也表明实行较高的股利平稳性政策有利于公司降低融资资本成本。

表 8.7　股利平稳性溢价效应的 Fama 和 French(1993)三因素法分析结果

股利不平稳程度分位数	Alpha 参数估计值	标准误差	t 检验值
1	0.076	0.004	21.04
2	0.108	0.004	27.85
3	0.117	0.005	23.27
3-1	0.042	0.000	16.12

　　表 8.8 报告了根据方程(8.12)计算的多元回归结果。从模型(1)和模型(2)的回归结果看，股利不平稳程度的回归系数均为正数，且在 1%水平上显著。这表明股利不平稳程度与月度股票回报率正相关，也即，投资低股利不平稳投资组合要比投资高股利不平稳投资组合可获得的预期投资收益更低。这进一步支持了投资者愿意为股利平稳性较高的公司股票支付溢价的预测。故此，本章提出的假设 2 得到了验证。

表 8.8　溢价效应的 Fama 和 MacBeth(1973)分析法回归结果

变量	(1) Ret	(2) Ret
Soa	0.033***	0.034***
	(0.000)	(0.000)
Beta	0.956***	0.956***
	(0.000)	(0.000)
Lnme	−0.003*	−0.002
	(0.061)	(0.158)
Lnbeme	0.009***	0.005*
	(0.001)	(0.066)
Lnprme	—	0.013***
	—	(0.002)
Constant	0.099***	0.115***
	(0.000)	(0.000)
Observations	8454	8454
Adjusted R^2	0.802	0.803

注：***、**、*分别表示 1%、5% 和 10%的显著性水平。括号内为稳健回归 p 值。

8.4.5　稳健性检验

1. 内生性检验

本章发现股利不平稳的股票对非独立机构投资者具有显著的客户"驱逐"效应。然而，本章运用多元回归分析的研究设计本身并未能够缓解两者可能存在的内生性。因此，研究上市公司的股利不平稳是否对机构投资者具有"驱逐"效应，其关键是要选择合理的评判基准，从而克服股利不平稳与非独立机构投资者之间的内生性。运用 PSM 模型能较好解决这一问题。其研究思路是借鉴 Rosenbaum 和 Rubin(1985)的方法，寻找一组"反事实"的控制组来最大程度缓解由于样本的选择性偏差(selection bias)或混杂偏差(confounding bias)导致的内生性问题。因此，解决内生性问题的合理评判基准就是要以影响股利不平稳的驱动因素为依据，即筛选出与股利不平稳股票"相仿"的股利平稳性程度较高的股票，进而考察在诸多指标上保持一致的两类股票对非独立机构投资者数量的影响，得出股利不平稳对非独立机构投资者的"净"影响。

匹配过程是 PSM 方法的核心环节，其目的是使得配对成功的机构股和普通股在各个维度(匹配变量)上的特征都尽量相同(史永东和王谨乐，2014)。考虑到上市公司的代理冲突和信息不对称是影响我国上市公司股利不平稳的主要因素(刘星和陈名芹，2016)，本章以股利不平稳程度最高的前 30%的"公司年样本"作为处理组样本，在股利不平稳程度的后 70%的"公司年样本"中寻找"反事实"控制组样本，选择以下六个变量作为匹配变量，包括公司 i 的现金流权与控制权分离度 Vc_i，其等于当年的实际控制人控制权(投票权)除以现金流权；公司 i 在 2014 年的产权性质 Soe_i，其中，1 表示产权性质是国有企业，0 表示产权性质是非国有企业；公司 i 的规模 Lta_i，其等于公司的当年总资产取自然对数；公司 i 的有形资产比例 $Tanasset_i$，其等于当年有形资产总值除以总资产；公司 i 的盈余波动性 $Sdeditda_i$，其等于公司前五年的息税折旧摊销前利润除以总资产的标准差；公司 i 在当年的分析师预测偏差度 $Fcstdeviation_i$，其等于财务分析师每股收益预测中位数与实际值之差的绝对值。

PSM 模型采用 Logit 模型，对二元被解释变量(是否为股利不平稳股票)进行回归，然后以各匹配变量的回归系数作为权重，拟合出每一只股票的倾向得分 PS 值，该 PS 值体现了某只股票为股利不平稳股票的概率大小。最终，根据该 PS 值对股利不平稳股票和股利平稳股票进行配对。PS 值的计算过程如式(8.13)所示：

$$PS(X_{it}) = Pro\left(f_{it} = 1 | X_{it}\right) = \frac{\exp(\beta X_{it})}{1 + \exp(\beta X_{it})} \tag{8.13}$$

其中，X_{it} 是各只股票 i 在 t 年的匹配变量，f 代表是否为股利不平稳股票，取值为 1 代表是该类型股票，取值为 0 代表不是该类型股票。

经匹配之后股利不平稳股票和股利相对平稳股票在各个匹配变量维度已不存在显著

差异，剩下的唯一区别便可以认为是股利不平稳程度的差异，即处理措施(treatment)。据此，可以使用匹配后样本，按照 Becker 和 Ichino(2002)的方法，计算平均处理效应 ATT。计算方法如式(8.14)所示：

$$\text{ATT} = 1/N^T \sum_{I \in T} Y_i^T - 1/N^T \sum_{J \in C} \omega_j Y_j^C \tag{8.14}$$

其中，T 代表处理组(股利不平稳股票)，N^T 代表股利不平稳股票的数量，C 代表控制组(匹配成功的股利平稳股票)，Y_i 和 Y_j 分别代表股利不平稳股票和股利平稳股票的波动率。本章将与股利不平稳股票 i 匹配成功的股利平稳股票数量记为 N_i^C，上式中的权重 $\omega_j = \sum_i \omega_{ij}$，其中匹配 $\omega_{ij} = 1/N_i^C$。

　　表 8.9 报告了匹配前的匹配变量组间差异检验结果。从表 8.9 的结果可知，匹配前股利不平稳组与股利相对平稳组在现金流权与控制权分离度、公司规模、有形资产比例、盈余波动性和分析师预测偏差度上的均值均存在显著的差异，在公司产权上的均值差异则并不明显。然而，由于股利不平稳股票仅占样本量的 30%，股利相对平稳占样本量的 70%，这些均值差异仅能一定程度匹配处理前的基本情况。

表 8.9　匹配前的匹配变量组间差异检验结果

匹配变量	股利平稳股票组均值	股利不平稳股票组均值	差异	t 检验	
				t 值	p 值
Vc	1.329	1.414	−0.086	−4.652	0.000
Soe	0.589	0.582	0.006	0.915	0.360
Lta	19.516	19.412	0.104	13.036	0.000
Tanasset	9.566	0.964	−0.007	−8.299	0.000
Sdeditda	3.725	0.871	2.854	3.744	0.000
Fcstdeviation	0.277	0.292	−0.015	−4.652	0.000

　　本章采用 PSM 模型最为常用的"近邻匹配"(nearest neighbor matching)方法进行一对一匹配。经过匹配处理程序后，本章检验其匹配效果是否满足共同支撑假设和平衡性假设。未显示的结果表明，匹配后股利不平稳股票和股利相对平稳股票的 PS 值分布形态基本保持一致，满足共同支撑假设。图 8.2 展示了匹配后的匹配变量标准偏差结果；表 8.10 报告了平衡性假设的检验结果。由图 8.2 和表 8.10 可知，从标准偏差和组间均值差异的检验结果看，匹配后各变量标准偏差的绝对值控制在 5% 以内，并且组间均值差异在 5% 的显著性水平上均不显著。故可以认为平衡性假设也得到了满足。

表 8.10　平衡性假设的检验结果

匹配变量	处理组	控制组	标准偏差/%	t 检验	
				t 值	p 值
Vc	1.343	1.360	−1.6	−0.88	0.380

续表

匹配变量	处理组	控制组	标准偏差/%	t检验	
				t 值	p 值
Soe	0.616	0.598	3.6	1.92	0.056
Lta	19.425	19.432	−1.4	−0.77	0.442
Tanasset	0.964	0.963	1.1	0.63	0.526
Sdeditda	0.895	0.666	2.7	1.51	0.132
Fcstdeviation	0.289	0.290	−0.4	−0.24	0.813
Ind	—	—	—	—	—

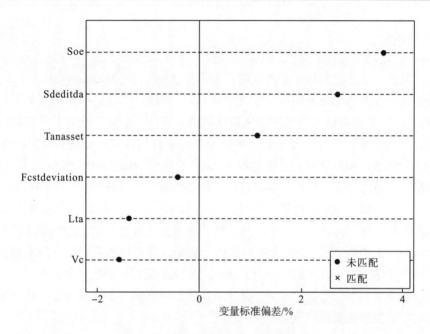

图 8.2　匹配后的匹配变量标准偏差结果

　　表 8.11 报告了产出变量非独立机构投资者数量的平均处理效应。回归采用了 Logit 模型且控制了行业因素的影响。从表 8.11 可以看出，全部样本匹配后的平均处理效应 t 检验值为-2.63，并且回归系数在 1%的显著性水平上显著为负。表明股利不平稳显著减少了非独立机构持股者数量，与前文得到的研究结论一致。考察分组样本，本章发现，股改完成前(2003~2008 年)样本匹配后的平均处理效应 t 检验值为-3.10，并且回归系数在 1%的显著性水平上显著为负；股改完成后(2009~2014 年)样本匹配后的平均处理效应 t 检验值为-0.12，并且回归系数不显著。这一结果与前文得到的研究结论一致。由此可见，本章得到的主要结论具有较高的稳健性。

表 8.11　匹配样本平均处理效应（ATT）的检验结果

样本	因变量	处理效应	股利不平稳组均值	股利平稳组均值	均值差异	t 检验值
全部	Type2	匹配前	13.571	14.211	-0.640***	-5.98
	Type2	匹配后 ATT	13.578	13.887	-0.308***	-2.63
股改前 （2003~2008 年）	Type2	匹配前	12.216	13.026	-0.810***	-4.51
	Type2	匹配后 ATT	12.217	12.796	-0.579***	-3.10
股改后 （2009~2014 年）	Type2	匹配前	14.759	14.926	-0.167	-1.30
	Type2	匹配后 ATT	14.744	14.761	-0.017	-0.12

2. 其他检验

首先，本章在计算股利不平稳程度时，参考了 Leary 和 Michaely（2011）、Larkin 等（2016）的做法，采用的是公司组间中位数数据（这一做法可以缓解采用均值数据易受极值影响的担忧）。本章重新以公司组间均值数据对结果进行了检验，没有发现实质性不同的研究结论。其次，采用事件研究法时，本章选择的事件估计窗口期为替代为[-95，-6]时间段，对于不足 90 个实际交易日的观测样本，同样要求至少需要 60 个实际交易日的数据，结果没有发生实质性变化。再次，本章替代了稳健性检验中 PSM 模型的选择，采用 Logit 回归模型、替代一对一近邻匹配的权重计算取值为核匹配（kernel matching）的核函数权重取值，结果依然保持一致。此外，考虑到一些文献对独立投资者的划分标准不一致，如将券商划分为独立机构投资者，将非金融公司和一般法人等其他投资者划分为非独立机构投资者，本章参考佟岩等（2015）的做法进行调整，实证结果没有影响本章的结论。最后，本章替代了财务变量，如公司盈余 Roa、盈余波动性 Sdeditda 等的计算方法，相应的检验所得到的结论亦未发生实质性改变。

8.5　本　章　小　结

本章首次检验了我国资本市场上投资者对上市公司股利不平稳程度的行为偏好。采用A 股上市公司数据，本章发现投资者偏好股利上升股票的程度大于偏好股利维持和股利下降股票的程度，并远大于偏好"铁公鸡""无规律"股票的程度。这意味着公司如果采取"一毛不拔"或"无章可循"的股利决策，需要审慎评估这些策略是否会动摇公司形象在投资者心目中的地位。本章发现投资者投资股利不平稳极高的股票会遭受较大的预期投资收益损失，但却愿意为股利不平稳程度较低的投资组合支付股利平稳性溢价。这为 Larkin 等（2016）探讨的股利平稳性是否具有溢价的理论争议提供了来自新兴经济体国家（我国）的直接经验。本章发现个人投资者对上市公司股利不平稳程度并不敏感，而机构投资者，尤其非独立机构投资者却更不偏好这类股票，也即，我国上市公司的股利不平稳会产生对机构投资者，尤其是非独立机构投资者的客户"驱逐效应"，且该效应在股权分置改革完成前更加明显。这意味着上市公司如果需要进一步吸引和留住机构投资者，则调整公司股利平稳性将会是一项重要的财务决策选项。

　　本章的研究发现具有重要的政策含义。首先，我国在 2005～2009 年对股权分置的制度安排进行了改革，本章的实证证据表明，股权分置改革对股市全流通性问题制度性缺陷的解决，有助于提高资本市场参与者的决策独立性。其次，自 2002 年以来，我国将股利发放水平与再融资资格相挂钩的"半强制分红"政策实施成效不佳而引起学者的忧虑(陈云玲，2014；魏志华等，2014；余琰和王春飞，2014)。给定机构投资者能够识别并且更偏好股利平稳性公司的结论存在，则放松分红监管与再融资资格的联系，尊重上市公司分红决策的主体地位，进一步强化上市公司的分红信息披露监管，尤其是股利承诺的执行情况的监管显得非常必要。我国证监会 2013 年 11 月、2014 年 10 月分别发布了《上市公司监管指引第 3 号——上市公司现金分红》《上市公司章程指引(2014 年修订)》等股利监管政策，力求进一步提高上市公司的分红透明度和稳定性。本章的研究结果间接地支持了证监会上述股利监管政策调整，并对促进股利监管制度的动态演进也具有一定的借鉴价值。

第9章 我国上市公司股利监管新政的市场反应与实施效果

本章研究股利监管新政的短期市场反应和中期实施效果。首先，介绍了 2013 年开始启动股利监管新政的制度背景，提出了研究问题。其次，结合公司章程治理效应，分析了股利承诺中信息披露质量的影响，构建了分析框架，提出了相关的研究假设。再次，介绍了实证检验的研究设计。最后，采用一系列的分析方法，报告了检验结果，回应本章提出的研究假设，得出本章的研究结论。

9.1 引 言

股利监管是处于经济转型期的中国所采取的有别于西方成熟资本市场的一项重要制度安排。资本市场的监管者在投资者保护中扮演重要角色(La Porta et al.，2000，2002)，在中国也不例外。为进一步规范上市公司现金分红，增强现金分红透明度，切实维护投资者合法权益，证监会于 2013 年 11 月 30 日发布了政策文件《上市公司监管指引第 3 号——上市公司现金分红》(以下简称《分红指引》)。这一文件改变了自 2001 年以来证监会实施的将"再融资资格与股利发放水平相挂钩"的半强制分红政策，转向要求上市公司在其公司章程中明确做出分红承诺，优先采用现金分红，并支持上市公司采取"差异化股利政策"，从而将自愿性和强制性兼而有之的"半强制"分红监管政策，调整为允许差异性分红，但需要提前做出承诺的分红监管政策。

中国的股利承诺监管新政，正是期望通过上市公司层面法律规章的变化，即公司章程修订，从而"健全现金分红制度，保持现金分红政策的一致性、合理性和稳定性，保证现金分红信息披露的真实性"(《分红指引》第二条)，进一步实现对投资者利益的保护。那么，上市公司在公司章程中股利承诺条款的设置是否存在差异？现金股利承诺是否提升了公司治理质量，从而促使投资者对上市公司依据《分红指引》而修订的公司章程给予不同的反应？公司章程中的股利承诺设置能否改善股利不平稳程度较高的状况？借助一个特别设定，本章选择证监会 2013 年 11 月 30 日发布《分红指引》和 2014 年 10 月 20 日公布《上市公司章程指引(2014 年修订)》)这一特定期间内，公告修订公司章程的上市公司为基础样本，并通过甄别出干净样本，对上述问题进行了检验。

中国的上市公司普遍存在着现金股利不平稳现象(吕长江和王克敏，1999；李茂良等，

2014；余琰和王春飞，2014），但对影响现金股利不平稳的动因来源则仍缺乏系统探究，对现金股利监管的必要性、有效性问题也亟须进一步深入探讨。刘星和陈名芹(2016)基于国内外股利平稳性前沿研究的综述与分析，构建了中国上市公司股利平稳性理论框架，为这一问题的深入研究提供了方向指引，逐步引起了学术界关注。陈名芹等(2017)首次从投资者估值的视角，探究了中国上市公司现金股利不平稳对投资者行为偏好的影响，为进一步讨论股利监管必要性、有效性提供了支持。延续这一思路，本章直接考察公司章程中所设置的股利承诺条款是否能提高公司治理质量，是否有助于提升投资者财富，是否具有公司治理功能并保护投资者利益。

9.2　理论分析与研究假设

9.2.1　制度背景及理论分析

基于中国制度背景下的公司事前股利承诺对财务行为影响的国内研究尚不多见。自从2001 年以来，中国证监会在 2004 年、2006 年、2008 年、2012 年陆续出台政策，将再融资条件与股利分配水平相挂钩，针对上市公司的分红行为采取了由"放任自流"逐步转变为"半强制"的政府监管(刘星等，2015)。不少研究检验并评价了"半强制"分红政策对公司股利行为的影响(李常青等，2010；魏志华等，2014；陈云玲，2014；余琰和王春飞，2014)。但仅有王国俊和王跃堂(2014)等少数学者关注到监管新政下，上市公司的股利承诺对 IPO 定价和后期的业绩的影响。Hou 等(2015)研究了中国 2005 年股权分置改革后，控股股东的业绩承诺对于盈余管理行为的影响。在典型的交易中，增发股票的持有者(控股股东)需要承诺满足公司特定的业绩目标，并同意支付补偿给予少数股东。他们的研究发现，低盈余的公司在更大程度上有激励去做出业绩承诺，从而减少控股股东必须支付的补偿比例；公司实际业绩不足的公司更会进行盈余管理以满足事前的业绩承诺的目标水平；并且，面临更高违约成本的公司，进行盈余管理的幅度更大。Firth 等(2010)、Li 等(2011)同样发现减少对中小股东的补偿是驱动公司控股股东做出业绩或其他承诺的重要影响因素。依照这些研究发现的逻辑，公司预期到的未来(如股利承诺之后)业绩可能是影响其事前做出股利承诺的重要影响因素。因此，尚未上市的公司在 IPO 之后的业绩表现可能会影响其事前的股利承诺，即两者可能存在一定的内生性。这表明，探究股利监管新政的影响，需要进一步采用更合理的设计(即缓解内生性问题)来加以检验。这也为本章的研究提供了难得的契机。

中国的股利承诺监管要求上市公司要在其公司章程上明确现金分红计划，提高现金分红政策的透明度和稳定性。因此，增加现金分红条款既是强化公司内部治理质量的一项重要措施，也可能与公司治理质量形成互补效应。然而，在理论上分析公司章程条款对公司治理水平和投资者保护程度的文献却并不多见，仅有少数几篇文章讨论了章程条款和公司治理水平的关系。例如，Gompers 等(2003)、Bebehuk 等(2009)的研究发现，公司层面法律规章的差异构成了投资者保护的差异，并对降低代理成本，提高公司绩效作用显著。沈艺峰等(2009)等采用了诸如"是否采用了累积投票制度""超 3%股份股东是否提出过临时议案"等部分章程条款，构建公司治理指标体系。郑志刚等(2011)则以 Gompers 等(2003)选择的 24 项条款作为蓝本，对照当时修改后的《中华人民共和国公司法》、《中华人民共和国证券法》和《上市公司章程指引(2006 年修订)》等赋予公司自治权的相关规定，采用累积投票条款、董事责任险等条款、提名董事权持股要求条款和增资程序条款等四项章程条款，考察中国公司层面法律规章的差异与企业代理成本之间的关系。柳建华等(2015)考察了公司章程中董事会对外投资权限的设置与企业投资效率关系，发现降低公司董事会的对外投资权限可以抑制公司的过度投资倾向，且在国有控股上市公司中表现更为明显，但过低的投资权限设置也会导致投资不足。尽管以上的研究涉及公司章程条款对公司治理水平、投资者保护、公司投资效率的影响，但并未从投资者的视角直接检验公司章程条款设置影响的量级。因此，本章的研究将有助于填补这一空缺。

西方的研究认为，上市公司的现金股利政策具有公司治理功能，维持一定水平的现金股利支付水平是一种传统的公司治理机制(Knyazeva and Knyazeva，2014；John et al.，2015)。这一类研究主要以美国上市公司为研究样本，认为成熟资本市场的上市公司会将现金分红作为隐形义务和潜在事前承诺，从而通过维持较高水平的现金股利支付水平而降低代理冲突。显然，相比于美国上市公司的隐性股利承诺，我国上市公司的显性现金股利承诺能否提升公司治理质量，是否具有公司治理功能也很值得探究。

值得注意的是，上市公司在公司章程修订中相应的承诺条款信息内容透明度存在较大差异，即其信息披露方式及质量并不相同，从而也可能导致其公司治理质量存在差异。信息披露质量高低会影响投资者的决策选择。Li 等(2012)的研究发现，公司管理层业绩预测降低了再融资(SEO)抑价，并且，披露的管理层业绩预测精确性越强，这一效应越显著。Williams(1996)、Hutton 和 Stocken(2009)的研究也发现市场投资者对更加准确、更加可信的管理层业绩预测会表现出更强烈的市场反应，反之，如果投资者发现公司披露的信息质量较差，他们则不会在定价决策中考虑这类信息的内涵。辛清泉等(2014)的研究表明，更透明的信息披露向市场注入了更为丰富和准确的企业特质信息，有助于投资者对企业未来发生的事项(如现金流)进行预测，并将这些有关未来事项的信息提前整合到当前的股价之中。由于中国特有的制度背景，不同产权性质的公司在信息披露上也可能存在较大的差异。那么，如果将信息透明度视为公司自治水平的有机部分，投资者是否会对上市公司股利承诺的透明度给予相应的市场反应呢？这种反应在国有上市公司和非国有上市公司中有没有区别？本章也就此进行检验。

不仅如此，尽管中国的股利承诺监管的目标之一是提高上市公司的现金分红政策的稳定性(《分红指引》第二条)，但投资者是否重视上市公司的股利政策稳定性？上市公司在股利承诺之后，其股利不平稳现象有没有得到改善？这仍然缺乏经验证据支持。近年来，公司股利平稳性(或稳定性)的研究问题吸引了国内外许多学者的持续关注(刘星和陈名芹，2016)。Leary 和 Michaely(2011)率先较为系统地分析了影响股利稳定性的决定因素，发现现金流充沛、成长性预期较差(相对成熟)、公司治理水平较低、机构持股水平较高的公司,更多地采取股利平滑行为,股利稳定性更强。Javakhadze 等(2014)从国际比较的视角,分析了不同国家的公司股利平滑行为。刘星和陈名芹(2016)在分析了股利平稳性前沿研究的基础上,提出了中国上市公司股利平稳性理论框架,推动了这一领域研究的新进展。与成熟资本市场存在的较强股利稳定现象不同,中国上市公司长期存在着股利不稳定现象,市场投资者是否青睐股利稳定性较强的公司?公司章程中的股利承诺是否能够发挥治理作用,改善上市公司股利不平稳现象?借助这一特别的研究设定,本章将就此进行检验。

9.2.2　研究假设

随着中国多层次资本市场的建立和发展,证监会对上市公司的股利监管政策也逐步从要求上市公司"再融资资格与股利发放水平相挂钩"过渡到要求上市公司在其公司章程中列示出关于现金分红的"自愿性承诺"。这一制度安排的演进大致经历了以下三个阶段:一是从 2011 年 11 月 9 日开始,证监会要求申请上市的公司必须在公司章程中列示出对股东进行现金回报的承诺,即在"首发公开上市"(IPO)时对上市以后的现金分红做出"自愿性的承诺",并在招股说明书中详细披露现金分红的比例以及支付的条件。二是在 2013 年 11 月 30 日,证券会发布《分红指引》,要求已经上市的公司进行公司章程修订,明确列示分红承诺,优先采用现金分红,并根据上市公司的发展情况采取"差异化股利政策"。三是在 2014 年 6 月 6 日,证监会公布修订《上市公司章程指引(2006 年修订)》,进一步规范上市公司公司章程修订的范围、内容和程序,其中更加详细地对上市公司的股利承诺在公司章程中的体现进行指引。《上市公司章程指引(2014 年修订)》在 2014 年 10 月 20 日开始正式实施。

上市公司根据证监会发布的《分红指引》所采取的修订公司章程行为,在信息实质内容的透明度上存在较大的不同,主要体现在两个方面:一方面是修订的内容信息包含了其他的非股利承诺事项,例如,涉及公司经营范围变更、董事会决策程序修改、高管人事变更等;另一方面是公司出于自治的需要,在分红比例、分红决策程序、重大资金安排标准、差异化股利政策安排等方面,披露的信息有所差异。由于同一事件的不同陈述方式会引发决策者运用不同的参考点做出不同的判断和决定(Wright and Goodwin,2002)。也即,公司章程修订中股利承诺条款设置不同会导致投资者对公司信息披露质量和内部治理水平的认知参考点设置不同。因此,本章以公司章程修订中,是否存在股利承诺信息内容唯一性(unique)、是否有精密分红程序(process)和是否有精确的分红比例(dividend)来刻画信息内容透明度,并将其视为公司治理水平的有机构成部分。理论上,市场投资者倾向于对信息披露准确性、可信度更高的公司给予更强的市场反应(Williams,1996;Hutton and Stocken,2009)。因此,公司的现金股利承诺会给予投资者更加稳定的回报预期。然而,如果公司章程修订的内容混杂的信息越多,则可能意味着未来的发展存在着越大的不确定性,例如,议事规则或高管人事的变动可能导致已有的承诺难以兑现,经营范围的变动可能造成未来现金流的不确定性增强。现金流的不确定性是影响公司制订股利政策的重要因素(Chay and Suh，2009)。因此，公司公告中的混杂信息越多，未来现金流的不确定性越强，其股利承诺在未来的可兑现性可能越低，反之亦然。本章预期，上市公司公告公司章程修订，且公告内容只涉及股利承诺而不带其他事项的公司(即具备分红内容唯一性)，投资者会给予更大的正向市场反应，即投资者的累积超额收益率越大。为此，本章提出如下假设。

假设1：相比公司章程修订信息内容混杂的公司，公司章程修订信息中具备分红内容唯一性的公司，投资者可获得的累积超额收益率越大。

《分红指引》第三条第一款明确要求上市公司应当在公司章程中载明"现金分红事项的决策程序和机制""为充分听取独立董事和中小股东意见所采取的措施"。这一条款有助于提升上市公司股利承诺的可信性。由于"现金股利承诺制度提高了分红决策的透明度，一定程度上改善了公司治理水平，而公司治理水平的提升对公司的业绩表现有促进作用"(王国俊和王跃堂，2014)。本章预期，如果观察到上市公司在公司章程修订中载明了明确的决策程序和机制，即既载明决策程序和机制，又具体列举"充分听取独立董事和中小股东意见所采取的措施"的，投资者可能会认为公司章程自治效果会更好，从而表现出更大的正向市场反应。为此，本章提出如下假设。

假设2：相比公司章程修订时现金股利承诺中未精密列示分红决策程序的公司，现金股利承诺中具备精密分红决策程序的公司，投资者可获得的累积超额收益率越大。

《分红指引》第三条第二款要求上市公司要载明分红的具体内容、形式、期间间隔、分红条件、分红比例等要素；《分红指引》第四条要求上市公司要明确现金分红的优先顺序，限制股票分红的随意启动；《分红指引》第五条要求上市公司"应当综合考虑所处行业特点、发展阶段、自身经营模式、盈利水平以及是否有重大资金支出安排等因素"，区分公司发展周期和是否有重大资金支出安排，提出差异化的现金分红政策。这些要求正在重塑公司的自治水平。公司章程构成了一个公司的"宪法"，在一定程度上，它也是上市公司用以规避证监会层面法律条款影响的工具。公司章程中增加或删除有利于投资者保护内容的条款，将为后续上市公司应对市场投资者投诉或证监会监管提供依据。因此，依照《分红指引》要求详细载明股利承诺相应条款的上市公司，未来受到的约束将更大，反之，以模糊或忽略的方式列示股利承诺相应条款的上市公司，未来遭受投诉时的可解释空间或弹性更大。对于尚未上市的公司，王国俊和王跃堂(2014)认为证监会更倾向于把上市资源分配给"慷慨"的公司，而对可能获得上市资格后"赖账"的公司则保持更加谨慎的态度。同样地，对于已经上市的公司，投资者可能更青睐于公司章程内容信息精确性更强的公司(本章特指明确了分红比例的公司)，因为这类公司自我约束要求更高，"赖账"的可能性更小(王国俊和王跃堂，2014)。为此，本章提出如下假设。

假设3：相比公司章程修订时现金股利承诺中分红比例信息不精确的公司，现金股利承诺中具备精确分红比例信息的公司，投资者可获得的累积超额收益率越大。

由于公司章程中保护投资者利益的条款设立对公司治理质量有着积极影响(郑志刚等，2011)，并且公司章程在一定程度上能有效抑制公司的过度投资倾向，体现公司章程自治效应。因此，公司章程中的股利承诺条款设立，一定程度上也是保护投资者利益的体现，可能会提升公司的内部治理质量，从而改善公司股利不平稳的状况。因此，在公司股利承诺之后（例如，在 2015 年度及之后年度），本章预期公司股利支付水平、股利支付水平没有显著变化，但公司股利平稳性得到进一步提升。为此，本章提出如下假设。

假设 4：相比于未进行公司章程修订的公司，进行公司章程修订并给出股利承诺的公司中，具备分红内容唯一性、精密分红决策程序、精确分红比例信息的公司，现金股利不平稳程度越低。

综上分析，本章的分析逻辑沿着"股利承诺→公司内部治理质量（信息披露内容透明度）→投资者短期市场反应与股利承诺实施效果"的理论框架而展开。如图 9.1 所示，第一步，上市公司在股利监管新政发布之后选择时机通过公司章程进行股利承诺，披露适合于公司发展的公司章程修订条款；第二步，由于公司股利承诺中的信息披露质量有所差异，从而导致公司内部治理的质量出现差异；第三步，投资者根据章程条款中信息透明度和公司内部治理水平而做出短期的市场反应。进行股利承诺之后，由于受内部治理质量水平变化的影响，公司在 2015 年的股利不平稳程度发生明显变化，体现出治理效果。

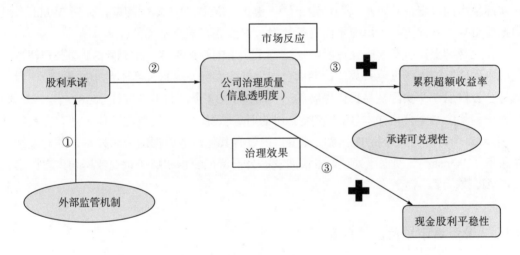

图 9.1　逻辑框架

①第一步；②第二步；③第三步

9.3　研 究 设 计

9.3.1　样本选取与构成

本章的样本来自沪深 A 股资本市场。研究窗口选择从证监会发布《分红指引》的日期(2013 年 11 月 30 日)开始，截至证监会公布修订《上市公司章程指引(2006 年修订)》

的日期(2014 年 6 月 6 日)。尽管《上市公司章程指引(2014 年修订)》在 2014 年 10 月 20 日才正式实施,但由于该文件发布之后,上市公司的公司章程修订公告中包含了更多股利承诺之外的条款内容,而混淆的内容信息会对研究结论产生较大的噪音,因此,本章并未选择 2014 年 6 月 6 日之后公告股利承诺的样本。与李常青等(2010)以"半强制分红"政策发布当天作为事件日(当天及附近仅有证监会公告〔2010〕25 号这一文件发布)的研究设计不同,本章没有选择《分红指引》发布当天作为事件日,因为当天及附近同时存在着证监会公告〔2013〕42 号文件《中国证监会关于进一步推进新股发行体制改革的意见》、证监会公告〔2013〕44 号文件《首次公开发行股票时公司股东公开发售股份暂行规定》的发布,无法区分投资者是基于哪一个事件做出市场反应。这一做法与 Li 等(2015)研究红利税改革的市场反应时不采用政策发布日为事件日的做法一致,因为当天及附近同时有四个文件(证监会公告〔2012〕35 号、36 号、37 号、38 号)发布。

　　本章采用人工采集数据的方法,在中国证监会指定信息披露网站之一:巨潮资讯网信息披露板块,以关键词"章程"收集窗口期间内的公司基础样本,并结合"修订""修改""修正""更正"等关键词文字组合,保留上市公司第一次公告公司章程修订的样本,剔除重复或后续再次更新的公司样本,并通过对公司章程修订(本章以"修订"替代上市公司实际使用的"修订""修改""修正""更正"等字眼)版本的阅读,使用 Wind 金融数据库重复关键词查找公司样本而进行核对,最终获得不重不漏的样本 416 个。

　　在此基础上,本章的研究过程中还进行了如下的筛选程序:①剔除 ST 类公司样本、剔除事件研究中市场风险系数估计期内公司停牌或实际交易日天数不足 100 天、公司章程修订公告日后 5 个实际交易日内停牌的公司样本共 33 个,剩下基础样本 383 个。②回归分析中剔除金融类公司样本(由于该类公司的财务状况、资产结构与其他企业存在系统性的差异)5 个。③回归分析中剔除研究窗口内没有其他财务数据的公司样本,并对连续变量采取了 Winsor 1%的缩尾处理。本章涉及的公司特征变量和财务状况数据均来自国泰安 CSMAR 数据库。

9.3.2　投资者市场反应的度量

　　本章采用了基于外生冲击视角的事件研究法和 PSM 法,检验上市公司股利承诺对投资者累积超额收益率的影响。本章将上市公司的公司章程修订公告日(如果当天为实际交易日,则以当天为 $t=0$,如果当天不是实际交易日,则以后续第一个实际交易日为 $t=0$)附近若干个实际交易日的股票累积超额收益率作为公司股利承诺这一事件市场反应的度量。依照事件研究的规范做法,采用市场风险调整模型计算累积超额收益率。市场风险调整模型为: $R_{it}=\alpha_i+\beta_i R_{mt}+\varepsilon_{it}$ 。其中, R_{it} 和 R_{mt} 分别是股票 i 和市场证券投资组合在 t 期的市场收益率(均考虑现金股利再投资的情况)。市场证券投资组合收益率基于各分市场(沪市 A 股、深市 A 股)内股票的市值加权计算收益率。本章选择的事件估计窗口期是接近一年 250 个实际交易日的[-280, -31]时间段。对于不足 250 个实际交易日的观测样本,要求至少需要 100 个实际交易日的数据。本章也剔除了事件日之后连续 5 个交易日内没有任何交易数据的公司样本。

9.3.3　其他变量的定义和模型

本章对公司章程修订内容信息透明度的确认同样采用人工阅读和采集数据的方法进行,这一做法与郑志刚等(2011)、Gompers 等(2003)的方法相一致,也与姚颐和赵梅(2016)采用以人工阅读方式度量信息披露风险的方法相一致。具体有关公司章程内容透明度的变量定义或度量方法,本章以表 9.1 列示。本章也依据《分红指引》第三条、第四条和第五条的其他内容,以 0、1 变量采集公司是否有明确红利优先(Prior)、差异化分红政策(Difference)、重大资金支出识别标准(Bigitem)、股东回报计划(Retplan)等信息,并以信息内容详细度(Detail)汇总精密分红程序(Process)、信息精确性(Dividend)和上述四项的数值之和,在稳健性检验时作为度量信息透明度的替代变量。

表 9.1　信息透明度的定义、度量和依据

信息透明度	变量符号	定义或度量方法	依据
内容唯一性	Unique	内容不涉及股利承诺以外事项的,赋值为 1,其他为 0,即样本为干净样本时,Unique=1。不干净样本的内容广泛涉及公司经营管理其他决策条款的变动,如经营范围变动、股本结构变动、高层人员变动决策程序、议事规则变动等	《分红指引》全文
精密分红决策程序	Process	内容包含了"现金分红事项的决策程序和机制"以及"为充分听取独立董事和中小股东意见所采取的措施"的赋值为 1,其他(如未能具体地体现出"为独立董事和中小股东提供便利措施")为 0	《分红指引》第三条第一款
精确分红比例信息	Dividend	内容包含了"各期现金分红最低金额或比例"的赋值为 1,其他为 0	《分红指引》第三条第二款

为检验本章的研究假设,本章建立以下的基础回归模型(各项检验根据需要有所调整):

$$CAR = \alpha + \beta_1 Transparency + \Sigma\beta_j Control + \zeta \tag{9.1}$$

$$CD = \alpha + \beta_1 Treat + \beta_2 Post + \beta_3 Treat \times Post + \Sigma\beta_j Control + \zeta \tag{9.2}$$

模型(9.1)中,信息透明度(Transparency)依据不同的研究假设检验,采用内容唯一性(Unique)、精密分红决策程序(Process)、精确分红比例信息(Dividend)替代。公司特征方面,本章选择公司最近年度的期末资产收益率(Roa)、资产负债率(Lev)、资产规模的自然对数(Lta)、公司上市年龄(Age)、成长性(Growth)、机构持股水平(Inst)以及度量资产、收入质量的指标[现金资产占比(Cash)、无形资产占比(Ia)、管理费用占比(Adm)]作为控制变量。模型(9.2)中,CD 表示三种股利支付情况,以每股股利(Dps)、每股股利变化水平(Chandps)和股利不平稳性(Relvol)相替代,Treat 表示处理组,Post 表示股利承诺之后的 2015 年。其他变量还包括产权性质和公司所处行业。变量的定义如表 9.2 所示。

表 9.2　变量的定义或度量方法

变量名称	变量符号	定义或度量方法
资产收益率	Roa	净利润与总资产的比值
资产负债率	Lev	总负债与总资产的比值
资产规模	Lta	总资产的自然对数
公司年龄	Age	公司的上市年龄
成长性	Growth	(资产总计期末值-资产总计期初值)/(资产总计期初值)
机构持股水平	Instla	所有机构持有者持有的流通股比例之和
现金资产占比	Cash	现金与短期投资之和占总资产的比例
无形资产占比	Ia	无形资产占总资产的比例
管理费用占比	Adm	管理费用占主营业务收入的比例
产权性质	Soe	虚拟变量，国有上市公司取值为 1，非国有上市公司取值为 0
每股股利	Dps	每股股利
每股股利变化水平	Changedps	当年的每股股利减去上一年的每股股利
股利稳定性	Relvol	近三年每股股利的标准差与每股盈余标准差之间的比值

9.4　实证结果与分析

9.4.1　描述性统计

　　根据证监会 2013 年 11 月发布的《分红指引》要求，所有上市公司均需要对公司章程进行修订，补充股利承诺相关内容。一个自然的疑问是：什么样的公司在 2014 年 6 月证监会公布修订《上市公司章程指引(2006 年修订)》之前就进行了章程修订，而其他公司则没有这样操作？为此，本章区分发布股利承诺公告和未发布股利承诺公告两组，对沪深 A 股非金融类公司的特征变量进行描述性统计和差异检验。表 9.3 报告了不同组别公司主要特征变量描述性统计结果。从表 9.3 可以看到，更早发布股利承诺公告的是资产收益率较高、资产负债率较高、资产规模越大、上市年龄越长、现金资产占比较低、无形资产占比相对较高的公司。这一类公司可能因为公司治理质量更优质、公司声誉较好，因此更愿意迅速根据证监会的要求发布股利承诺。

　　Atanasov 和 Black(2016)认为，采用纯净观察样本研究(pure observational study)是事件研究法的基础。本章以累积三天[-1，1]的 CAR3 表示投资者超额收益率。表 9.4 报告了干净样本(Unique=1，即公司章程修订中股利承诺内容唯一性强，不混杂其他非股利承诺内容的样本)变量的描述性统计情况。从表 9.4 可以看到，全样本三天累积超额收益率(CAR3)最小值为-0.140，最大值为 0.254，均值为 0.004。就均值而言，公司的股利承诺使投资者的财富增加 0.40 个百分点。公司特征变量的最小值、最大值差异都较大。公司章程内容透明度变量中，近 60% 的公司明确了"现金分红事项的决策程序和机制"并详细提供了"支持独立董事收集中小股东意见"的便利措施（Process=1）。近 75% 的公司载明了每期分红比例（Dividend=1）和现金分红的优先顺序（Prior=1）。近 65% 的公司载明了将依据公司发展情况实施差异化现金分红政策（Difference=1）。近 33% 的公司对"重大资金支出安排"进行了详细的标准界定（Bigitem=1）。公司股利承诺信息内容详细度（Detail）均值是 3.110，表明整体信息披露质量处于中等水平。

表 9.3　不同组别公司主要特征变量描述性统计

变量	组别	样本量	均值	最小值	最大值	均值差异	t 检验值
资产收益率	未公告组	1999	0.042	-6.776	10.401	-0.253**	-2.083
	公告组	403	0.295	-0.586	108.37		
资产负债率	未公告组	1999	0.430	0.008	8.612	-0.084***	-5.522
	公告组	403	0.514	-0.195	1.062		
资产规模	未公告组	1999	21.908	15.577	30.571	-0.375***	-4.755
	公告组	403	22.283	16.161	28.934		
公司年龄	未公告组	2077	9.059	1.000	23.000	-4.383***	-12.673
	公告组	403	13.442	1.000	23.000		
成长性	未公告组	1998	0.785	-0.870	529.94	0.284	0.367
	公告组	402	0.501	-0.966	113.514		
机构持股水平	未公告组	1998	0.156	0.000	1.931	0.015	1.523
	公告组	403	0.142	0.000	1.594		
现金资产占比	未公告组	1999	0.199	0.000	0.993	0.049***	6.292
	公告组	403	0.150	0.000	0.984		
无形资产占比	未公告组	1999	0.050	0.000	0.895	-0.007*	-1.865
	公告组	403	0.057	0.000	0.724		
管理费用占比	未公告组	1964	0.125	0.002	18.191	0.001	0.035
	公告组	398	0.124	0.003	2.749		

注：***、**和*表示 1%、5% 和 10% 的水平上显著。

表 9.4　干净样本（Unique=1）主要变量描述性统计

变量	样本量	均值	标准差	最小值	最大值
累积超额收益率（CAR3）	299	0.004	0.051	-0.140	0.254
资产收益率	299	0.030	0.057	-0.216	0.247
资产负债率	299	0.515	0.204	0.081	0.942
资产规模	299	22.301	1.305	19.432	25.651
公司年龄	299	13.355	4.816	1	23

变量	样本量	均值	标准差	最小值	最大值
成长性	299	0.150	0.347	−0.298	2.220
机构持股水平	299	0.137	0.175	0	0.847
现金资产占比	299	0.141	0.096	0.012	0.562
无形资产占比	299	0.052	0.063	0	0.346
管理费用占比	296	0.111	0.191	0.010	1.761
精密分红决策程序(Process)	299	0.575	0.495	0.000	1.000
精确分红比例信息(Dividend)	299	0.736	0.442	0.000	1.000
分红优先(Prior)	299	0.779	0.415	0.000	1.000
差异政策(Difference)	299	0.652	0.477	0.000	1.000
重大支出标准(Bigitem)	299	0.321	0.468	0.000	1.000
股东回报计划(Retplan)	299	0.047	0.212	0.000	1.000
内容详细度(Detail)	299	3.110	1.818	0.000	6.000

注：***、**和*表示 1%、5%和 10%的水平上显著。

9.4.2　公司章程修订公告日附近的市场反应差异分析

表 9.5 报告了股利承诺信息内容唯一性，即干净样本(Unique=1)和非干净样本(Unique=0)的上市公司在公司章程修订的股利承诺公告日附近交易日的市场反应。本章以 Patell Z 检验值来考察投资者市场反应的显著程度。相比于一般的 t 检验值，Patell Z 检验值改善了方差估计，尤其是针对实际交易日差异产生的异方差进行了加权处理并获得更精确的统计检验结果(Patell，1976)。因此，该方法也被广泛使用于事件研究之中(Nguyen and Nielsen，2010)。从表 9.5 干净样本(Unique=1)和非干净样本(Unique=0)的分组情况可见，股利承诺公告日附近，正的市场反应发生在信息内容唯一性较强的公司样本组，负的市场反应则发生在信息内容唯一性较弱的公司样本组。由此可知，投资者对于股利承诺的信息差异存在不同反应。

从表 9.5 的 Panel A 可以看到，股利承诺公告日当天，干净样本的超额收益率 AR 均值接近于 0 且不显著，非干净样本的 AR 均值为−0.0106 且检验值在 1%水平上显著。股利承诺公告日前后一天，干净样本的 AR 均值均大于 0 且检验值都在 5%以上的水平上显著，非干净样本的 AR 均值接近为 0。从表 9.5 的 Panel B 可以看到，股利承诺公告日附近的其他时间窗口期内，包括[−1, 0]、[−1, 1]、[−2, 2]的 2 天、3 天和 5 天的累积超额收益率 CAR，干净样本的 CAR 均值在 0.0020~0.0037，且检验值均显著，非干净样本的 CAR 均值在−0.0076~−0.0023，且 2 天、3 天的样本检验值均显著。以累积三天[−1, 1]的 CAR3 看，干净样本比非干净样本的累积超额收益率大 0.0113，即公司章程修订信息内容唯一性强的公司比内容唯一性弱的公司，平均股票价格上升 1.13%。

表 9.5　公司章程修订公告日附近 11 个实际交易日的市场反应

实际交易日/事件窗口期	Unique=1（干净样本）			Unique=0（非干净样本）		
	样本量	超额收益率均值	Patell Z 值	样本量	超额收益率均值	Patell Z 值
Panel A：实际交易日当天超额收益率（AR）						
−5	299	−0.0011	−0.7172	84	0.0034**	1.8429
−4	299	0.0002	0.5470	84	−0.0023	−0.4433
−3	299	0.0007	1.1174	84	0.0006	0.2970
−2	299	0.0003	1.1088	84	0.0018	0.5551
−1	299	0.0023***	2.5924	84	0.0031*	1.3622
0	299	−0.0003	−0.4546	84	−0.0106***	−4.7395
1	299	0.0017**	1.6875	84	0.0000	0.0904
2	299	−0.0004	−0.1036	84	0.0035**	1.7497
3	299	0.0001	0.4775	84	−0.0053**	−1.7375
4	299	−0.0011	−0.7850	84	0.0003	0.2168
5	299	0.0023***	2.0586	84	−0.0009	−0.2922
Panel B：不同时间窗口期累积超额收益率（CAR）						
[−1, 0]	299	0.0020*	1.5117	84	−0.0075***	−2.3882
[−1, 1]	299	0.0037***	2.2085	84	−0.0076**	−1.8977
[−2, 2]	299	0.0036***	2.1603	84	−0.0023	−0.4393

注：***、**和*分别表示在 1%、5%和 10%的水平上显著。

　　图 9.2 展示了股利承诺内容唯一性强（即干净样本 Unique=1）和内容唯一性弱（即非干净样本 Unique=0）上市公司在公司章程修订的股利承诺公告日前后 5 天共 11 个实际交易日的累积超额收益率情况。

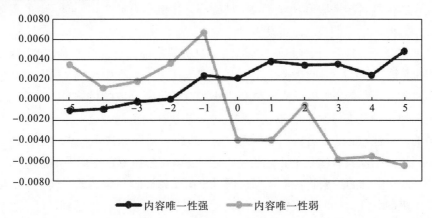

图 9.2　内容唯一性强弱公司累积超额收益率对比

从图 9.2 可以看到，尽管两组样本在股利承诺公告日之前的累积超额收益率都有所增加，但随着股利承诺内容的公告曝光，内容唯一性弱的公司累积超额收益率快速下降，并不再回升至 0 的水平，内容唯一性强的公司累积超额收益率则继续攀升，与前者逐渐扩大了差异水平。这初步检验了研究假设 1，即相比公司章程修订信息内容混杂的公司，公司章程修订信息中具备分红内容唯一性的公司，投资者可获得的累积超额收益率越大。这也表明公司章程信息内容的混淆性，会带给投资者更多未来现金流不确定的信息，从而也会影响公司股利政策的制订和实施(Chay and Suh，2009)，导致其股利承诺的可兑现性降低。故此，投资者给予发布混淆信息的公司更大的负向市场反应。上述结果一定程度上也表明，信息透明度较差的章程条款修订并未能提升公司内部治理质量(限于篇幅，样本的相关性分析详见附录表 A-13)。

9.4.3　多变量回归分析

表 9.6 报告了公司章程修订内容信息透明度对投资者累积超额收益率的影响。模型 (1) 采用了剔除金融类公司样本 5 个及不满足 CAR 计算程序的样本 38 个之后的剩余样本 378 个。模型 (2) 和模型 (3) 采用了信息内容唯一性较强的干净样本 (Unique=1) 296 个 (剔除了金融类公司样本 3 个)。从表 9.6 的模型 (1) 可以看到，Unique 的回归系数为 0.010 且在 5% 的水平上显著，表明上市公司公告的公司章程修订信息内容唯一性越强，股利承诺的可辨识越高，投资者对上市公司后续能更好回报投资者的信心更强，故更愿意给予正向市场反应，累积超额收益率也越大。结合前面的单变量分析，可见，公司章程修订信息内容唯一性越强，投资者的超额收益率越大。本章假设 1 得证。从表 9.6 干净样本 (Unique=1) 的模型 (2) 和模型 (3) 可以看到，模型 (2) Process 的回归系数为 0.011 且在 10% 的水平上显著，模型 (3) Dividend 的回归系数为 0.010 且在 5% 的水平上显著，表明相比较而言，公告公司章程修订内容中具备精密股利决策程序、精确分红比例信息的公司，投资者的累积超额收益率越大。因此，本章假设 2、假设 3 得证。

引导上市公司进行及时、准确、全面的信息披露是证监会加强股利监管的重要途径。《分红指引》第三条第一款明确要求上市公司应当在公司章程中载明"现金分红事项的决策程序和机制""为充分听取独立董事和中小股东意见所采取的措施"。与单纯要求上市公司提高并稳定股利支付水平的条款不同，这一条款有利于提升公司治理水平，强化公司股利承诺的可信性，也隐含着较高的信息含量。投资者对股利决策程序精密性的正向市场反应验证了这一条款具有重要的市场价值。上市公司在公司章程中载明的股利承诺相应条款越精确，未来受到的约束将更大，未来可以模糊或忽视股利承诺的空间越小。当公司明确承诺了未来的分红比例时，投资者会认为管理层的承诺可执行性更强，可信性更高，故而给予更大的正向市场反应。整体而言，以上的证据表明，证监会推出的股利监管新政得到了投资者的价值认可。

表 9.6　信息透明度与投资者市场反应的回归结果

因变量	模型(1) CAR3	模型(2) CAR3	模型(3) CAR3
Unique	0.010**	—	—
	(0.026)	—	—
Process	—	0.011*	—
	—	(0.086)	—
Dividend	—	—	0.010**
	—	—	(0.046)
Roa	0.111**	0.116**	0.111**
	(0.016)	(0.038)	(0.031)
Lev	0.007	0.014	0.014
	(0.677)	(0.520)	(0.515)
Lta	−0.004	−0.011	−0.011
	(0.479)	(0.180)	(0.180)
Age	0.001	0.001	0.001
	(0.301)	(0.303)	(0.326)
Growth	0.002	0.004	0.004
	(0.607)	(0.462)	(0.425)
Instla	−0.008	0.029	0.020
	(0.819)	(0.572)	(0.679)
Cash	−0.017	−0.029	−0.023
	(0.517)	(0.226)	(0.314)
Ia	−0.034	−0.055	−0.052
	(0.149)	(0.117)	(0.151)
Adm	−0.026***	−0.034***	−0.036***
	(0.003)	(0.002)	(0.001)
Constant	0.027	0.089	0.090
	(0.644)	(0.230)	(0.236)
Observations	378	296	296
Adjusted R^2	0.021	0.033	0.027

注：括号内为经行业 Cluster 异方差调整的稳健回归 p 值。***表示 $P<0.01$，**表示 $P<0.05$，*表示 $P<0.1$。

9.4.4　采用 PSM 方法的检验

尽管本章采用了基于外生冲击的视角来检验公司股利承诺的价值,但仍然存在一定的样本自选择问题,即有可能优质的公司更愿意做出股利承诺,而投资者的市场反应可能是基于公司业绩、治理水平或其他衡量公司优质性的因素而并非基于公司的股利承诺。表

9.3 的描述性统计和差异检验也隐含着，优质或者声誉更好的公司更愿意及早做出股利承诺。然而，本章研究假设 1 的检验已经部分缓解这一问题的困扰，即并非公司做出公司章程修订，投资者就给予正向市场反应；当信息混淆时，投资者更可能担心未来的不确定性而没有给予明显正向市场反应。但是，发布信息混淆的公司也可能不被列为优质公司而不能缓解这一疑虑。为此，本章采用 PSM 方法进一步进行测试。由于股利监管新政对所有上市公司都有约束力，因此，投资者可以预期所有上市公司或早或晚都会修订公司章程并从中进行股利承诺(尽管承诺内容有所差异)。本章将对比的基准 (benchmark)公司设定为与公告公司章程修订上市公司相匹配的上市公司，考察匹配公司在样本公司公告的同一时间窗口内，其市场反应是否没有明显差异，这也有利于更客观地考察股利监管新政的价值。

　　PSM 方法的核心目的是寻找一组"反事实"的控制组来缓解样本自选择问题的困扰 (Rosenbaum and Rubin，1985)。首先，本章采用多变量回归分析中的控制变量、产权性质 (Pri=1 表示非国有上市公司样本，Pri=0 表示国有上市公司样本)和所处行业虚拟变量，对沪深 A 股非金融类上市公司进行倾向打分。其次，确定信息内容唯一性(Unique=1)的 299 家公司样本为处理组，根据倾向得分的情况，使用 Probit 回归模型进行近邻一对一配对，确定控制组公司。再次，计算控制组公司在相应的处理组公司发布股利承诺公告当天的超额收益率，剔除两组公司中不满足超额收益率计算标准公司样本，得到一对一匹配的 272 组公司样本。由于投资者预期所有上市公司或早或晚都会进行股利承诺，预期的匹配公司在样本公司公告公司章程修订的当天或附近时间窗口内的市场反应均值应该是接近于 0。(限于篇幅，PSM 样本的共同支撑假设、平衡性假设检验详见附录图 A-1、表 A-14)

　　表 9.7 报告了两组样本在公司章程修订公告日附近 11 日的市场反应。由表 9.7 的 Panel A 可以看到，股利承诺公告日当天及前后各一天，处理组样本的超额收益率 AR 均值大于 0 且显著，控制组样本的 AR 均值小于 0 且不显著。以累积三天[-1，1]的 CAR3 看，处理组样本比控制组样本的累积超额收益率大了 0.0081，即发布公司章程修订且股利承诺信息内容唯一性强的公司，比没有发布公司章程修订，即没有做出股利承诺的匹配公司，平均股票价格上升了 0.81%。

表 9.7　PSM 匹配样本公司章程修订公告日附近 11 日的市场反应

实际交易日/ 事件窗口期	处理组样本(Unique=1)			控制组样本		
	样本量	超额收益率 均值	Patell Z 值	样本量	超额收益率 均值	Patell Z 值
Panel A：实际交易日当天超额收益率(AR)						
-5	272	-0.0009	-0.6702	272	0.0005	0.9835
-4	272	0.0007	0.9201	272	0.0017*	1.5689
-3	272	0.0005	0.9016	272	-0.0011	-0.2464
-2	272	0.0003	1.1501	272	0.0008	1.0819
-1	272	0.0027***	2.7569	272	-0.0013	-0.5264
0	272	0.0006	0.4867	272	-0.0011	-0.4214
1	272	0.0018*	1.5484	272	-0.0004	0.8006

续表

实际交易日/ 事件窗口期	处理组样本(Unique=1)			控制组样本		
	样本量	超额收益率 均值	Patell Z值	样本量	超额收益率 均值	Patell Z值
2	272	−0.0005	−0.2034	272	0.0009	1.2734
3	272	0.0000	0.3843	272	0.0017	1.1473
4	272	−0.0009	−0.6855	272	−0.0003	0.3490
5	272	0.0029***	2.4552	272	−0.0006	−0.5807
Panel B: 不同时间窗口期累积超额收益率(CAR)						
[−1, 0]	272	0.0034***	2.2936	272	−0.0024	−0.6702
[−1, 1]	272	0.0052***	2.7667	272	−0.0029	−0.0850
[−2, 2]	272	0.0049***	2.5665	272	−0.0012	0.9875

注: ***、**和*分别表示在1%、5%和10%的水平上显著。

图9.3展示了处理组公司样本和控制组公司样本在处理组样本股利承诺公告日前后5天共11个实际交易日的累积超额收益率对比情况。从图9.3可以看到,做出股利承诺且信息内容唯一性强的上市公司,累积超额收益率持续上升。没有做出股利承诺的匹配公司,累积超额收益率则维持在0附近的水平且没有明显变化,与前者存在显著的差异。这进一步表明股利承诺信息内容唯一性强的公司比未做出股利承诺的公司,带给投资者更大的财富增长,支持了本章假设1。

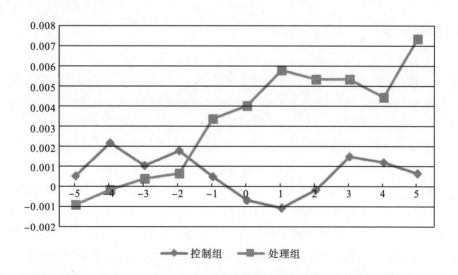

图9.3 内容唯一性有(处理组)无(控制组)公司的累积超额收益率对比

表9.8报告了信息内容唯一性有(处理组)无(控制组)公司对累积超额收益率的平均处理效应结果。回归模型采用Probit基本模型,按照Becker和Ichino(2002)的方法计算平均处理检验效应。由表9.8可以看到,无论是在进行PSM之前还是之后,信息内容唯一性

均对累积超额收益率有正向显著影响。这进一步强化了本章假设 1 得到的结论，即相比公司章程修订信息内容混杂的公司，公司章程修订信息中具备分红内容唯一性的公司，投资者可获得的累积超额收益率越大。

表 9.8　匹配样本平均处理效应(ATT)检验结果

因变量	样本组数量	处理效应	处理组均值	控制组均值	均值差异	t 检验值
CAR3	272	匹配前	0.005	−0.003	0.008**	2.12
CAR3	272	匹配后 ATT	0.005	−0.002	0.008**	1.99

注：**表示在 5% 的水平上显著。

　　表 9.9 报告了信息精确性、程序精密性的处理组、控制组的累积超额收益率 t 检验结果。由表 9.9 可以看到，处理组与控制组之间的累积超额收益率均存在 1% 左右的差异，且在 5% 的水平上显著。这进一步表明，本章假设 2 和假设 3 得到的结果具有良好的稳健性。

表 9.9　匹配样本程序精密性、信息精确性 t 检验结果

因变量	组别	样本组数量	处理组均值	控制组均值	均值差异	t 检验值
CAR3	精密分红程序	156	0.008	−0.002	0.010**	2.002
CAR3	精确分红比例	202	0.007	−0.004	0.011**	2.305

注：**表示在 5% 的水平上显著。

9.4.5　股利承诺实施情况分析

　　表 9.10 报告了干净样本中进行股利承诺的公司 2015 年的现金分红情况。由表 9.10 的 Panel A 可以看到，在公司章程修订中明确了分红比例(即本章所指的公司章程内容信息精确性更强的公司)为 220 家，占干净样本公司的 74%。该类公司明确承诺"一年的现金分红总额达到当年可分配利润的 10% 以上"和(或)"三年的现金分红总额达到三年平均可分配利润的 30% 以上"。由于进行股利承诺的公司发布公告时间为 2013 年底和 2014 上半年，本章从上市公司 2015 年的分红信息来考察股利承诺实施情况。2015 年实施现金分红公司为 194 家，占明确承诺比例公司数的 88%，履行分红比例承诺(即 2015 年分红比例总额达到 2015 年可分配利润的 10% 以上，可分配利润采用净利润乘以 0.9 计算，剔除 10% 法定盈余公积金)的公司数为 126 家，占明确承诺分红比例公司数的 57%。由表 9.10 的 Panel B 可以看到，2015 年实施分红的公司，其分红比例(分红总额/可分配利润)均值达到 0.458，剔除当年净利润为负仍然分红的 9 家公司、分红总额超过可分配利润的 19 家公司以后，分红比例均值也高达 0.364。由此可见，进行股利承诺的公司，88% 履行了优先分红的承诺，57% 履行了当年分红比例的承诺，从分红比例均值看，大部分上市公司具备了履行三年现金分红比例的承诺。

表 9.10　股利承诺公司描述性统计

Panel A：分红公司数量统计						
干净样本公司数	明确承诺分红公司数	占样本比例	实施分红公司数	占承诺分红样本比例	履行分红比例承诺公司数	占承诺分红样本比例
299	220	74%	194	88%	126	57%
Panel B：分红公司分红比例(分红总额/可分配利润)统计						
实施分红样本分红比例均值						0.458
子样本分红比例均值(剔除净利润为负仍分红、分红额超可分配利润公司)						0.364

　　为进一步考察股利承诺新政对整体上市公司股利政策的影响,本章引入了对照组样本来分析问题。表 9.11 报告了采用上文 PSM 匹配的处理组(发布股利承诺组)和控制组(对应的没有发布股利承诺组)样本在 2013～2015 年的财务数据,检验股利承诺实施效果的情况。表 9.11 中,因变量 Dps 为每年的每股股利;Chandps 为每年每股股利与上年每股股利的变化水平;Relvol 表示股利不平稳程度,其值越大,股利不平稳程度越高,采用公司近三年每股股利的标准差与每股盈余标准差之间的比值度量,即参考 Leary 和 Michaely(2011)的研究结论,采用相对波动性度量股利稳定性(本章使用近三年的数据而没有采用 Leary 和 Michaely 建议的近五年或近十年的数据,一个原因是中国资本市场发展时间较短,与成熟的资本市场的发展时间较长存在较大的不同,另一个原因是中国证监会的监管规则通常考察的是上市公司近三年的分红水平);Treat 表示按照上文处理的处理组样本;Post 是虚拟变量,将 2015 年的样本赋值为 1,2013 年、2014 年的样本赋值为 0;交乘项 Treat×Post 表示是否为 2015 年的处理组样本,是则为 1,不是则为 0。

　　模型(1)至模型(3)是内容信息唯一性处理组和控制组的回归结果,模型(4)至模型(6)是具备精密分红决策程序的处理组和控制组的回归结果,模型(7)至模型(9)是具备精确分红比例信息处理组和控制组的回归结果。从 9 个模型中 post 的回归系数看,相比 2013 年和 2014 年,在 2015 年,上市公司的每股股利显著降低、每股股利变化水平显著降低、股利不平稳程度显著提高。从模型(3)、模型(6)和模型(9)中 Treat×Post 的回归系数看,相比 2013 年和 2014 年,在 2015 年,处理组的上市公司(发布股利承诺的公司)的股利不平稳程度显著降低。本章研究假设 4 得证。这一结果表明,股利承诺制度显著改善了信息透明度程度较高的上市公司的股利不平稳情况,发挥了积极的公司章程治理效应。

表 9.11　股利承诺的实施情况检验结果

变量	模型(1)	模型(2)	模型(3)	模型(4)	模型(5)	模型(6)	模型(7)	模型(8)	模型(9)
	Dps	Chandps	Relvol	Dps	Chandps	Relvol	Dps	Chandps	Relvol
Treat	−0.010	−0.006	0.043	−0.005	−0.009	0.094	−0.011	−0.014	0.043
	(0.374)	(0.448)	(0.605)	(0.742)	(0.252)	(0.201)	(0.381)	(0.143)	(0.529)
Post	−0.089***	−0.102***	0.462***	−0.085***	−0.094***	0.298***	−0.087***	−0.104***	0.436***
	(0.000)	(0.000)	(0.005)	(0.000)	(0.000)	(0.002)	(0.000)	(0.000)	(0.001)

变量	模型(1)	模型(2)	模型(3)	模型(4)	模型(5)	模型(6)	模型(7)	模型(8)	模型(9)
	Dps	Chandps	Relvol	Dps	Chandps	Relvol	Dps	Chandps	Relvol
Treat×Post	0.019	0.033	-0.220**	0.026	0.050	-0.191*	0.017	0.043	-0.276**
	(0.128)	(0.227)	(0.038)	(0.121)	(0.124)	(0.087)	(0.174)	(0.205)	(0.037)
Roa	0.484***	0.059	1.055**	0.492**	0.073	0.826*	0.570***	0.058	1.162***
	(0.009)	(0.197)	(0.037)	(0.012)	(0.224)	(0.080)	(0.002)	(0.384)	(0.008)
Lev	-0.065***	0.041**	-0.215	-0.071*	0.054***	-0.415	-0.048	0.029*	-0.297
	(0.010)	(0.011)	(0.213)	(0.050)	(0.005)	(0.136)	(0.112)	(0.054)	(0.265)
Lta	0.024***	-0.012***	0.065***	0.028***	-0.016**	0.085***	0.025***	-0.013**	0.058***
	(0.000)	(0.007)	(0.002)	(0.000)	(0.022)	(0.003)	(0.000)	(0.020)	(0.009)
Age	-0.003**	-0.000	0.004	-0.003*	0.001	0.008	-0.002**	0.001	0.004
	(0.049)	(0.710)	(0.522)	(0.100)	(0.294)	(0.271)	(0.049)	(0.260)	(0.405)
Growth	-0.003	0.006*	-0.024**	-0.007***	0.002***	-0.030***	-0.024***	0.010*	-0.135***
	(0.162)	(0.075)	(0.011)	(0.000)	(0.001)	(0.000)	(0.000)	(0.067)	(0.001)
Inst	0.053*	0.024*	-0.199	0.046	0.034	-0.303*	0.059**	0.030	-0.196
	(0.065)	(0.067)	(0.142)	(0.121)	(0.143)	(0.060)	(0.031)	(0.121)	(0.102)
Cash	0.080**	-0.026	0.405	0.125***	-0.034	0.361	0.107***	-0.020	0.251
	(0.016)	(0.343)	(0.179)	(0.000)	(0.265)	(0.277)	(0.001)	(0.592)	(0.336)
Ia	-0.050	-0.006	1.032	-0.007	-0.013	-1.017**	0.006	-0.029	-0.073
	(0.147)	(0.690)	(0.238)	(0.924)	(0.765)	(0.030)	(0.856)	(0.298)	(0.918)
Adm	0.005	-0.000	-0.299**	0.029	-0.005	-0.345**	0.012	-0.000	-0.392***
	(0.643)	(0.976)	(0.049)	(0.285)	(0.686)	(0.028)	(0.479)	(0.983)	(0.001)
Constant	-0.395***	0.265***	-1.098**	-0.485***	0.331**	-1.393**	-0.455***	0.262**	-0.819
	(0.002)	(0.004)	(0.013)	(0.002)	(0.021)	(0.039)	(0.000)	(0.015)	(0.138)
Observations	1214	1214	1209	692	692	688	884	884	880
Adjusted R^2	0.207	0.120	0.032	0.221	0.127	0.050	0.247	0.137	0.041

注：括号内为经行业 Cluster 异方差调整的稳健回归 p 值。***表示 $P<0.01$，**表示 $P<0.05$，*表示 $P<0.1$。

9.4.6　稳健性检验

1. 考虑非公司章程修订事项的影响

Atanasov 和 Black（2016）认为，采用纯净观察样本研究（pure observational study）是基于"外部冲击"事件研究法的重要基础。考虑到上市公司发布公司章程修订公告当天往往同时发布了其他并非公司章程修订事项的公告，例如，年度报告、重大资产重组复牌、非公开发行股票预案停牌预告、关联交易、会计估计变更等，本章进一步手工收集了公司章程修订公告当天的其他公告内容，识别出纯净样本 63 个，以便更好地考察投资者的市场反应。公司章程的修订事项往往在股东大会中审议，且大多数上市公司将同时审议年度报告。然而，一部分上市公司也选择在董事会决议之后，在股东大会之前公告了公司章程修订事项。考虑到非公司章程修订事项的影响，本章在干净样本中进一步排除了包含年度报告、复牌、停牌预告的样本，得到了更为纯净的样本 63 个。

从表 9.12 的 Panel A 可以看到，股利承诺公告日当天，纯净样本的超额收益率 AR 均值接近于 0 且不显著，股利承诺公告日前后一天，纯净样本的 AR 均值均大于 0 且检验值都在 5%以上的水平上显著。从表 9.12 的 Panel B 可以看到，股利承诺公告日附近的其他时间窗口期内，包括[-1，0]、[-1，1]、[-2，2]的 2 天、3 天和 5 天的累积超额收益率 CAR 均值在 0.003～0.007，且检验值均显著。以累积三天[-1，1]的 CAR3 看，纯净样本公司章程修订公司的平均股票价格上升 0.70%，远高于表 9.3 干净样本的 0.40%。这进一步表明投资者给予公司章程修订公司正向的市场反应，认可证监会推动的股利监管新政。

表 9.12　不受非股利承诺事项影响的样本公司章程修订公告日附近 11 个实际交易日的市场反应

实际交易日/事件窗口期	Pure=1(不受非股利承诺事项影响样本)		
	样本量	超额收益率均值	Patell Z 值
Panel A：实际交易日当天超额收益率(AR)			
-5	63	-0.003	-0.638
-4	63	0.001	0.529
-3	63	0.000	1.130
-2	63	-0.002	-1.007
-1	63	0.004***	2.348
0	63	-0.000	-0.438
1	63	0.003**	1.572
2	63	-0.003	-1.145
3	63	0.000	0.389
4	63	-0.001	-0.694
5	63	0.001***	2.183
Panel B：不同时间窗口期累积超额收益率(CAR)			
[-1，0]	63	0.004**	1.643
[-1，1]	63	0.007***	2.512
[-2，2]	63	0.003**	1.886

注：***、**分别表示在 1%、5%的水平上显著。

2. 考虑公司产权性质因素的检验

本章考虑不同产权性质（国有上市公司、非国有上市公司）公司发布股利承诺公告对投资者累积超额收益率的影响。徐向艺和方政（2015）认为实际控制人的存在会导致上市公司信息披露缺乏自主性。这意味着不同产权的信息披露内涵可能存在不同。一方面，如果将公司章程中的股利承诺视为公司治理的一部分，则其对公司治理的效果既可能起到"替代"作用，也可能起到"互补"作用。因此，不同产权性质公司的股利承诺信息透明度对投资者累积超额收益率既可能是正向作用，也可能是负向作用。另一方面，考虑到国有上市公司遵章行事的传统性可能更强，故投资者对其股利承诺信息透明度（包括程序精密性、信息精确性）可能保持一种常态反应；反之，产权清晰的非国有上市公司的决策灵活性更大，如果其股利承诺信息透明度更高，可能更愿意"自我约束"、放松保持弹性空间的需求，从而更好地强化了公司的内部治理，投资者可能会给予更高的正向反应。因此，非国有上市公司中信息透明度可能会更显著地正向影响投资者财富增加。本章的研究证据支持了第二种可能性。非国有上市公司中程序精密性越高、信息精确性越强，投资者累积超额收益率越高。限于篇幅，本章省略了报告相关表格。

3. 控制公司股利稳定性的检验

由于中国上市公司长期存在的股利政策不稳定现象，一些报告对此进行了研究。吕长江和王克敏（1999）运用 Lintner（1956）模型来研究中国上市公司的股利选择问题。他们发现上市公司的现金股利支付水平主要取决于公司前期股利支付额和当期盈利水平，平均股利调整速度为 125%，股利政策稳定性较差。任有泉（2006）的研究结果则发现，中国上市公司的股利支付水平仅取决于当年盈余，而与上年的股利支付水平无关，并估计得出股利调整速度为 97%，股利政策稳定性也较弱。李茂良等（2014）同样发现，从单个公司看，现金股利变动较大；并且，规模大、盈利能力强、成长性好以及第一大股东持股比例高的公司更倾向于执行稳定的现金股利政策，而高负债公司的现金股利稳定性较差。余琰和王春飞（2014）直接检验了 2008 年 10 月 9 日我国证监会颁布的《关于修改上市公司现金分红若干规定的决定》对于公司现金股利支付行为的影响，发现该政策导致提出融资方案的公司的股利波动性较大，存在"突击"分红的可能性。尽管中国资本市场的不成熟性和以散户为主体的持股结构可能会导致投资者更注重短期分红收益，但仍然不能忽视市场投资者可能对分红稳定的内在需求。由于上市公司在公司章程中所做出的股利承诺会影响未来股利的稳定性，如果投资者重视上市公司的稳定回报，则当上市公司公告公司章程修订时，投资者也会给予前期股利稳定性更强的上市公司更大的正向市场反应，因为这类公司有较好的回报投资者的传统，股利承诺的可信任度更高。为此，本章采用公司近三年每股股利的标准差与每股盈余标准差之间的比值度量股利稳定性。在表 9.6 回归方程中加入了股利稳定性作为控制变量，本章得到的结果表明，公司可观察股利稳定性水平越强，投资者的累积超额收益率越大。

4. 信息透明度替代变量的检验

本章也采用信息内容详细度（Detail）作为度量信息透明度的替代变量，检验其对投资者累积超额收益率的影响。依照《分红指引》的要求，本章采集了公司章程修订中是否有明确红利优先（Prior）、差异化分红政策（Difference）、重大资金支出识别标准（Bigitem）、股东回报计划（Retplan）等信息，并以信息内容详细度（Detail）汇总了程序精密性（Percision）、信息精确性（Accuracy）和上述四项的数值之和，度量信息透明度。表 9.13 报告了相应的回归结果。模型（1）的结果表明，信息内容详细度越高，投资者累积超额收益率越高。模型（2）和模型（3）分别是国有样本组和非国有样本组。回归结果表明，上述作用在非国有上市公司中更加明显。

表 9.13　内容详细度与投资者市场反应的回归结果

因变量	模型（1）	模型（2）	模型（3）
	CAR3	CAR3	CAR3
Detail	0.002^{**}	0.001	0.003^{**}
	(0.020)	(0.591)	(0.011)
Roa	0.112^{**}	0.166^{*}	0.070
	(0.033)	(0.085)	(0.258)
Lev	0.013	−0.021	0.052
	(0.546)	(0.140)	(0.223)
Lta	−0.011	−0.008	−0.021
	(0.181)	(0.149)	(0.235)
Age	0.001	0.000	0.001
	(0.313)	(0.633)	(0.482)
Growth	0.004	0.040^{**}	−0.003
	(0.437)	(0.027)	(0.696)
Inst	0.023	−0.066	0.097^{*}
	(0.649)	(0.388)	(0.085)
Cash	−0.024	−0.022	−0.040
	(0.295)	(0.386)	(0.332)
Ia	−0.054	−0.007	-0.108^{***}
	(0.137)	(0.860)	(0.010)
Adm	-0.036^{***}	-0.044^{***}	-0.036^{**}
	(0.001)	(0.005)	(0.031)
Constant	0.093	0.081	0.175
	(0.227)	(0.167)	(0.292)
Observations	296	162	134
Adjusted R^2	0.027	0.014	0.073

注：括号内为经行业 Cluster 异方差调整的稳健回归 p 值。***表示 $P<0.01$，**表示 $P<0.05$，*表示 $P<0.1$。

5. 其他检验

本章采用以下几种方法做进一步的稳健性检验。首先，在计算累积超额收益率时，将市场模型的风险因子估计期间以[-155, 6]共150个实际交易日替代原来的250个实际交易日，各项检验获得的结论没有明显变化。其次，保持原来市场模型计算方法，以[-1, 0]共2天的累积超额收益率替代原来[-1, 1]共3天的累积超额收益率，研究结论没有明显变化。再次，本章对控制变量的度量指标进行替代，总资产收益率替代为净资产收益率，成长性替代为净资产增长率，无形资产占比替代为固定资产占比，管理费用占比替代为管理费用与总营业收入的比例，研究结论依然保持一致。本章也对所有回归模型中的方差膨胀因子进行观察，发现最大值均不超过5，表明模型中不存在严重的多重共线性。本章也使用基于 Leary 和 Michaely（2011）、Larkin 等（2016）新修正的局部调整模型，计算股利支付水平向目标股利支付水平趋近的调整速度方法来度量股利稳定性，回归结论也没有明显变化。整体而言，本章获得的研究结论具有较好的稳健性。

9.5　本　章　小　结

本章采用一个特别的设定，直接检验了投资者对上市公司发布公司章程修订公告的市场反应，从而评价了投资者对股利监管新政的价值认可，并深入检验了公司章程中股利承诺条款设置的公司治理效应。本章的研究发现：公司章程修订内容唯一性强的公司比唯一性弱的公司，投资者的累积超额收益率上升1.13%；相比较而言，公司章程修订中，具备精密股利分配决策程序、精确分红比例信息、信息披露实质内容详细度越好的公司，投资者可获得的累积超额收益率越大；并且，公布股利承诺的公司在承诺之后的股利不平稳程度显著降低，体现了公司章程的公司治理效应。

本章的研究从整体上表明了股利承诺的实质内容信息披露有助于提高公司内部治理效果，从而帮助投资者更好地判断公司价值而实现收益。这些结果为上市公司增强治理质量、提高信息披露水平提供了经验证据层面的决策支持，也为证监会如何更好地制订引导政策提供了借鉴。本章一方面在研究设计上采用了基于外生冲击的研究视角和 PSM 方法，缓解了同类研究中可能存在的内生性问题；另一方面结合中国特有的制度背景，丰富了"法与金融"对投资者保护、公司章程治理效应影响的研究文献，并与 Knyazeva 和 Knyazeva（2014）、John 等（2015）认为股利承诺具有公司治理效应的文献相呼应。本章的研究发现，非国有上市公司的股利承诺更具有信息内涵，并提供了市场投资者更注重上市公司股利稳定性的经验证据。结合现实情况，中国股利监管新政（引导上市公司进行公司章程修订）的目标之一是推动上市公司维持较好的股利稳定性，而本章则发现，非国有上市公司的股利承诺更受到投资者的青睐；股利稳定性较好的公司，投资者更能给予正向市场反应；并且，公布股利承诺的公司在2015年度的股利不平稳程度显著下降。这些证据为中国以现金分红监管指导政策,引导中国上市公司建立和保持股利政策稳定性的前瞻性和科学性提供了支持,也为后续股利监管制度的进一步演进提供了借鉴。

　　本章的研究支持证监会采取的股利监管新政,并认为上市公司在公司章程中的股利承诺条款可以构成公司治理的重要组成部分。上市公司需要进一步提高信息披露的水平,增加信息透明度,因为信息透明度较弱将导致投资者财富受损,信息透明度较强则有助于投资者财富增加。证监会后续的监管一方面要重点检查上市公司信息披露的完备性和透明度,另一方面要重点检查上市公司股利政策实施的履约情况,从而为更好地保持上市公司持续、稳定回报投资者,提供有力的外部监管支持。

第 10 章　研究结论与未来展望

10.1　结论与启示

本书研究了我国上市公司股利政策的宏观影响因素,并系统地对我国上市公司股利不平稳性现象的缘起、动因、经济后果和监管新政做了深入研究。在研究股利不平稳现象方面,首先,全面回顾了国内外有关股利平稳性的前沿理论进展及相关研究;其次,采用博弈分析模型,从理论上阐释了股利平稳性为何可以缓解代理冲突;再次,首次系统地研究了我国上市公司股利不平稳现象的影响因素,分析信息不对称假说、代理冲突假说是否适合解释以及如何解释股利不平稳现象;然后,分析和检验了公司现金股利不平稳程度对投资者行为偏好的影响;最后,分析和检验了现金分红监管新政的投资者认可效果和公司章程治理效应。

在理论上,本书的主要的结论和启示包括如下几点:

(1)阐释了股利平稳性有助于缓解代理冲突的内在逻辑,拓展了代理理论文献。本书的研究首次运用报童模型研究公司所有者和高管之间的斯塔克伯格博弈关系,并以预期投资收入和现金分红比例的组合作为决策变量,分析现金持有方案的最优化(公司现金分红保持与行业现金分红的一致性)及其对公司价值的影响,并支持了内部资金市场的“收集有利信息”假说。本书也解释了股利平稳性对公司所有者、高管和公司价值的影响,同时也丰富了股利平稳性和高管薪酬设计关系的研究文献。

(2)提供了新兴经济体国家(我国)上市公司股利政策的制度影响因素和公司股利不平稳影响因素的经验证据,丰富了这一领域的研究。本书的研究表明,监管制度动态演进、宏观货币政策变动都显著影响了公司股利发放倾向和股利支付水平;公司层面的信息不对称则是影响我国上市公司的股利不平稳现象的重要原因。同时,本书还拓展了以股利监管政策研究股利不平稳现象的新视角。

(3)本书从投资者估值的视角,分析了我国上市公司股利不平稳的经济后果,提供了股利不平稳降低投资者投资收益、增加公司融资资金成本、驱逐机构投资者持股公司的经验证据。迄今,仅有少量基于美国资本市场的文献考察股利不平稳与投资者行为偏好的关系(Larkin et al., 2016),本书丰富了这一领域的文献。本书亦对股利平稳性和股票预期收益的文献和争论提供了来自新兴经济体国家(我国)的直接经验证据。本书的研究发现,我国上市公司的股利不平稳程度越高,投资者获得的预期投资收益越低,反之亦然。这一证据直接地表明我国投资者愿意为股利平稳性较高的公司支付溢价。然而,为何我国上市公司存在股利平稳性溢价？这一谜团仍有待后续研究进一步揭示。

(4)本书也丰富了"法与金融"对投资者保护影响的研究文献。本书提供了公司章程修订内容中股利承诺信息透明度有助于增强公司治理，提升投资者财富，保护投资者利益的经验证据，这与郑志刚等(2011)认为公司章程中保护投资者利益的条款设立对公司治理质量有着积极影响的结论相一致，也与柳建华等(2015)认为公司章程自治在一定程度上有效的结论相补充，丰富了转型经济体国家"法与金融"环境变化以及公司章程自治影响投资者保护的研究文献。

在实践上，本书的主要的结论和启示包括如下几点：

(1)本书的研究表明，由公司所有者进行现金持有方案安排(包含维持股利平稳性)有助于提升自身收益和资金使用效率，并且，优化的现金持有方案有助于激发高管的努力付出水平，减轻高管和所有者之间的信息不对称问题，并进一步制约了高管的控制权私利行为。本书发现在资本约束和完全竞争定价假设下，最优现金持有方案(包含维持股利平稳性)有助于风险中性的高管选择内部参股而不是外部引资。如果考虑到市场对于高管努力付出水平的认可程度是随机反应，那么，现金持有方案安排可能比业务战略选择更加重要。并且，公司所有者主导外部引资的选择和股权分红政策的确定，比起高管主导这两项决策更能为公司带来价值。这为公司的商业实践提供了理论层面的支持。

(2)本书的研究表明，证监会进一步放松对上市公司的融资资格约束、加强信息披露质量监管、促进财务分析师发展以改善公司的信息环境，对于降低上市公司的股利不平稳，强化现金股利稳定性作为公司治理机制的作用，提高和维持投资者的现金股利回报预期，均有着统计意义和经济意义上的显著作用。证监会 2013 年 11 月、2014 年 6 月分别发布了《上市公司监管指引第 3 号——上市公司现金分红》、修订《上市公司章程指引(2006年修订)》等股利监管政策，要求上市公司在公司章程中明确做出分红承诺、提高信息披露质量，本书的研究结果支持了证监会上述股利监管政策的调整。

(3)本书的研究发现对于评估和促进证券市场的分红监管有着重要的政策含义。现有的文献更多地从公司高层管理者迎合监管层"半强制分红"监管的视角，探讨监管政策对提高公司分红比例和稳定性的短期影响(魏志华等，2014；余琰和王春飞，2014；陈云玲，2014)，但鲜有研究提供经验证据考察监管政策是否有利于投资者更好地评估公司价值。本书的证据表明，公司高层管理者主导实施的股利不平稳政策短期内虽然并未造成投资者财富的损失，但过于波动的分红政策却会导致持股投资者的预期投资收益损失，且与机构投资者的流失密切相关联，从而也会破坏资本市场的健康发展。并且，投资者愿意为股利平稳性支付溢价也表明，公司维持稳定现金股利政策具有统计意义和经济意义上的价值。

(4)本书的研究从整体上表明了透明的信息披露更有助于增强公司治理质量，有助于投资者判断公司价值，从而为上市公司如何提高公司治理水平和信息披露水平提供了经验证据层面的决策支持，也为证监会如何更好地制订、引导和实施股利监管政策提供了依据。这一结论对于其他转型经济体国家制订股利监管政策也具有较大的借鉴意义。本书的研究结果也有助于探究"股利不稳定"的解决对策。本书发现非国有上市公司的股利承诺更具有信息内涵，并提供了市场投资者更注重上市公司股利稳定性的经验证据。我国股利监管新政引导上市公司进行公司章程修订，其目标之一是推动上市公司维持较好的股利稳定性。本书发现，公布股利承诺的公司在承诺之后的股利不平稳程度显著降低；非国有上市公司的股利承诺更受到投资者的青睐；并且，股利稳定性较好的公司，投资者更能给予正向市场反应。这些发现为我国以现金分红监管指导政策引导我国上市公司建立和保持股利政策稳定性的前瞻性和科学性提供了支持，也为后续股利监管制度的进一步演进提供了借鉴。

10.2　政　策　建　议

针对我国的证券制度建设和资本市场发展，本书提出以下建议：

(1) 进一步建立和完善竞争性市场，减少政府干预，让市场在配置资源中发挥主体性和决定性的作用。本书的理论模型研究结果表明，公司最优的股利政策(保持股利平稳性)有助于缓解所有者与高层管理人之间的代理冲突，支持内部资金市场的"收集有利信息"假说。但这一结果隐含着的基本前提条件包括但不限于以下几点：一是产品或服务市场是完全竞争市场；二是高层管理者是从职业经理人市场中选拔而并非政府委派；三是职业经理人处置自身财产的自由性较高，既可以参与投资同业，又可以购买自己所在公司股份。这一些假定条件仅能在市场化程度较高的环境下才能成立。因此，进一步开放国内产品或服务市场，减少垄断行业控制，推动职业经理人市场的进一步完善，改变国有企业高层管理者委派任命的单一来源方式，有助于市场在配置资源中发挥主体性和决定性作用，也有助于使股利平稳性的治理功能得到加强和拓展。进一步而言，推动混合所有制改革对于公司财务决策的合理性、科学化也有较大的促进作用。

(2) 进一步从监管层面强化现金股利稳定性作为公司治理机制的有效组成部分的作用。证监会 2012 年 5 月发布的《关于进一步落实上市公司现金分红有关事项的通知》，提出将为满足"再融资管制条件"的公司提供"绿色通道"、优先评奖，并将高分红公司列入专项指数编制等政策。但在实践上，这一措施的执行力度和执行成效并未能较好地显现。证监会 2013 年 11 月发布的《上市公司监管指引第 3 号——上市公司现金分红》、2014 年 6 月公布修订《上市公司章程指引(2006 年修订)》的政策文件，也充分强调了公司现金分红稳定性的作用，但仍未能较好的(尚未有证据表明)将其纳入公司内部控制的监管体系当中。本书的实证研究结果表明，信息不对称显著影响我国上市公司的股利不平稳现象，其原因之一就是公司的股利平稳性未能成为公司治理机制的有效组成部分。因此，强化现金分红监管对于推动资本市场的健康发展有着重要的现实意义。考虑到我国的股利监管制度设计，在很大程度上，已经充分体现出了监管部门在此问题上的深刻认知和共识，因此，下一步股利监管制度设计的动态演进，有必要将其与监管公司内部控制、评估上市公司公司章程执行情况相结合起来，从而进一步形成监管合力，保护中小投资者的合法利益。

(3) 进一步放松对上市公司的融资资格约束，加强信息披露质量监管，促进财务分析师等专业人才及市场中介机构的发展，从而更好地改善公司的外部信息环境。本书的实证研究结果表明，在 2008 年以后，我国上市公司的股利不平稳现象还在进一步加剧。这较大程度上意味着 2008 年以及其后连续颁布的股利监管政策失效。也就是说，将再融资资格与公司三年的股利发放水平相挂钩的政策，并未能实现我国证监部门期待提高上市公司现金分红稳定性的初衷。现有的一些研究也与本书得到的结论一致，即认为这一政策对公司的持续发展构成了制约，并对政策的有效性产生了质疑。本书的实证研究结果也表明，信息不对称程度越高，公司的股利不平稳现象越突出。故此，改善公司的信息环境，加强信息披露质量监管，帮助中小投资者更公开、公平、公正地获取和理解公司的现状和未来发展信息，才是提升中小投资者保护力度的有效途径。

(4)促进机构投资者分类发展，增进机构投资者参与公司治理的积极性和动力，加强机构投资者监管和风险防范。相比个人投资者，机构投资者更加关注公司的长远发展，注重长期投资，并且拥有更加雄厚的资金、经验和专业技能，更能够监督上市公司，以及评估公司的市场价值。因此，更多的机构投资者入市有助于公司股权结构的多元化调整，形成对原有股东的代理权竞争压力，改善公司治理水平。本书的研究结果表明，机构投资者对公司股利政策的治理效果具有一定的识别能力。上市公司不恰当的股利政策会形成"股利不平稳折价效应"和机构投资者"驱逐"效应，即股利不平稳会促使机构投资者更多地选择短期逐利行为，促使非独立机构投资者更多地选择"用脚投票"。由于机构投资者异质性的存在，其在证券市场上的治理作用也有所不同，从完善上市公司治理结构的角度看，应建立投资者分类发展机制，大力提高非独立机构投资者参与股市的规模，合理引导保险基金建立风险对冲机制，从而更好地应对股市波动风险，并且改变证券投资基金持有者"一枝独秀"态势，实现机构投资者的均衡发展。我国也需要继续营造良好的投资环境，吸引各类机构投资者参与上市公司治理活动，成为主动的价值投资者而非被动的长期持股者。同时，我国需要进一步提高以证券投资基金和社保基金为首的机构投资者的素质，建立科学高效的风险管理和风险控制制度，抵制利益输送和操纵市场等行为，切实改变少数机构投资者投资行为同质化和短期化的倾向。

针对中小投资者和机构投资者的建议：

(1)考虑投资收益的稳定性时，中小投资者和机构投资者既要提防信息不对称程度较高的公司分红不稳定，也要注意代理冲突较小的公司分红不稳定。信息不透明的公司往往扭曲了有助于投资者判断公司现状和未来发展的重要信息，因此伴随着更大的投资风险。与此同时，代理冲突较小的公司，由于实际控制人或大股东具有更高的管理自主权，操纵资金的意愿以及灵活性权力也较高，从而更不愿意稳定地为投资者提供投资回报。因此，投资这一类公司的稳定投资收益保障性也更弱，投资者需要更加审慎对待。

(2)机构投资者要进一步参与公司治理活动，发挥监督上市公司的作用，成为长期的价值投资者。从本书的研究结果看，机构投资者的治理功能尚不突出。投资者有必要建立"共同行动"机制，即联合多个持有较低比例股份的机构投资者，共同行动，从而更好地形成对管理层的监督和对大股东的制衡作用。机构投资者也需要更好地发挥专业优势，重点持有公司治理水平更好，长期投资价值更高的投资组合，以此形成对公司的提升价值的压力，促进公司更好地发展。

(3)中小投资者和机构投资者应更重视上市公司公司章程的信息含量。公司章程是公司的"宪法",体现着公司的治理理念、发展方向和行为承诺,具有重要的信息含量。从本书的研究结果看,透明的信息披露更有助于投资者判断公司价值。完善的公司章程作为公司治理机制的有效组成部分,既能带给投资者短期的财富增长,也是投资者获取长期回报的基本保障。因此,投资者应提高识别公司章程中信息含量的能力,从而更准确、更有计划地获得投资回报。

针对上市公司的建议:

(1)深化股利平稳性能缓解代理冲突、提升公司价值的认识。本书的模型分析结果表明,由公司所有者做好现金持有方案安排(包含维持股利平稳性)有助于提升自身收益和资金使用效率,并且,优化的现金持有方案有助于激发高管的努力付出水平,减轻高管和所有者之间的信息不对称问题,并进一步制约了高管的控制权私利行为。再者,如果考虑到市场对于高管努力付出水平的认可程度是随机反应,那么,现金持有方案安排可能比业务战略选择更加重要。进一步地分析,公司所有者主导外部引资的选择和股权分红政策的确定比起高管主导这两项决策更能为公司带来价值。这些研究结果为公司的商业实践提供了理论层面的支持,即公司的实际控制人或大股东需要进一步深化股利平稳性对公司发展重要性的认识,从而提升股利政策制订的合理性。

(2)强化将股利平稳性作为公司治理机制有效组成部分的价值。本书从公司成长机会、实际控制人性质、控制权与现金分离度、盈余波动性、分析师预测等多个视角进行分析,发现信息透明度弱是我国上市公司股利不平稳驱动因素的经验证据,并发现上市公司的股利不平稳降低了投资者投资收益、增加公司融资资金成本、驱逐机构投资者持股公司的经济后果。这表明公司需要进一步重视股利平稳性在公司治理方面的价值,逐步将股利平稳性纳入公司治理机制的有效组成成分,从而提升公司治理水平,降低融资资金成本,吸引投资者尤其是机构投资者的持续投资并更好地回报投资者。

(3)进一步提高公司信息披露的质量,尤其是提升影响公司长远发展的公司章程信息披露质量。本书的研究表明,不恰当的信息披露会导致投资者对公司价值的错误估值,从而导致公司价值的短期受损,并容易使公司的长期形象在投资者心中受损,从而影响公司的长远利益。更高质量的信息披露则有助于投资者评估公司的当前和未来的价值,并为投资者创造财富。因此,公司应尽可能提升信息披露的及时性、精确性和完整性,从而更好地赢得投资者的价值认可和尊重,积累更好的信誉而健康地长远发展。

10.3　局限与展望

本书存在以下的一些局限,未来的研究可在此基础上继续发展:

(1)在第6章,首先,本书将高管的努力付出水平设定为整个项目过程中都保持不变,这简化了问题的分析,但实践中高管往往可能伴随项目的推进而调整努力付出水平。如何更好地刻画这一努力付出水平是后续可以考虑改进的方向。其次,考虑到我国资本市场的逐步成熟，公司的融资渠道和融资约束条件逐步放宽，从银行渠道的融资也将越来越便利，因此，债权融资的因素可能会改变最优现金持有方案的设置。如何进一步比较银行借款利率、无风险利率和公司现金分红比例等因素的影响而拓展本书的分析框架，也是未来的一个研究方向。再次，本书并未考虑公司所有者和高管的信任成本和转换成本问题，如分析高管聘任来源属于内部提拔还是外部引进、聘任合同长短、高管变更因素的影响等，也未考虑高管属于风险厌恶型(本书假设为风险中性型)或高管和公司所有者谈判能力不对等的情况对现金持有方案的影响，考虑到我国职业经理人市场的逐步成熟，进一步拓展高管特征因素对现金持有方案的影响也是未来的一个研究方向。

(2)在第 7 章，本书仅从信息不对称假说的视角，研究我国上市公司股利不平稳的影响因素，但是，诚如第 3 章所指出的，未来可以进一步考虑人员、组织(公司)、行业、制度因素等，系统地研究不同方面的因素对股利不平稳性的影响。并且，作为首次研究更精确度量下的股利不平稳性的文章，本书较少考虑影响因素之间的交叉作用，这是未来可以继续注意和调整的一个重要方向。

(3)在第 8 章，本书从投资者估值的视角研究了股利不平稳的经济后果。在考虑机构投资者和股利不平稳之间的关系时，内生性问题的干扰仍可以做进一步的设计。如考虑更好的工具变量，采用模拟距估计(simulated method of moments，SMM)方法分析等，都可能进一步缓解内生性问题的担忧。

(4)在第 9 章，由于本书仅测试公司股利承诺在 2015 年的兑现情况，这有待后续进一步加入 2015 年以后的样本情况进行研究。值得注意的是，在样本之外，公司章程修订当中也涉及诸多非股利承诺的内容，这些内容的信息含量也可以在后续研究中进一步考察。

参 考 文 献

蔡庆丰，杨侃，2013. 是谁在"捕风捉影"：机构投资者 VS 证券分析师——基于 A 股信息交易信息偏好的实证研究[J]. 金融研究，(6)：193-206.

蔡祥，李志文，张为国，2003. 中国证券市场中的财务问题：实证研究述评[J]. 中国会计评论，1(1)：1-23.

曹丰，鲁冰，李争光，2015. 机构投资者降低了股价崩盘风险吗?[J]. 会计研究，(11)：55-61.

陈国进，张贻军，刘淳，2010. 机构投资者是股市暴涨暴跌的助推器吗?——来自上海 A 股市场 经验证据[J]. 金融研究，(11)：45-59.

陈名芹，刘星，辛清泉. 2017. 上市公司现金股利不平稳影响投资者行为偏好吗?[J]. 经济研究，(6)：90-104.

陈胜蓝，魏明海，2006. 投资者保护与财务会计信息质量[J]. 会计研究，(10)：28-35.

陈信元，陈冬华，时旭，2003. 公司治理与现金股利：基于佛山照明的案例研究[J]. 管理世界，(8)：118-126.

陈艳，李鑫，李孟顺，2015. 现金股利迎合、再融资需求与企业投资——投资效率视角下的半强制分红政策有效性研究[J]. 会计研究，(11)：69-75.

陈云玲，2014. 半强制分红政策的实施效果研究[J]. 金融研究，(8)：162-177.

程子健，张俊瑞，2015. 交叉上市、股权性质与企业现金股利政策——基于倾向得分匹配法（PSM）的分析[J]. 会计研究，(7)：34-41.

邓建平，曾勇，何佳，2007. 利益获取：股利共享还是资金独占[J]. 经济研究，(4)：112-123.

丁永健，王倩，刘培阳，2013. 红利上缴与国有企业经理人激励——基于多任务委托代理的研究[J]. 中国工业经济，(1)：116-127.

董艳，李凤，2011. 管理层持股、股利政策与代理问题[J]. 经济学(季刊)，10(3)：1015-1038.

杜兴强，谭雪，2017. 国际化董事会、分析师关注与现金股利分配[J]. 金融研究，(8)：192-206.

高闯，郭斌，2012. 创始股东控制权威与经理人职业操守——基于社会资本的"国美电器控制权争夺"研究[J]. 中国工业经济，(7)：122-133.

顾小龙，李天钰，辛宇，2015. 现金股利、控制权结构与股价崩溃风险[J]. 金融研究，(7)：152-169.

郝颖，刘星，2009. 资本投向、利益攫取与挤占效应[J]. 管理世界，(5)：128-144.

贺大兴，姚洋，2011. 社会平等、中性政府与中国经济增长[J]. 经济研究，(1)：4-17.

胡元木，赵新建，2011. 西方股利政策理论的演进与评述[J]. 会计研究，(10)：82-87.

黄娟娟，沈艺峰，2007. 上市公司的股利政策究竟迎合了谁的需要——来自中国上市公司的经验数据[J]. 会计研究，(8)：36-43.

黄少安，张岗，2001. 中国上市公司股权融资偏好分析[J]. 经济研究，(11)：12-20.

黄志忠，谢军，2013. 宏观货币政策、区域金融发展和企业融资约束——货币政策传导机制的微观证据[J]. 会计研究，(1)：63-69.

贾凡胜，吴昱，廉柯赟，2016. 股利税差别化、现金分红与代理问题——基于财税[2012]85 号文件的研究[J]. 南开管理评论，19(1)：142-154.

江龙，刘笑松，2012. 经济周期波动与上市公司现金持有行为研究[J]. 会计研究，(9)：40-46.

姜付秀，支晓强，张敏，2008. 投资者利益保护与股权融资成本——以中国上市公司为例的研究[J]. 管理世界，(2)：117-125.

姜国华，饶品贵，2011. 宏观经济政策与微观企业行为——拓展会计与财务研究新领域[J]. 会计研究，(3)：9-18.

姜国华，徐信忠，赵龙凯，2006. 公司治理和投资者保护研究综述[J]. 管理世界，(6)：161-170.

蒋海，罗贵君，朱滔，2012. 中国上市银行资本缓冲的逆周期性研究：1998~2011[J]. 金融研究，(9)：34-47.

靳庆鲁，孔祥，候青川，2012. 货币政策、民营企业投资效率与公司期权价值[J]. 经济研究，(5)：96-106.

雷光勇，刘慧龙，2007. 市场化进程、最终控制人性质与现金股利行为[J]. 管理世界，(7)：121-128.

雷光勇，王文忠，刘茉，2015. 政治不确定性、股利政策调整与市场效应[J]. 会计研究，(4)：33-39.

李常青，魏志华，吴世农，2010. 半强制分红政策的市场反应研究[J]. 经济研究，(3)：144-155.

李科，陆蓉，2011. 投资者有限理性与基金营销策略——基金大比例分红的证据[J]. 管理世界，(11)：39-48.

李礼，王曼舒，齐寅峰，2006. 股利政策由谁决定及其选择动因——基于中国非国有上市公司的问卷调查分析[J]. 金融研究，(1)：74-85.

李连发，辛晓岱，2012. 银行信贷、经济周期与货币政策调控：1984—2011[J]. 经济研究，(3)：102-114.

李茂良，李常青，魏志华，2014. 中国上市公司股利政策稳定吗?——基于动态面板模型的实证研究[J]. 山西财经大学学报，(3)：33-42.

李善民，李珩，2003. 中国上市公司资产重组绩效研究[J]. 管理世界，(11)：126-134.

李心丹，俞红海，陆蓉，等，2014. 中国股票市场"高送转"现象研究[J]. 管理世界，(11)：133-145.

李雪敏，缪立新，徐青青，2008. 报童模型的研究进展综述[J]. 统计与决策，(17)：11-14.

李增泉，孙铮，任强，2004. "掏空"与所有权安排——来自中国上市公司大股东资金占用的经验证据[J]. 会计研究，(12)：3-13.

李增泉，孙铮，任强，2004. 所有权安排与现金股利政策——来自我国上市公司的经验证据[J]. 中国会计与财务研究，6(4)：48-93.

李争光，赵西卜，曹丰，等，2015. 机构投资者异质性与会计稳健性——来自中国上市公司的经验证据[J]. 南开管理评论，18(3)：111-121.

李志军，王善平，2011. 货币政策、信息披露质量与公司债务融资[J]. 会计研究，(10)：56-62.

连玉君，苏治，丁志国，2008. 现金-现金流敏感性能检验融资约束假说吗?[J]. 统计研究，25(10)：92-99.

刘行，张艺馨，高升好，2015. 股利税与资本结构：中国的经验证据[J]. 会计研究，(10)：66-73.

刘孟晖，2011. 内部人终极控制及其现金股利行为研究——来自中国上市公司的经验证据[J]. 中国工业经济，(12)：122-132.

刘孟晖，高友才，2015. 现金股利的异常派现、代理成本与公司价值——来自中国上市公司的经验证据[J]. 南开管理评论，18(1)：152-160.

刘星，1999. 股利决策新论[M]. 重庆：重庆大学出版社.

刘星，安灵，2010. 大股东控制、政府控制层级与公司价值创造[J]. 会计研究，(1)：56-68.

刘星，陈名芹，2016. 中国上市公司股利平稳性理论框架构建——基于国内外股利平稳性前沿研究的综述与分析[J]. 会计研究，(4)：54-62.

刘星，陈名芹，李宁，2015. 货币政策、再融资管制与现金股利分配[J]. 中国会计评论，13(3)：285-306.

刘星，计方，付强，2013. 货币政策、集团内部资本市场运作与资本投资[J]. 经济科学，35(3)：18-33.

刘星，李豫湘，杨秀苔，1997. 影响我国股份公司股利决策的因素分析[J]. 管理工程学报，(1)：19-24.

刘星，吴先聪，2011. 构投资者异质性、企业产权与公司绩效——基于股权分置改革前后的比较研究[J]. 中国管理科学，19(5)：182-192.

柳建华，卢锐，孙亮，2015. 公司章程中董事会对外投资权限的设置与企业投资效率——基于公司章程自治的视角[J]. 管理世界，(7)：130-142.

娄芳，李玉博，原红旗，2010. 新会计准则对现金股利和会计盈余关系影响的研究[J]. 管理世界，(1)：122-132.

罗琦，胡志强，2011. 控股股东道德风险与公司现金策略[J]. 经济研究，(2)：125-137.

吕长江，王克敏，1999. 上市公司股利政策的实证分析[J]. 经济研究，(12)：31-39.

吕长江，许静静，2010. 基于股利变更公告的股利信号效应研究[J]. 南开管理评论，13(2)：90-96.

吕长江，张海平，2012. 上市公司股权激励计划对股利分配政策的影响[J]. 管理世界，(11)：133-143.

吕长江，周县华，2005. 公司治理结构与股利分配动机——基于代理成本和利益侵占的分析[J]. 南开管理评论，8(3)：9-17.

马曙光，黄志忠，薛云奎，2005. 股权分置、资金侵占与上市公司现金股利政策[J]. 会计研究，(9)：44-50.

马文超，胡思玥，2012. 货币政策、信贷渠道与资本结构[J]. 会计研究，(11)：39-48.

全怡，梁上坤，付宇翔，2016. 货币政策、融资约束与现金股利[J]. 金融研究，(11)：63-79.

饶品贵，姜国华，2011. 货币政策波动、银行信贷与会计稳健性[J]. 金融研究，(3)：51-71.

任有泉，2006. 中国上市公司股利政策稳定性的实证研究[J]. 清华大学学报：哲学社会科学版，21(1)：119-126.

沈艺峰，况学文，聂亚娟，2008. 终极控股股东超额控制与现金持有量价值的实证研究[J]. 南开管理评论，11(1)：15-23.

沈艺峰，肖珉，林涛，2009. 投资者保护与上市公司资本结构[J]. 经济研究，(7)：131-141.

史永东，王谨乐，2014. 中国机构投资者真的稳定了市场吗？[J]. 经济研究，(12)：100-112.

宋逢明，姜琪，高峰，2010. 现金分红对股票收益率波动和基本面信息相关性的影响[J]. 金融研究，(10)：103-116.

宋福铁，屈文洲，2010. 基于企业生命周期理论的现金股利分配实证研究[J]. 中国工业经济，(2)：140-149.

覃家琦，邵新建，肖立晟，2016. 交叉上市、增长机会与股利政策——基于政府干预假说的检验[J]. 金融研究，(11)：191-206.

佟岩，华晨，宋吉文，2015. 定向增发整体上市、机构投资者与短期市场反应[J]. 会计研究，(10)：74-81.

王国刚，2012. 中国货币政策调控工具的操作机理：2001—2010[J]. 中国社会科学，(4)：62-82.

王国俊，王跃堂，2014. 现金股利承诺制度与资源配置[J]. 经济研究，(9)：91-104.

王化成，李春玲，卢闯，2007. 控股股东对上市公司现金股利政策影响的实证研究[J]. 管理世界，(1)：122-127.

王化成，张伟华，佟岩，2011. 广义财务管理理论结构研究——以财务管理环境为起点的研究框架回顾与拓展[J]. 科学决策，(6)：1-32.

王会娟，张然，胡诗阳，2014. 私募股权投资与现金股利政策[J]. 会计研究，(10)：51-58.

王茂林，何玉润，林慧婷，2014. 管理层权力、现金股利与企业投资效率[J]. 南开管理评论，17(2)：13-22.

王亚平，刘慧龙，吴联生，2009. 信息透明度、机构投资者和股价同步性[J]. 金融研究，(12)：162-174.

王志强，张玮婷，2012. 上市公司财务灵活性、再融资期权与股利迎合策略研究[J]. 管理世界，(7)：151-163.

魏明海，柳建华，2007. 国企分红、治理因素与过度投资[J]. 管理世界，(4)：88-95.

魏志华，李茂良，李常青，2014. 半强制分红政策与中国上市公司分红行为[J]. 经济研究，(6)：100-114.

魏志华，吴育辉，李常青，2012. 家族控制、双重委托代理冲突与现金股利政策——基于中国上市公司的实证研究[J]. 金融研究，(7)：168-181.

温忠麟，叶宝娟，2014. 有调节的中介模型检验方法：竞争还是替补？[J]. 心理学报，46(5)：714-726.

沃什，2001. 货币理论与政策[M]. 王芳，译. 北京：中国人民大学出版社.

吴超鹏，张媛，2017. 风险投资对上市公司股利政策影响的实证研究[J]. 金融研究，(9)：178-191.

吴先聪，2015. 机构投资者影响了高管薪酬及其私有收益吗？——基于不同特质机构投资者的研究[J]. 外国经济与管理，37(8)：13-29.

吴先聪，刘星，2012. 机构投资者异质性与公司业绩[J]. 中国会计与财务研究，14(3)：1-55.

夏立军，方轶强，2005. 政府控制、治理环境与公司价值——来自中国证券市场的经验证据[J]. 经济研究，(5)：40-51.

肖珉，2005. 自由现金流量、利益输送与现金股利[J]. 经济科学，27(2)：67-76.

肖珉，2010. 现金股利、内部现金流与投资效率[J]. 金融研究，(10)：117-134.

肖珉，沈艺峰，2008. 跨地上市公司具有较低的权益资本成本吗?——基于"法与金融"的视角[J]. 金融研究，(10)：93-103.

肖明，吴慧香，张群，等，2013. 基于宏观经济视角的我国上市公司现金持有量研究[J]. 中国管理科学，21(3)：28-34.

肖淑芳，喻梦颖，2012. 股权激励与股利分配——来自中国上市公司的经验证据[J]. 会计研究，(8)：49-57.

辛清泉，孔东民，郝颖，2014. 公司透明度与股价波动性[J]. 金融研究，(10)：193-206.

徐国祥，苏月中，2005. 中国股市现金股利悖论研究[J]. 财经研究，31(6)：132-144.

徐向艺，方政，2015. 子公司信息披露研究——基于母子公司"双向治理"研究视角[J]. 中国工业经济，(9)：114-128.

徐细雄，刘星，2012. 创始人权威、控制权配置与家族企业治理转型——基于国美电器"控制权之争"的案例研究[J]. 中国工业经济，(2)：139-148.

许年行，于上尧，伊志宏，2013. 机构投资者羊群行为与股价崩盘风险[J]. 管理世界，(7)：31-43.

许文彬，刘猛，2009. 我国上市公司股权结构对现金股利政策的影响——基于股权分置改革前后的实证研究[J]. 中国工业经济，(12)：128-138.

薛有志，刘鑫，2013. 国外制度距离研究现状探析与未来展望[J]. 外国经济与管理，35(3)：28-36.

杨海燕，韦德洪，等，2012. 机构投资者持股能提高上市公司会计信息质量吗?——兼论不同类型机构投资者的差异[J]. 会计研究，(9)：16-23.

杨熠，沈艺峰，2004. 现金股利：传递盈利信号还是起监督治理作用[J]. 中国会计评论，2(1)：61-76.

姚洋，2009. 中性政府：对转型期中国经济成功的一个解释[J]. 经济评论，(3)：5-13.

姚颐，刘志远，2011. 投票权制度改进与中小投资者利益保护[J]. 管理世界，(3)：144-153.

姚颐，赵梅，2016. 中国式风险披露、披露水平与市场反应[J]. 经济研究，(7)：158-172.

叶宝娟，温忠麟，2013. 有中介的调节模型检验方法：甄别和整合[J]. 心理学报，45(9)：1050-1060.

易颜新，柯大钢，王平心，2008. 我国上市公司股利分配决策的调查研究分析[J]. 南开管理评论，11(1)：48-57.

应惟伟，居未伟，封斌斌，2017. 管理者过度自信与公司现金股利决策[J]. 预测，36(1)：61-66.

应展宇，2013. 中国股票市场再融资监管规则变迁的制度经济分析[J]. 经济理论与经济管理，33(5)：91-101.

余静文，2012. 信贷约束、股利分红与企业预防性储蓄动机——来自中国A股上市公司的证据[J]. 金融研究，(10)：97-110.

余琰，王春飞，2014. 再融资与股利政策挂钩的经济后果和潜在问题[J]. 中国会计评论，12(1)：43-66.

袁淳，荆新，廖冠民，2010. 国有公司的信贷优惠：信贷干预还是隐性担保?——基于信用贷款的实证检验[J]. 会计研究，(8)：49-54.

袁天荣，苏红亮，2004. 上市公司超能力派现的实证研究[J]. 会计研究，(10)：63-70.

原红旗，2001. 中国上市公司股利政策分析[J]. 财经研究，27(3)：33-41.

曾爱民，傅元略，魏志华，2011. 金融危机冲击、财务柔性储备和企业融资行为——来自中国上市公司的经验证据[J]. 金融研究，(10)：155-169.

张路，罗婷，岳衡，2015. 超募资金投向、股权结构与现金股利政策[J]. 金融研究，(11)：142-158.

张玮婷，王志强，2015. 地域因素如何影响公司股利政策："替代模型"还是"结果模型"?[J]. 经济研究，(5)：76-88.

张文龙，李峰，郭泽光，2009. 现金股利——控制还是掠夺?[J]. 管理世界，(3)：176-177.

张西征，刘志远，王静，2012. 货币政策影响公司投资的双重效应研究[J]. 管理科学，25(5)：108-119.

章晓霞，吴冲锋，2006. 融资约束影响我国上市公司的现金持有政策吗——来自现金-现金流敏感度的分析[J]. 管理评论，18(10)：59-62.

赵玉芳，余志勇，夏新平，等，2011. 定向增发、现金分红与利益输送——来自中国上市公司的经验证据[J]. 金融研究，(11)：153-166.

郑志刚，许荣，徐向江，等，2011. 公司章程条款的设立、法律对投资者权力保护和公司治理——基于中国 A 股上市公司的证据[J]. 管理世界，(7)：141-153.

支晓强，胡聪慧，吴偎立，等，2014a. 现金分红迎合了投资者吗——来自交易行为的证据[J]. 金融研究，(5)：143-161.

支晓强，胡聪慧，童盼，等，2014b. 股权分置改革与上市公司股利政策——基于迎合理论的证据[J]. 管理世界，(3)：139-147.

周县华，范庆泉，吕长江，等，2012. 外资股东与股利分配：来自中国上市公司的经验证据[J]. 世界经济，(11)：112-140.

周县华，吕长江，2008. 股权分置改革、高股利分配与投资者利益保护——基于驰宏锌锗的案例研究[J]. 会计研究，(8)：59-68.

祝继高，陆正飞，2009. 货币政策、企业成长与现金持有水平变化[J]. 管理世界，(3)：152-158.

祝继高，王春飞，2012. 大股东能有效控制管理层吗?——基于国美电器控制权争夺的案例研究[J]. 管理世界，(4)：138-152.

祝继高，王春飞，2013. 金融危机对公司现金股利政策的影响研究——基于股权结构的视角[J]. 会计研究，(2)：38-44.

Adaoglu C, 2008. Dividend policy of the ISE industrial corporations: the evidence revisited(1986—2007)[J]. Journal of BRSA Banking and Financial Markets, Banking Regulation and Supervision Agency, 2(2)：113-135.

Aggarwal S P, Jaggi C K, 1995. Ordering policies of deteriorating items under permissible delay in payments[J]. Journal of the Operational Research Society, 46(5)：658-662.

Aivazian V, Booth L, Cleary S, 2003. Dividend policy and the organization of capital markets[J]. Journal of Multinational Financial Management, 13(2)：101-121.

Aivazian V, Booth L, Cleary S, 2006. Dividend smoothing and debt ratings[J]. Journal of Financial and Quantitative Analysis, 41(2)：439-453.

Allen F, Bernardo A E, Welch I, 2000. A theory of dividends based on tax clienteles[J]. The Journal of Finance, 55(6)：2499-2536.

Allen F, Gorton G, 1993. Churning bubbles[J]. Review of Economic Studies, 60(4)：813-836.

Allen F, Michaely R, 2003. Payout policy[M]//Constantinides G M, Harris M, Stulz R M. Handbook of the economics of finance. Amsterda：Elsevier.

Al-Malkawi H A N, Bhatti M I, Magableh S I, 2014. On the dividend smoothing, signaling and the global financial crisis[J]. Economic Modelling, 42：159-165.

Almeida H, Campello M, Weisbach M S, 2004. The cash flow sensitivity of cash[J]. The Journal of Finance, 59：1777-1804.

Almeida H, Campello M, Weisbach M S, 2011. Corporate financial and investment policies when future financing is not frictionless[J]. Journal of Corporate Finance, 17(3)：675-693.

Andres C, Betzer A, Goergen M, Renneboog L, 2009. Dividend policy of German firms: a panel data analysis of partial adjustment models[J]. Journal of Empirical Finance, 16(2):175-187.

Atanasov V, Black B, 2016. Shock-based causal inference in corporate finance and accounting research[J]. Critical Finance Review, 5(2)：207-304.

Baba N, 2009. Increased presence of foreign investors and dividend policy of japanese firms[J]. Pacific-Basin Finance Journal, 17(2)：163-174.

Babich V, Sobel M J, 2004. Pre-IPO operational and financial decisions[J]. Management Science, 50(7): 935-948.

Baker M, Wurgler J, 2004. A catering theory of dividends[J]. The Journal of Finance, 59(3): 1125-1165.

Baker M, Mendel B, Wurgler J, 2016. Dividends as reference points: A behavioral signaling approach[J]. The Review of Financial Studies, 29(3): 697-738.

Baker M, Nagel S, Wurgler J, 2007. The effect of dividends on consumption[J]. Brookings Papers on Economic Activity, (1): 231-291.

Bates T, Kahle K, Stulz R, 2009. Why do U. S. firms hold so much more cash than they used to?[J]. The Journal of Finance, 64(5): 1985-2021.

Bebehuk L, Cohenand A, Ferrell A, 2009. What matters in corporate governance?[J]. Review of Financial Studies, 22(2): 783-827.

Becker S O, Ichino A, 2002. Estimation of average treatment effects based on propensity scores[J]. The Stata Journal, 2(4): 358-377.

Bernanke B, Gertler M, 1995. Inside the box: the credit channel of monetary policy transmission[J]. The Journal of Economic Perspective, 9(4): 27-48.

Berry H, Guillén M F, Zhou N, 2010. An institutional approach to cross-national distance[J]. Journal of International Business Studies, 41(9): 1460-1480.

Bhattacharya S, 1979. Imperfect information, dividend policy, and "the bird in the hand" fallacy[J]. Bell Journal of Economics, 10(1): 259-270.

Black F, Scholes M. 1974. The effects of dividend yield and dividend policy on common stock prices and returns[J]. Journal of Financial Economics, 1(1): 1-22.

Brav A, Graham J, Harvey C, et al., 2005. Payout policy in the 21st century[J]. Journal of Financial Economics, 77(3): 483-527.

Bremberger F, Cambini C, Gugler K, et al., 2013. Dividend policy in regulated firms[R]. Munich: University of Munich.

Brennan M J, Thakor A V, 1990. Shareholder preferences and dividend policy[J]. The Journal of Finance, 45(4): 993-1018.

Brennan M, Subrahmanyam A, 1996. Market microstructure and asset pricing: on the compensation for illiquidity in stock returns[J]. Journal of Financial Economics, 41(3): 441-464.

Brickley J A, Lease R C, Smith C W, 1988. Ownership structure and voting on antitakeover amendments[J]. Journal of Financial Economics, 20: 267-291.

Brown J R, Liang N, Weisbenner S, 2007. Executive financial incentives and payout policy: firm responses to the 2003 dividend taxcut[J]. The Journal of Finance, 62(4): 1935-1965.

Burkart M, Ellingsen T, 2004. In-kind finance: a theory of trade credit[J]. American Economic Review, 94(3): 569-590.

Burns N, McTier B, Minnick K, 2015. Equity-incentive compensation and payout policy in europe[J]. Journal of Corporate Finance, 30: 85-97.

Busenitz L W, Gomez C, Spencer J W, 2000. Country institutional profiles: unlocking entrepreneurial phenomena[J]. Academy of Management Journal, 43(5): 994-1003.

Buzacott J A, Zhang R Q, 2004. Inventory management with asset based financing[J]. Management Science, 50(9): 1274-1292.

Byoun S, 2011. Financial flexibility and capital structure decision[J]. SSRN Electronic Journal. https: //ssrn.com/abstract=1108850.

Chay J B, Suh J, 2009. Payout policy and cash—flow uncertainty[J]. Journal of Financial Economics, 93(1): 88-107.

Chemmanur T J, He J, Hu G, et al., 2010. Is dividend smoothing universal?: New insights from a comparative study of dividend policies in Hong Kong and the U. S. [J]. Journal of Corporate Finance, 16(4): 413-430.

Chen L, Da Z, Priestley R, 2012. Dividend smoothing and predictability[J]. Management Science, 58(10): 1834-1853.

Chen, X, Harford J, Li K, 2007. Monitoring: which institutions matter?[J]. Journal of Financial Economics, 86(2): 279-305.

Choe H, 1990. Intertemporal and cross-sectional variation of corporate dividend policy[D]. Chicago: University of Chicago.

Claessens S, Djankov S, Lang L, 2000. The separation of ownership and control in East Asian corporations[J]. Journal of Financial Economics, 58(1-2): 81-112.

Cleary S, 1999. The relationship between firm investment and financial status[J]. The Journal of Finance, 54(2): 673-692.

Cohen L, Frazzini A, Malloy C, 2008. The small world of investing: board connections and mutual fund returns[J]. Journal of Political Economy, 116(5): 951-979.

Coles J, Li Z, 2012. An empirical assessment of empirical corporate finance[R]. Salt Lake City: University of Utah.

Cornett M M, Marcus A J, Saunders A, et al., 2007. The impact of institutional ownership on corporate operating performance[J]. Journal of Banking and Finance, 31(6): 1771-1794.

Crane A, Michenaud S, Weston J P, 2012. The effect of institutional ownership on payout policy: a regression discontinuity design approach[R]. Houston: Rice University.

Dada M, Hu Q, 2008. Financing newsvendor inventory[J]. Operations Research Letters, 36(5): 569-573.

DeAngelo H, DeAngelo L, 2007. Capital structure, payout policy, and financial flexibility[R]. Los Angeles: University of Southern California.

DeAngelo H, DeAngelo L, Skinner D, 2008. Corporate payout policy[J]. Foundations and Trends in Finance, 3(2-3): 95-287.

Deephouse D L, 1996, Does isomorphism legitimate? [J]. Academy of Management Journal, 39(4): 1024-1039.

DeMarzo P, Sannikov Y, 2008. Learning in dynamic incentive contracts[R]. San Francisco: Stanford University.

Denis D J, Sibilkov V, 2010. Financial constraints, investment and the value of cash holdings[J]. Review of Financial Studies, 23(1): 247-269.

Deshmukh S, Goel A M, Howe K M, 2013. CEO overconfidence and dividend policy[J]. The Journal of Financial Intermediation, 22(3): 440-463.

Dewenter K L, Warther V A, 1998. Dividends, asymmetric information and agency conflicts: evidence from a comparison of the dividend policies of Japanese and U. S. firms[J]. The Journal of Finance, 53(3): 879-904.

DiMaggio P J, Powell W W, 1983. The iron cage revisited: institutional isomorphism and collective rationality in organizational fields[J]. American Sociological Review, 48(2): 147-160.

Ding N, 2011. The evolving relation between market competition and corporate payout policy[D]. Sydney: The University of New South Wales.

Ding Q, Dong L, and Kouvelis P, 2007. On the integration of production and financial hedging decisions in global markets[J]. Operations Research, 55(3): 470-489.

Duchin R, Sosyura D, 2013. Divisional managers and internal capital markets[J]. The Journal of Finance, 68(2): 387-429.

Easterbrook F, 1984. Two agency-cost explanations of dividends[J]. The American Economic Review, 74(4): 650-659.

Engelberg J, Gao P, Parsons C A, 2012. Friends with money[J]. Journal of Financial Economics, 103(1): 169-188.

Faccio M, Lang H P, Young L, 2001. Dividends and expropriation[J]. The American Economic Review, 91(1): 54-78.

Fama E F, Babiak H, 1968. Dividend policy: an empirical analysis[J]. Journal of the American Statistical Association, 63(324): 1132-1161.

Fama E F, French K R, 1993. Common risk factors in the returns of stocks and bonds[J]. Journal of Financial Economics, 33(1): 3-56.

Fama E F, French K R, 2002. Testing trade-off and pecking order predictions about dividends and debt[J]. Review of Financial Studies, 15(1): 1-33.

Fama E F, Jensen M C, 1983. Separation of ownership and control[J]. Journal of Law and Economics, 26(2): 301-325.

Fama E F, MacBeth J D, 1973. Risk, return, and equilibrium: empirical tests[J]. Journal of Political Economy, 81(3), 607-636.

Farre-Mensa J, Michaely R, Schmalz M, 2014. Payout Policy[J]. Annual Review of Financial Economics, 6(1): 75-134.

Faulkender M, Wang R, 2006. Corporate financial policy and the value of cash[J]. The Journal of Finance, (61): 1957-1990.

Fazzari S M, Hubbard R G, Petersen B C, et al., 1988. Financing constraints and corporate investment[J]. Brookings Papers on Economic Activity, 1988(1): 141-206.

Ferreira A, Vilela S, 2004. Why do firms hold cash?—Evidence from EMU countries[J]. European Financial Management, 10(2): 295-319.

Firth M, Lin C, Zou H, 2010. Friend or foe? The role of state and mutual fund ownership in the split share structure reform in China[J]. Journal of Financial and Quantitative Analysis, 45(3): 685-706.

Fisman R, Love I, 2003. Trade credit, financial intermediary development and industry growth[J]. The Journal of Finance, 58(1): 353-373.

Frank M Z, Goyal V K, 2003. Testing the pecking-order theory of capital structure[J]. Journal of Financial Economics, 67(2): 217-248.

Fudenberg D, Tirole J, 1995. A theory of income and dividend smoothing based on incumbency rents[J]. Journal of Political Economy, 103(1): 75-93.

Gaiotti E, Generale A, 2002. Does monetary policy have asymmetric effects? A look at the investment decisions of Italian firms[J]. Giornale degli Economistie Annadi di Economia, 61(1): 29-59.

Giannetti M, Burkart M, Ellingsen T, 2011. What you sell is what you lend? Explaining trade credit contracts[J]. Review of Financial Studies, 24(4): 1261-1298.

Gompers P, Ishi J, Metriek A, 2003. Corporate governance and equity prices[J]. Quarterly Journal of Economies, 118(1): 107-155.

Greenwood R, Oliver C, Suddaby R, et al., 2008. The SAGE handbook of organizational institutionalism[M]. London: SAGE Publications Limited.

Grennan J, 2019. Dividend payments as a response to peer influence[J]. Journal of Financial Economics, 131(3): 549-570.

Grinstein Y, Michaely R, 2005. Institutional holdings and payout policy[J]. The Journal of Finance, 60(3): 1389-1426.

Grullon G, Kanatas G, Weston J P, 2004. Advertising, breadth of ownership and liquidity[J]. Review of Financial Studies, 17(2): 439-461.

Grullon G, Michaely R, Swaminathan B, 2002. Are dividend changes a sign of firm maturity?[J]. Journal of Business, 75(3): 387-424.

Guney Y, Ozkan A, Ozkan N, 2007. International evidence on the non-linear impact of leverage on corporate cash holdings[J]. Journal of Multinational Financial Management, 17(1): 45-60.

Guttman I, Kadan O, Kandel E, 2010. Dividend stickiness and strategic pooling[J]. Review of Financial Studies, 23(12): 4455-4495.

Harris M, Raviv A, 1991. The theory of capital structure[J]. The Journal of Finance, 46(1): 297-355.

Hart O, Firms, 1995. Contracts and financial structure[M]. Oxford: Oxford University Press.

Hartzell J C，Starks L T，2003. Institutional investors and executive compensation[J]. The Journal of Finance，58(6)：2351-2374.

Hoberg G，Phillips G，Prabhala N. 2014. Product market threats，payouts，and financial flexibility[J]. The Journal of Finance，69(1)：293-324.

Hofstede，Geert，1984. Culture's consequences：international differences in work-related values[M]. London：SAGE Publicatioms Limited.

Hou Q，Jin Q，Yang R，et al.，2015. Performance commitments of controlling shareholders and earnings management[J]. Contemporary Accounting Research，32(3)：1099-1127.

Hutton A，Stocken P，2009. Prior forecasting accuracy and investor reaction to management earnings forecasts[R]. Boston：Boston College.

Javakhadze D，Ferris S P，Sen N，2014. An international analysis of dividend smoothing[J]. Journal of Corporate Finance，29：200-220.

Jensen M C，1986. Agency costs of free cash flow，corporate finance，and takeovers[J]. American Economic Review，76(2)：323-329.

Jensen M C，Meckling W H，1976. Theory of the firm：managerial behavior，agency costs，and ownership structure[J]. Journal of Financial Economics，3(10)：305-360.

Jeon J Q，Lee C，Moffatts C M，2011. Effects of foreign ownership on payout policy：evidence from the Korean market[J]. Journal of Financial Markets，14(2)：344-375.

Jeong J，2013. Determinants of dividend smoothing in emerging market：the case of Korea[J]. Emerging Markets Review，17：76-88.

Jiang F X，Kim K A，2015. Corporate governance in China：a modern perspective[J]. Journal of Corporate Finance，32：190-216.

Jiang H，2010. Institutional investors，intangible information and the book-to-market effect[J]. Journal of Financial Economics，96(1)，98-126.

Johanson J，Vahlne J E，1977. The internationalization process of the firm-a model of knowledge development and increasing foreign market commitments[J]. Journal of International Business Studies，8(1)：23-32.

John K，Knyazeva A，Knyazeva D，2015. Governance and payout precommitment[J]. Journal of Corporate Finance，33：101-117

John K，Williams J，1985. Dividends，dilution，and taxes：a signaling equilibrium[J]. The Journal of Finance，40(4)：1053-1070.

Kane E J，1981. Impact of Regulation on economic behavior[J]. Journal of Money，Credit and Banking，9：355-367.

Karpavičius S，2014. Dividends：relevance，rigidity，and signaling[J]. Journal of Corporate Finance，25：289-312.

Kashyap A K，Stein J C，Wilcox D W，1993. Monetary policy and credit conditions，evidence from the composition of external finance[J]. American Economic Review，83：78-98.

Keynes J M，1937. The general theory of employment[J]. Quarterly Journal of Economics，51(2)：209-223.

Khalaf A，Khaled B，2013. Dividend smoothness，determinants and impact of dividend announcements on share prices：empirical evidence from Jordan[R]. Edinburgh：Heriot-Watt University.

Klick J，Stratmann T. 2003. Offsetting behavior in the workplace[R]. Fairfax：George Mason University.

Knyazeva A，Knyazeva D，2014. Dividend smoothing：an agency explanation and new evidence[J]. SSRN Electronic Journal. http://dx. doi. org/10. 2139/ssrn. 2504715.

Kogut B，Singh H，1988. The effect of national culture on the choice of entry mode[J]. Journal of International Business Studies，19(3)：411-432.

Kostova T，1996. Success of the transnational transfer of organizational practices within multinational companies[R]. Twin Cities：

University of Minnesota.

Kostova T, Zaheer S, 1999. Organizational legitimacy under conditions of complexity: the case of the multinational enterprise[J]. Academy of Management review, 24(1): 64-81.

Kouvelis P, Zhao W, 2012. Financing the newsvendor: supplier vs. bank, and the structure of optimal trade credit contracts[J]. Operations Research, 60(3): 566-580.

Kraus A, Litzenberger R H, 1973. A state-preference model of optimal financial leverage[J]. The Journal of Finance, 28(4): 911-922.

Kumar P, 1988. Shareholder-manager conflict and the information content of dividends[J]. Review of Financial Studies, 1(2): 111-136.

Kumar P, Lee B, 2001. Discrete dividend policy with permanent earnings[J]. Financial Management, 30(3): 55-76.

La Porta R, Lopez-De-Silanes F, Shleifer A, et al., 1999. The quality of government[J]. Journal of Law, Economics, and organization, 15(1): 222-279.

La Porta R, Lopez-De-Silanes F, Shleifer A, et al., 2000a. Agency problems and dividend policies around the world[J]. The Journal of Finance, 55(1): 1-33.

La Porta R, Lopez-De-Silanes F, Shleifer A, et al., 2000b. Investor protection and corporate governance[J]. Journal of Financial Economics, 58(1-2): 3-27.

La Porta R, Lopez-De-Silanes F, Shleifer A, et al., 2002. Investor protection and corporate valuation[J]. The Journal of Finance, 57(3): 1147-1170.

Laeven L, 2003. Does financial liberalization reduce financing constraints?[J]. Financial Management, 32(1):5-34.

Lambrecht B M, Myers S C, 2012. A lintner model of payout and managerial rents[J]. The Journal of Finance, 67(5): 1761-1810.

Lambrecht B M, Myers S C, 2017. The dynamics of investment, payout and debt[J]. The Review of Financial Studies, 30(11): 3759-3800.

Lariviere M A, Porteus E L, 2001. Selling to the newsvendor: an analysis of price-only contracts[J]. Manufacturing and Service Operations Management, 3(4): 293-305.

Larkin Y, Leary M T, Michaely R, 2016. Do investors value dividend-smoothing stocks differently?[J]. Management Science, 63(12): 4114-4136.

Leary M T, Michaely R, 2011. Determinants of dividend smoothing: empirical evidence[J]. Review of Financial Studies, 24(10): 3197-3249.

Lemmon M, Zender J, 2010. Debt capacity and tests of capital structure theories[J]. Journal of Financial and Quantitative Analysis, 45(5): 1161-1187.

Lent W V, Sgourev S V, 2013. Local elites versus dominant shareholders: dividend smoothing at the dutch East India Company[J]. Academy of Management, (1): 155-192.

Li K, Wang T, Cheung Y L, et al., 2011. Privatization and risk sharing: evidence from the split share structure reform in China[J]. Review of Financial Studies, 24(7): 2499-2525.

Li L, Shubik M, Sobel M J, 2013. Control of dividends, capital subscriptions, and physical inventories[J]. Management Science, 59(5): 1107-1124.

Li O Z, Liu H, Ni C, et al., 2017. Individual investors' dividend taxes and corporate payout policies[J]. Journal of Financial and Quantitative Analysis, 52(3):1-28.

Li O Z, Zhuang Z, 2012. Management guidance and the underpricing of seasoned equity offerings[J]. Contemporary Accounting Research, 29(3): 710-737.

Lintner J, 1956. Distribution of income of corporations among dividends, retained earnings and taxes[J]. American Economics Review, 46(2): 97-113.

Manski C, 1993. Identification of endogenous social effects: the reaction problem[J]. Review of Economic Studies, 60(3): 531-542.

Marsh T A, Merton R C, 1987. Dividend behavior for the aggregate stock market[J]. The Journal of Business, 60(1): 1-40.

Martins T C, Novaes W, 2012. Mandatory dividend rules: do they make it harder for firms to invest?[J]. Journal of Corporate Finance, 18(4): 953-967.

Matsusaka J G, Vikram K N, 2002. Internal capital markets and corporate refocusing[J]. Journal of Financial Intermediation, 11(2):176-211.

McDonald J G, Bertrand J, Maurice N, 1975. Dividend, investment and financing decisions: empirical evidence on French firms[J]. Journal of Financial and Quantitative Analysis, 10(5): 741-755.

Meltzer A H, 1967. Margins in the regulation of financial institutions[J]. The Journal of Political Economy, 75: 482-511.

Milgrom P, 1988. Employment contracts, influence activities, and efficient organization design[J]. Journal of Political Economy, 96(1): 42-60.

Milgrom P, Roberts J, 1988. An economic approach to influence activities in organizations[J]. American Journal of Sociology, 94: 154-179.

Miller M H, Modigliani F, 1961. Dividend policy, growth, and the valuation of shares[J]. The Journal of Business, 34(4): 411-433.

Miller M H, Rock K, 1985. Dividend policy under asymmetric information[J]. The Journal of Finance, 40(4): 1031-1051.

Miller M, Scholes M, 1978. Dividends and taxes[J]. Journal of Financial Economics, 6: 333-364.

Modigliani F, Miller M H, 1958. The cost of capital, corporation finance and the theory of investment[J]. American Economic Review, 48(3): 261-297.

Morgan G, Kristensen P H, 2006. The contested space of multinationals: varieties of institutionalism, varieties of capitalism[J]. Human Relations, 59(11): 1467-1490.

Müller N, Svenssonv T, Gårdängen M, 2014. Dividend smoothing in Sweden[R]. Lund: Lund University.

Nguyen B D, Nielsen K M, 2010. The value of independent directors: evidence from sudden deaths[J]. Journal of Financial Economics, 98(3): 550-567.

North D C, 1990. Institutions, institutional change and economic performance[M]. Cambridge: Cambridge University Press.

North D C, 1993. Toward a theory of institutional change[M]//Barnett W A, Schofield M, Hinich M. Political economy: institutions, competition, and representation: proceedings of the seventh international symposium in economic theory and econometric. Cambridge: Cambridge University Press.

Officer M, 2010. Overinvestment, corporate governance, and dividend initiations[J]. Journal of Corporate Finance, 17(3): 710-724.

Ozkan A, Ozkan N, 2004. Corporate cash holdings: an empirical investigation of UK companies[J]. Journal of Banking and Finance, 28(9): 2103-2134.

Patell J M, 1976. Corporate forecasts of earnings per share and stock price behavior: empirical test[J]. Journal of Accounting Research, 14(2): 246-276.

Peltzman S, 1976. Toward a more general theory of regulation[J]. The Journal of Law and Economics, 19(2): 211-240.

Perakis G, Roels G, 2007. The price of anarchy in supply chains: quantifying the efficiency of price-only contracts[J]. Management Science, 53(8): 1249-1268.

Phillips N, Tracey P, Karra N, 2009. Rethinking institutional distance: strengthening the tie between new institutional theory and international management[J]. Strategic Organization, 7(3): 339-348.

Posner R A, 1974. Theories of economic regulation[J]. The Bell Journal of Economics and Management Science, 5(2): 335-358.

Rajan R, Servaes H, Zingales L, 2000. The cost of diversity: the diversification discount and inefficient investment[J]. The Journal of Finance, 55(1): 35-80.

Rajan R, Zingales L. 1998. Financial dependence and growth[J]. American Economic Review, 88(3): 559-586.

Rangvid J, Schmeling M, Schrimpf A, 2014. Dividend predictability around the world[J]. Journal of Financial and Quantitative Analysis, 49(5-6): 1255-1277.

Rosenbaum P R, Rubin D B, 1985. Constructing a control group using multivariate matched sampling methods that incorporate the propensity score[J]. The American Statistician, 39(1): 33-38.

Rozeff M S, 1982. Growth, beta and agency costs as determinants of dividend payout ratios[J]. Journal of Financial Research, 5(3): 249-259.

Scott W R, Christensen S, 1995. The institutional construction of organizations[M]. London: SAGE Publications Limited.

Shefrin H M, Statman M, 1984. Explaining investor preference for cash dividends[J]. Journal of Financial Economics, 13(2): 253-282.

Shinozaki S, Uchida K, 2017. Ownership structure, tax regime, and dividend smoothing: international evidence[M]//Naito T, Lee W, Ouchida Y. Applied approaches to societal institutions and economics. Singapore: Springer.

Shleifer A, Vishny R W. 1997. A survey of corporate governance[J]. The Journal of Finance, 52(2): 737-783.

Shleifer A, Wolfenzon D, 2002. Investor protection and equity markets[J]. Journal of Financial Economics, 66(1): 3-27.

Smith A J, Todd E P, 2005. Does matching overcome lalonde's critique of nonexperimental estimators?[J]. Journal of Econometrics, 125(1): 305-353.

Stein J C, 1997. Internal capital markets and the competition for corporate resources[J]. The Journal of Finance, 52(1): 111-133.

Stigler G J, 1971. The theory of economic regulation[J]. The Bell Journal of Economics and Management science, 2(1)3-21.

Suchman M C, 1995. Managing legitimacy: strategic and institutional approaches[J]. Academy of Management Review, 20(3): 571-610.

Williams P, 1996. The relation between a prior earnings forecast by management and analyst response to a current management forecast[J]. The Accounting Review, 71(1): 103-113.

Wright G, Goodwin P, 2002. Eliminating a framing bias by using simple instructions to 'think harder' and respondents with managerial experience: comment on 'breaking the frame' [J]. Strategic Management Journal, 23(11): 1059-1067.

Wu Y F, 2015. Excess dividend smoothing[D]. Rochester: University of Rochester.

Xu X, Birge J R, 2004. Joint production and financing decisions: modeling and analysis[R]. Chicago: University of Chicago.

Xuan Y 2009, Empire-building or bridge-building? Evidence from new CEOs' internal capital allocation decisions[J]. Review of Financial Studies, 22(12): 4919-4948.

Zhou J, Groenevelt H, 2008. Impacts of financial collaboration in a three-party supply chain[R]. Rochester: University of Rochester.

附 录

表 A-1　制度距离对现金股利发放倾向的稳健性检验（主要数据）

制度距离变量	模型 1		模型 2		模型 3	
	回归系数	Wald	回归系数	Wald	回归系数	Wald
InsDist	-0.0564**	-2.39	-0.0281	-0.63	-0.0671**	-2.37
InsDist1	-0.1610***	-2.88	-0.0933	-0.88	-0.1849***	-2.77
InsDist2	-0.1023***	-3.31	-0.0803	-1.38	-0.1117***	-3.02

注：回归方程的被解释变量为 CashDiv；***、**和*分别表示在 1%、5%、10%的水平上显著。

表 A-2　制度距离对满足再融资管制倾向的稳健性检验（主要数据）

制度距离变量	模型 1		模型 2		模型 3	
	回归系数	Wald	回归系数	Wald	回归系数	Wald
InsDist	-0.375***	-13.74	-0.31***	-6.1	-0.385***	-12.18
InsDist1	-1.093***	-16.48	-1.045***	-7.66	-1.103***	-14.44
InsDist2	-0.468***	-13.66	-0.433***	-6.22	-0.478***	-12.05

注：回归方程的被解释变量为 RugMeet；***、**和*分别表示在 1%、5%、10%的水平上显著。

表 A-3　制度距离对现金股利支付水平影响的稳健性检验（主要数据）

制度距离变量	模型 0 (全样本)	模型 1 (全样本)	模型 2 (Soe=0)	模型 3 (Soe=1)	模型 4 (RugMeet=0)	模型 5 (RugMeet=1)
InsDist	0.019**	0.018**	0.010	0.022***	0.066***	0.018***
	(2.37)	(2.26)	(0.49)	(2.64)	(4.67)	(3.05)
InsDist1	0.041**	0.040**	0.024	0.046**	0.161***	0.056***
	(2.12)	(2.05)	(0.49)	(2.29)	(4.76)	(4.04)
InsDist2	0.012	0.015	-0.007	0.024**	0.072***	0.023***
	(1.52)	(1.44)	(0.797)	(2.14)	(3.86)	(3.19)

注：回归被解释变量为 DivRatio；表中括号内为回归系数的 t 值；***、**和*分别表示在 1%、5%、10%的水平上显著。

表 A-4　货币政策对不同类型上市公司现金股利支付水平的影响

变量	模型 1 (Soe=0, RugMeet=0)	模型 2 (Soe=0, RugMeet=1)	模型 3 (Soe=1, RugMeet=0)	模型 4 (Soe=1, RugMeet=1)
MP_{t-1}	-3.284***	-0.342	-1.009*	-0.570***
	(-2.77)	(-0.89)	(-1.89)	(-3.46)
$LnSize_{t-1}$	1.366***	0.161***	0.639***	0.032**
	(12.23)	(4.32)	(14.90)	(2.36)
Lev_{t-1}	-0.019***	-0.001	-0.016***	-0.004***
	(-8.96)	(-1.55)	(-16.42)	(-10.47)
Inv_{t-1}	-0.142	-0.0381	-0.002	-0.024
	(-0.74)	(-0.51)	(-0.02)	(-0.73)
$Cash_{t-1}$	0.000	-0.000	-0.000*	0.000
	(0.22)	(-1.01)	(-1.67)	(1.15)
$Oper_{t-1}$	0.493***	0.031*	0.056**	0.007
	(5.30)	(1.83)	(2.10)	(0.64)
$Top10_{t-1}$	0.822***	0.174*	0.887***	0.209***
	(3.29)	(1.79)	(8.02)	(4.95)
_cons	-11.29***	-1.159***	-5.334***	0.134
	(-10.28)	(-3.02)	(-11.89)	(0.87)
IndusD	控制	控制	控制	控制
样本数	2118	472	3881	1599
LR chi2(8, 19)	376.92	59.13	677.86	216.52
Prob > chi2	0	0	0	0
Pseudo R^2	0.126	0.178	0.101	0.430

注：表中括号内为回归系数的 t 值；***、**和*分别表示在 1%、5%、10%的水平上显著。

表 A-5　货币政策对现金股利发放倾向和再融资倾向的影响 2

变量	模型 1 (CashDiv)	模型 2 (CashDiv)	模型 3 (RugMeet)	模型 4 (RugMeet)
$MP2_{t-1}$	-0.628	-0.658	2.767***	2.758***
	(-1.11)	(-1.16)	(4.66)	(4.62)
$LnSize_{t-1}$	2.215***	2.228***	1.708***	1.673***
	(30.48)	(30.05)	(24.77)	(23.73)
Lev_{t-1}	-0.032***	-0.034***	-0.014***	-0.015***
	(-21.70)	(-21.91)	(-9.43)	(-9.42)
Inv_{t-1}	0.268**	0.117	0.056	-0.043
	(2.03)	(0.84)	(0.40)	(-0.29)
$Cash_{t-1}$	-0.000	-0.000	0.000***	0.000***
	(-0.79)	(-0.79)	(2.74)	(3.18)

变量	模型 1 (CashDiv)	模型 2 (CashDiv)	模型 3 (RugMeet)	模型 4 (RugMeet)
$Oper_{t-1}$	0.601^{***}	0.597^{***}	0.661^{***}	0.705^{***}
	(12.72)	(11.02)	(14.54)	(13.29)
$Top10_{t-1}$	1.698^{***}	1.706^{***}	1.318^{***}	1.163^{***}
	(9.87)	(9.67)	(7.15)	(6.13)
Soe	0.077	0.031	−0.041	−0.065
	(1.33)	(0.53)	(−0.62)	(−0.96)
_cons	-20.26^{***}	-20.14^{***}	-17.91^{***}	-17.87^{***}
	(−29.98)	(−28.97)	(−27.63)	(−26.24)
IndusD	–	控制	–	控制
样本数	8070	8070	8070	8070
LR chi2 (8, 19)	2218.38	2293.46	1289.41	1370.06
Prob > chi2	0.000	0.000	0.000	0.000
Pseudo R^2	0.199	0.205	0.140	0.149

注：表中括号内为回归系数的 t 值；***、**和*分别表示在 1%、5%、10%的水平上显著。

表 A-6   货币政策对现金股利支付水平的影响 2

变量	模型 1 (全样本)	模型 2 (全样本)	模型 3 (RugMeet=0)	模型 4 (RugMeet=1)	模型 5 (Soe=0)	模型 6 (Soe=1)
$MP2_{t-1}$	-0.531^{***}	-0.542^{***}	-1.359^{***}	-0.353^{**}	-1.416^{***}	−0.237
	(−2.79)	(−2.86)	(−3.90)	(−3.13)	(−2.98)	(−1.20)
$LnSize_{t-1}$	0.486^{***}	0.493^{***}	0.800^{***}	0.052^{***}	0.938^{***}	0.380^{***}
	(23.33)	(23.09)	(19.20)	(4.01)	(15.19)	(17.62)
Lev_{t-1}	-0.011^{***}	-0.011^{***}	-0.017^{***}	-0.003^{***}	-0.011^{***}	-0.011^{***}
	(−21.67)	(−21.70)	(−18.75)	(−9.40)	(−9.39)	(−19.83)
Inv_{t-1}	0.012	−0.063	−0.058	−0.032	−0.096	−0.032
	(0.28)	(−1.34)	(−0.70)	(−1.05)	(−0.84)	(−0.64)
$Cash_{t-1}$	−0.000	−0.000	0.000	−0.000	−0.000	−0.000
	(−0.20)	(−0.27)	(0.36)	(−0.64)	(−0.57)	(−0.11)
$Oper_{t-1}$	0.113^{***}	0.096^{***}	0.109^{***}	0.011	0.229^{***}	0.062^{***}
	(8.55)	(6.51)	(4.01)	(1.22)	(5.90)	(4.04)
$Top10_{t-1}$	0.533^{***}	0.547^{***}	0.871^{***}	0.200^{***}	0.603^{***}	0.561^{***}
	(9.11)	(9.20)	(8.38)	(5.12)	(4.00)	(9.02)
Soe	0.050^{**}	0.027	0.031	−0.003		
	(2.45)	(1.31)	(0.84)	(−0.23)		
_cons	-4.381^{***}	-4.358^{***}	-7.546^{***}	−0.095	-8.672^{***}	-3.337^{***}
	(−22.68)	(−21.65)	(−18.03)	(−0.74)	(−12.67)	(−15.49)
IndusD	—	控制	控制	控制	控制	控制

续表

变量	模型 1 (全样本)	模型 2 (全样本)	模型 3 (RugMeet=0)	模型 4 (RugMeet=1)	模型 5 (Soe=0)	模型 6 (Soe=1)
样本数	8070	8070	5999	2071	2590	5480
LR chi2(8，19)	1460.36	1553.88	1091.31	219.75	553.50	953.50
Prob > chi2	0.000	0.000	0.000	0.000	0.000	0.000
Pseudo R^2	0.105	0.112	0.110	0.255	0.132	0.102

注：表中括号内为回归系数的 t 值；***、**和*分别表示在1%、5%、10%的水平上显著。

表 A-7 货币政策对现金股利支付水平的影响 3

变量	模型 1 (全样本)	模型 2 (全样本)	模型 3 (RugMeet=0)	模型 4 (RugMeet=1)	模型 5 (Soe=0)	模型 6 (Soe=1)
MP_{t-1}	-0.961***	-0.972***	-2.302***	-0.428***	-2.088***	-0.593**
	(-3.36)	(-3.41)	(-3.63)	(-2.80)	(-2.81)	(-2.07)
$LnSize_{t-1}$	0.461***	0.465***	0.871***	0.043***	0.907***	0.356***
	(18.97)	(18.72)	(15.12)	(3.11)	(12.61)	(14.38)
Lev_{t-1}	-0.008***	-0.009***	-0.014***	-0.003***	-0.009***	-0.008***
	(-14.66)	(-14.46)	(-10.94)	(-7.35)	(-6.33)	(-13.17)
Inv_{t-1}	-0.0691	-0.119*	-0.169	-0.014	-0.134	-0.092
	(-1.30)	(-2.12)	(-1.41)	(-0.44)	(-0.96)	(-1.58)
$Cash_{t-1}$	0.000	0.000	0.000	-0.000	0.000	-0.000
	(0.69)	(0.67)	(0.41)	(-0.15)	(0.50)	(-1.02)
$Oper_{t-1}$	0.068***	0.053**	0.043	0.010	0.136***	0.031*
	(4.47)	(3.09)	(1.14)	(1.05)	(2.95)	(1.79)
$Top10_{t-1}$	0.453***	0.466***	0.525***	0.169***	0.489**	0.466***
	(6.44)	(6.46)	(3.41)	(4.01)	(2.62)	(6.35)
Soe	0.017	-0.002	-0.002	-0.022	—	—
	(0.67)	(-0.07)	(-0.04)	(-1.50)	—	—
_cons	-4.024***	-3.979***	-7.593***	0.0278	-8.244***	-2.912***
	(-17.69)	(-16.82)	(-13.91)	(0.21)	(-11.99)	(-12.18)
IndusD	—	控制	控制	控制	控制	控制
样本数	4842	4842	3255	1587	1554	3288
LR chi2(8，19)	858.37	901.51	546.29	150.06	364.58	546.35
Prob > chi2	0.000	0.000	0.000	0.000	0.000	0.000
Pseudo R^2	0.1057	0.1110	0.1076	0.3730	0.1412	0.1034

注：表中括号内为回归系数的 t 值；***、**和*分别表示在1%、5%、10%的水平上显著。

表 A-8 货币政策对现金股利支付水平的影响 4

变量	模型 1 (全样本)	模型 2 (全样本)	模型 3 (RugMeet=0)	模型 4 (RugMeet=1)	模型 5 (Soe=0)	模型 6 (Soe=1)
MP_{t-1}	-0.448***	-0.448***	-0.435**	-0.541***	-0.548**	-0.328**
	(-3.13)	(-3.15)	(-2.28)	(-3.89)	(-2.00)	(-2.03)

变量	模型 1 (全样本)	模型 2 (全样本)	模型 3 (RugMeet=0)	模型 4 (RugMeet=1)	模型 5 (Soe=0)	模型 6 (Soe=1)
$LnSize_{t-1}$	0.119***	0.116***	0.142***	0.032***	0.156***	0.101***
	(11.79)	(11.31)	(10.18)	(2.78)	(7.81)	(8.55)
Lev_{t-1}	0.000	0.000	0.000	−0.003***	0.000	−0.003***
	(0.72)	(0.77)	(1.05)	(−9.37)	(1.27)	(−13.32)
Inv_{t-1}	0.011	−0.043	−0.042	−0.021	−0.057	−0.016
	(0.48)	(−1.75)	(−1.33)	(−0.81)	(−1.29)	(−0.57)
$Cash_{t-1}$	−0.000	−0.000	−0.000	0.000	0.000	−0.000***
	(−0.07)	(−0.15)	(−0.14)	(0.45)	(−0.01)	(−4.46)
$Oper_{t-1}$	0.014	0.007	−0.003	0.007	0.043**	0.002
	(1.95)	(0.89)	(−0.29)	(0.88)	(2.48)	(0.27)
$Top10_{t-1}$	0.292***	0.285***	0.301***	0.197***	0.155**	0.310***
	(9.40)	(9.04)	(7.42)	(5.63)	(2.53)	(8.62)
Soe	0.027**	0.011	0.010	−0.003	—	—
	(2.54)	(0.98)	(0.69)	(−0.25)	—	—
_cons	−0.985***	−0.977***	−1.254***	0.116	−1.304***	−0.591***
	(−10.36)	(−9.43)	(−8.87)	(0.90)	(−5.47)	(−4.49)
IndusD	—	控制	控制	控制	控制	控制
样本数	8070	8070	5999	2071	2590	5480
F 值	42.83	22.43	15.44	12.37	7.47	26.91
$Prob > F$	0.000	0.000	0.000	0.000	0.000	0.000
Adj R^2	0.040	0.048	0.044	0.095	0.407	0.078

注：表中括号内为回归系数的 t 值；***、**和*分别表示在1%、5%、10%的水平上显著。

表 A-9　稳健性检验分析结果（一）

变量	模型 (1) Soa 次序 Logit 模型	模型 (2) Soa Tobit 模型	模型 (3) Soa 次序 Logit 模型	模型 (4) Soa Tobit 模型
Fdev	0.9619***	0.2019***	—	—
	(0.003)	(0.002)	—	—
Retvol	—	—	6.8783**	1.3156**
	—	—	(0.034)	(0.039)
Size	−0.2260***	−0.0430***	−0.1377**	−0.0257*
	(0.001)	(0.002)	(0.047)	(0.061)
Lev	0.2213	0.0270	−0.0614	−0.0319
	(0.614)	(0.753)	(0.890)	(0.713)
Age	−0.0053	−0.0011	−0.0084	−0.0016
	(0.641)	(0.622)	(0.462)	(0.481)

续表

变量	模型(1)Soa 次序 Logit 模型	模型(2)Soa Tobit 模型	模型(3)Soa 次序 Logit 模型	模型(4)Soa Tobit 模型
Mb	-0.0055	-0.0074	-0.0150	-0.0091
	(0.950)	(0.672)	(0.866)	(0.609)
Cfops	-0.2204	-0.0432	-0.2586*	-0.0531*
	(0.147)	(0.151)	(0.087)	(0.077)
Payout	-2.6727***	-0.5529***	-2.4693***	-0.5174***
	(0.000)	(0.000)	(0.000)	(0.000)
Inst	0.2892	0.0359	0.4645	0.0690
	(0.590)	(0.738)	(0.387)	(0.523)
Sdeditda	0.5446	0.1086	0.5775	0.1190
	(0.361)	(0.352)	(0.333)	(0.309)
Ind	控制	控制	控制	控制
Constant	—	1.7165***	—	1.2663***
	—	(0.000)	—	(0.000)
Observations	1236	1236	1240	1240

注：括号内为经过异方差调整的回归 p 值。*** 表示 P<0.01，**表示 P<0.05，*表示 P<0.1。

表 A-10 稳健性检验分析结果（二）

变量	模型(1)Soa (State=0)	模型(2)Soa (State=1)	模型(3)Soa (DumVc=0)	模型(4)Soa (DumVc=1)	模型(5)Soa (State=0)	模型(6)Soa (State=1)	模型(7)Soa (DumVc=0)	模型(8)Soa (DumVc=1)
Fdev	1.369***	0.284	1.121**	0.775	—	—	—	—
	(0.002)	(0.568)	(0.010)	(0.107)	—	—	—	—
Retvol	—	—	—	—	10.367**	1.814	10.916**	2.314
	—	—	—	—	(0.020)	(0.718)	(0.013)	(0.647)
Size	-0.308**	-0.120	-0.240***	-0.248**	-0.171	-0.095	-0.124	-0.185*
	(0.010)	(0.215)	(0.010)	(0.034)	(0.145)	(0.317)	(0.177)	(0.095)
Lev	0.148	1.026	1.102*	-0.929	-0.436	1.036	0.710	-1.106
	(0.816)	(0.134)	(0.060)	(0.179)	(0.483)	(0.134)	(0.229)	(0.113)
Age	-0.015	-0.007	-0.019	0.010	-0.019	-0.005	-0.022	0.007
	(0.428)	(0.669)	(0.220)	(0.559)	(0.338)	(0.767)	(0.155)	(0.686)
Mb	-0.113	0.292*	0.000	-0.034	-0.162	0.307**	-0.039	-0.025
	(0.312)	(0.060)	(1.000)	(0.803)	(0.159)	(0.045)	(0.749)	(0.854)
Cfops	-0.164	-0.206	-0.067	-0.404*	-0.229	-0.215	-0.114	-0.413*
	(0.455)	(0.367)	(0.738)	(0.096)	(0.293)	(0.349)	(0.569)	(0.088)
Payout	-3.115***	-2.274***	-2.791***	-2.514***	-2.867***	-2.192***	-2.524***	-2.392***
	(0.000)	(0.000)	(0.000)	(0.000)	(0.000)	(0.000)	(0.000)	(0.000)

续表

变量	模型(1)Soa (State=0)	模型(2)Soa (State=1)	模型(3)Soa (DumVc=0)	模型(4)Soa (DumVc=1)	模型(5)Soa (State=0)	模型(6)Soa (State=1)	模型(7)Soa (DumVc=0)	模型(8)Soa (DumVc=1)
Inst	0.064	0.212	0.339	0.067	0.238	0.294	0.634	0.108
	(0.933)	(0.791)	(0.650)	(0.934)	(0.753)	(0.715)	(0.397)	(0.893)
Sdeditda	−1.707*	1.767**	2.447***	−0.963	−1.519	1.723**	2.253**	−0.741
	(0.082)	(0.024)	(0.005)	(0.267)	(0.122)	(0.028)	(0.010)	(0.391)
Ind	控制	控制	控制	控制	控制	控制	控制	控制
Observations	669	567	687	549	671	569	689	551

注：括号内为经过异方差调整的回归 p 值。***表示 $P<0.01$，**表示 $P<0.05$，*表示 $P<0.1$。

表 A-11　稳健性检验分析结果（三）

变量	模型(1)Soa (State=0)	模型(2)Soa (State=1)	模型(3)Soa (DumVc=0)	模型(4)Soa (DumVc=1)	模型(5)Soa (State=0)	模型(6)Soa (State=1)	模型(7)Soa (DumVc=0)	模型(8)Soa (DumVc=1)
Fdev	0.274***	0.075	0.239***	0.153	—	—	—	—
	(0.001)	(0.436)	(0.004)	(0.117)	—	—	—	—
Retvol	—	—	—	—	2.142**	0.021	1.666**	0.840
	—	—	—	—	(0.015)	(0.982)	(0.044)	(0.401)
Size	−0.055**	−0.021	−0.043**	−0.051**	−0.029	−0.016	−0.022	−0.038*
	(0.017)	(0.269)	(0.014)	(0.029)	(0.206)	(0.378)	(0.202)	(0.090)
Lev	0.033	0.122	0.203*	−0.218	−0.083	0.135	0.136	−0.269*
	(0.787)	(0.343)	(0.060)	(0.114)	(0.489)	(0.306)	(0.215)	(0.055)
Age	−0.002	−0.002	−0.004	0.002	−0.002	−0.001	−0.004	0.002
	(0.644)	(0.606)	(0.195)	(0.514)	(0.575)	(0.724)	(0.164)	(0.627)
Mb	−0.025	0.042	−0.004	−0.018	−0.035	0.048	−0.006	−0.020
	(0.249)	(0.153)	(0.874)	(0.509)	(0.129)	(0.102)	(0.789)	(0.481)
Cfops	−0.035	−0.042	−0.005	−0.094*	−0.052	−0.046	−0.020	−0.097**
	(0.419)	(0.338)	(0.895)	(0.053)	(0.233)	(0.291)	(0.599)	(0.047)
Payout	−0.597***	−0.504***	−0.570***	−0.517***	−0.549***	−0.493***	−0.528***	−0.492***
	(0.000)	(0.000)	(0.000)	(0.000)	(0.000)	(0.000)	(0.000)	(0.000)
Inst	−0.017	0.019	0.058	−0.009	0.016	0.026	0.105	0.005
	(0.909)	(0.900)	(0.684)	(0.954)	(0.914)	(0.869)	(0.466)	(0.974)
Sdeditda	−0.341*	0.360**	0.447***	−0.205	−0.304	0.357**	0.423***	−0.158
	(0.069)	(0.017)	(0.006)	(0.237)	(0.103)	(0.018)	(0.009)	(0.362)
Ind	控制	控制	控制	控制	控制	控制	控制	控制
Constant	1.735***	1.167***	1.892***	1.892***	1.056	1.061**	1.322***	1.578***
	(0.006)	(0.007)	(0.000)	(0.000)	(0.102)	(0.019)	(0.004)	(0.003)
Observations	669	567	687	549	671	569	689	551

注：括号内为经过异方差调整的回归 p 值。***表示 $P<0.01$，**表示 $P<0.05$，*表示 $P<0.1$。

表 A-12 稳健性检验分析结果（四）

变量	模型 (1) Soa	模型 (2) Soa	模型 (3) Soa	模型 (4) Soa
	剔除 Size 子样本	剔除 Size 子样本	剔除 Mb 子样本	剔除 Mb 子样本
Fdev	0.178***	—	0.202***	—
	(0.008)	—	(0.002)	—
Retvol	—	1.370**	—	1.096*
	—	(0.038)	—	(0.099)
Size	-0.037**	-0.022	-0.036**	-0.021
	(0.034)	(0.191)	(0.014)	(0.144)
Lev	-0.010	-0.067	0.037	-0.012
	(0.907)	(0.449)	(0.678)	(0.896)
Age	-0.002	-0.002	-0.002	-0.003
	(0.504)	(0.355)	(0.349)	(0.262)
Mb	-0.015	-0.018	0.006	0.005
	(0.408)	(0.314)	(0.817)	(0.825)
Cfops	-0.061*	-0.070**	-0.022	-0.035
	(0.061)	(0.031)	(0.478)	(0.268)
Payout	-0.525***	-0.489***	-0.538***	-0.502***
	(0.000)	(0.000)	(0.000)	(0.000)
Inst	0.028	0.057	0.064	0.089
	(0.801)	(0.615)	(0.569)	(0.433)
Sdeditda	0.157	0.171	0.046	0.069
	(0.210)	(0.174)	(0.696)	(0.561)
Ind	控制	控制	控制	控制
Constant	1.591***	1.195***	1.562***	1.176***
	(0.000)	(0.003)	(0.000)	(0.001)
Observations	1115	1119	1121	1125
Adjusted R^2	0.080	0.076	0.076	0.069

注：括号内为经过异方差调整的回归 p 值。*** 表示 $P<0.01$，**表示 $P<0.05$，*表示 $P<0.1$。

第 9 章采用[-1，1]共三天的市场累积超额收益率(CAR3)度量投资者的市场反应。表 A-13 报告了包含 5 家金融类公司的 383 个上市公司样本中，公司章程内容信息透明度的主要变量、公司基本特征、可观察到的公司前期股利支付情况(每股股利变化水平 Changedps 和股利稳定性 Relvol)和投资者累积超额收益率之间的相关关系。从表 A-13 可以看到，CAR3 与 Unique(内容唯一性)、Process(精密分红程序)、Dividend(精确分红比例)显著正相关，与可观察到的股利支付情况关系则没有显著相关关系，但需要在多变量回归分析中进一步详细考察。

经过匹配处理程序后，本章检验其匹配效果是否满足共同支撑假设和平衡性假设。未显示的结果表明匹配后股利不平稳股票和股利相对平稳股票的 PS 值分布形态基本保持一

　　致，满足共同支撑假设。图 A-1 展示了匹配后的匹配变量标准偏差结果。标准偏差反映了变量分布特征的组间差异，取值越小代表差异越小，从实践经验来看，若匹配后变量标准偏差的绝对值仍大于 20%则认为匹配效果欠佳(史永乐和王谨乐，2014)。标准偏差的具体计算过程参见 Smith 和 Todd(2005)。

　　表 A-14 报告了平衡性假设的检验结果。由图 A-1 和表 A-14 可知，从标准偏差和组间均值差异的检验结果看，匹配后各变量标准偏差的绝对值控制在 5%以内，并且，组间均值差异在 5%的显著性水平上均不显著。故可以认为平衡性假设也得到了满足。

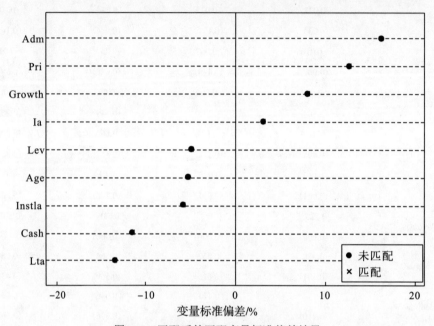

图 A-1　匹配后的匹配变量标准偏差结果

表 A-13 相关性分析 (N=383)

	CAR3	Unique	Process	Prior	Dividend	Difference	Bigitem	Retplan	Detail	Changedps	Relvol	Roa	Lev	Lta	Age	Growth	Instla	Cash	Ia	Adm
CAR3	1																			
Unique	0.093*	1																		
Process	0.108**	0.468***	1																	
Prior	0.086*	0.651***	0.681***	1																
Dividend	0.107**	0.606***	0.660***	0.878***	1															
Difference	0.074	0.530***	0.582***	0.785***	0.792***	1														
Bigitem	0.022	0.294***	0.412***	0.440***	0.474***	0.437***	1													
Retplan	-0.032	0.074	0.195***	0.161***	0.146***	0.143***	0.099*	1												
Detail	0.092*	0.610***	0.808***	0.910***	0.913***	0.864***	0.644***	0.270***	1											
Changedps	0.031	-0.014	-0.014	0.001	0.015	0.010	0.043	-0.048	0.008	1										
Relvol	-0.083	-0.030	-0.069	-0.106**	-0.133***	-0.111**	0.010	-0.047	-0.103**	-0.338***	1									
Roa	0.023	0.027	-0.048	-0.065	-0.061	-0.053	-0.030	-0.011	-0.062	0.003	-0.019	1								
Lev	0.028	0.055	-0.020	0.041	0.002	0.060	0.043	0.022	0.031	-0.035	-0.038	-0.052	1							
Lta	-0.032	-0.031	-0.112**	-0.097*	-0.118***	-0.084	-0.044	-0.029	-0.111**	-0.070	0.202***	-0.028	0.428***	1						
Age	0.095*	0.016	-0.029	0.020	0.016	-0.019	-0.004	-0.061	-0.010	0.096*	-0.184***	0.059	0.129***	-0.106**	1					
Growth	-0.044	0.032	-0.029	-0.052	-0.046	-0.035	-0.007	-0.015	-0.042	0.010	-0.045	-0.004	-0.074	-0.051	0.039	1				
Instla	-0.023	-0.102**	-0.112**	-0.075	-0.063	-0.061	-0.037	-0.029	-0.085*	0.027	0.124**	-0.013	-0.018	0.189***	0.034	-0.026	1			
Cash	-0.043	-0.153***	0.015	-0.115**	-0.090*	-0.076	-0.051	0.012	-0.073	0.015	0.071	-0.046	-0.294***	-0.139***	-0.056	0.049	0.114**	1		
Ia	-0.033	-0.028	-0.085*	-0.074	-0.105**	-0.101**	-0.080	-0.024	-0.107**	-0.131***	-0.008	-0.027	-0.014	0.011	-0.026	0.010	0.028	-0.098*	1	
Adm	-0.081	-0.016	-0.060	-0.015	-0.001	0.014	-0.050	-0.019	-0.027	0.007	-0.118***	-0.013	-0.049	-0.292***	0.064	-0.011	-0.095*	-0.087*	0.026	1

注：***、 **和*分别表示在1%、5%、10%的水平上显著。

表 A-14　匹配样本的"平衡性假设"检验

匹配变量	处理组	控制组	标准偏差/%	t 检验	
				t 值	p 值
Lta	19.6765	19.7524	-13.5	-1.55	0.121
Lev	0.5228	0.5329	-4.9	-0.56	0.573
Cash	0.1357	0.1463	-11.5	-1.32	0.186
Growth	0.6883	0.2687	8.0	0.92	0.357
Age	13.436	13.688	-5.3	-0.61	0.545
Ia	0.0525	0.0502	3.1	0.36	0.723
Adm	0.1166	0.0872	16.2	1.87	0.062
Pri	0.3759	0.3158	12.6	1.46	0.145
Instla	0.1346	0.1452	-5.8	-0.67	0.506